中国矿业大学教材建设工程资助教材

U0831725

# 新 媒 体 营 销

吉 峰 牟宇鹏 主编

中国矿业大学出版社

## 内 容 提 要

本书力求保持一定的理论深度，对新媒体营销概念内涵、新媒体营销演变历程、影响机制进行较为详细的阐述，同时在案例选取上具有很强的时效性，大量最新案例材料都是目前业界颇为关注的营销方向。

本书可作为高等学校市场营销专业的学习教材，也适合从事企业营销和新媒体传播实践工作者阅读参考。

**图书在版编目(CIP)数据**

新媒体营销 / 吉峰，牟宇鹏主编. —徐州：中国矿业大学出版社，2018.7

ISBN 978-7-5646-3839-9

Ⅰ.①新… Ⅱ.①吉… ②牟… Ⅲ.①网络营销—教材 Ⅳ.①F713.365.2

中国版本图书馆 CIP 数据核字(2017)第 323535 号

**书　　名**　新媒体营销

**主　　编**　吉　峰　牟宇鹏

**责任编辑**　史凤萍

**出版发行**　中国矿业大学出版社有限责任公司

（江苏省徐州市解放南路　邮编 221008）

**营销热线**　(0516)83885307　83884995

**出版服务**　(0516)83884895　83884920

**网　　址**　http://www.cumtp.com　**E-mail**:cumtpvip@cumtp.com

**印　　刷**　徐州中矿大印发科技有限公司

**开　　本**　787×960　1/16　**印张** 12　**字数** 228 千字

**版次印次**　2018 年 7 月第 1 版　2018 年 7 月第 1 次印刷

**定　　价**　30.00 元

# 前　言

现阶段，互联网的发展为企业开展日新月异的营销活动创造了无限的机会和可能，借助移动新媒体进行网络营销的方式层出不穷。随着信息技术的发展，互联网进入了 Web 2.0 时代，博客、论坛、微博、微信、社交网站为代表的变革发展十分迅速，社交媒体作为一种新型的信息传播媒介，主要依附于互联网技术而进行信息的传播及获取。其高度的开放性、参与的互动性和自由的社交性等天然属性，促使越来越多的人接触到社交媒体，并用它进行发表、分享和传播信息或者获取信息资源，人们在虚拟的网络世界里建立起来的关系也可以迅速得到扩散。

对于企业来讲，新媒体的出现无疑会成为市场营销新的挑战与机会，越来越多的企业开始认识到新媒体营销的重要意义，因此都在努力地寻找一个机会改变自己的营销策略或发展对策。与 4P、4R、4C 等传统的营销组合工具不同的是，新媒体营销涵盖了从 P 到 R，再由 R 到 C 的全过程动态营销模式，开拓了全新的营销组合模式。

新媒体营销的发展，无疑是业界和学界应该重点关注的方向，国内市场营销本科教材应该对这一领域有新的突破。作为《新媒体营销》教材的尝试，本教材试图在最新研究成果的基础上，以微信、微博等新媒体工具为途径，对新媒体营销发展与瓶颈、如何开展新媒体营销进行较为详细的阐述。

同时作为一本面向本科生的教材，《新媒体营销》在编写过程中力求从以下两个方面进行突破：

（1）强化理论基础，激发学生对营销前沿的兴趣。在教材的框架体系构建中，前三章介绍了新媒体营销的理论基础，包括新媒体营销的内涵、对传统营销模式的挑战和变革以及新媒体环境下的营销商业模式，这些理论基础的内容对学生把握新媒体营销的理论内涵具有一定的帮助。

(2) 案例选取具有时效性和可操作性。案例中涉及的顾客参与、内容营销等都是目前业界颇为关注的最新营销方向。另外，在第四章、第五章、第六章和第七章中，分别介绍了新媒体环境下企业广告策略的变化以及口碑营销、移动新媒体、微信等不同新媒体工具在营销中的应用。这四章以新媒体工具进行展开，对于帮助学生具体运用新媒体营销工具具有一定借鉴意义。

教材编写中，吉峰副教授负责统筹全书，并编写第一章、第二章；牟宇鹏副教授负责本书的内容编校，并编写第三章、第八章；江红艳教授负责编写第四章、第五章；杨贺负责编写第六章、第七章。

教材编写过程中，参阅借鉴了诸多该领域学者的研究成果，在此表示感谢。希望本书的出版，对于促进营销专业本科教材体系更新及完善起到一定的作用。

吉　峰

2018 年 5 月

# 目　录

# 第一章　新媒体营销概述

> 在这一章，我们会讨论以下问题：
> 1. 新媒体营销的概念与内涵
> 2. 新媒体营销与传统营销模式的区别
> 3. 新媒体营销的主要商业模式
> 4. 新媒体营销的未来发展趋势

## 案例导入

**【案例 1】**

### 微信春晚抢红包

春节微信摇红包算是改变了人们看春晚的习惯，抱着5台手机刷一晚上的大有人在。红包由广告主买单，企业营销场景也在微信中立足，而微信借此将微信支付向二三线市场做了进一步渗透。曾经支付宝改变了人们的支付习惯，而如今微信支付将人们的支付习惯又刷新了一遍。

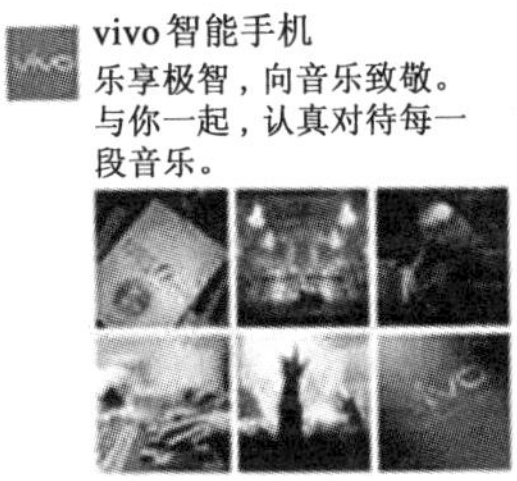

**【案例2】**

朋友圈广告首秀

原以为插播的广告没有不挨骂不遭恨的，但微信这三条广告却完全颠覆了这点，核心是：就三条；高大上；只有符合品牌格调的人才能看！这就使得其在用户心中变成了一个证明自己很有格调的象征，至于广告说了什么大家记不得多少，就知道告诉过朋友圈熟人，我能看到那条广告！

而当它不能成为显示自己格调的东西，或者说大家对其不再新鲜了，接下来的微信广告就永远达不到头三条的那种效果了。

# 第一节　新媒体营销的概念与内涵

## 一、新媒体的界定、特点和生态环境

### （一）新媒体与新媒体营销

1. 新媒体的概念

新媒体的概念在1967年就被提出了，那个时候新浪、腾讯还没有博客、微博，更没有微信，百度正准备上市，优酷、土豆还没成立……关于新媒体的界定，清华大学熊澄宇教授认为，“首先，新媒体是一个相对的概念，新对于旧而言；其次，新媒体是一个时间概念，在一定的时间段内代表这个时间段的新媒体形态；第三，新媒体是一个发展概念，它永远不会终结在某个固定的媒体形态上”，即新媒体要不断更“新”。当前，互联网全面进入移动互联时代，随着智能移动终端的普及与多样化及大数据云计算能力的发展，微博、微信、微视频、手机客户端成为新媒体的典型代表。

2. 新媒体营销的概念

新媒体营销是在新媒体发展的基础上，通过新媒体这种渠道开展的营销活动。传统的营销追求的是所谓的“覆盖量”（或者叫“到达率”），在报纸杂志上的体现就是发行量，在电视广播上的体现就是收视率，在网站上的体现便是访问量。将广告或者公关文章加载到覆盖量高的媒体上，便可以取得较多的注意。这种传播方式本质上属于宣传模式，传播路径基本上是单向的。

与传统的营销相比，新媒体营销突破了传统的营销模式，不仅能够精确地获取访问量，甚至能够收集整理出访问的来源，访问的时间，受众的年龄、地域以及生活、消费习惯，等等。这样比传统营销更精准、更有效、更节省时间。而且事实表明，采用新媒体营销将会使企业能够由单极向多极发展，选择更多；企业能更有效地收集客户资料，针对目标客户营销；降低成本，提高效率；更快更好地进行企业品牌宣传。

总的来说，新媒体营销是基于特定产品的概念诉求与问题分析，对消费者进行针对性心理引导的一种营销模式。从本质上来说，它是企业软性渗透的商业策略在新媒体形式上的实现，通常借助媒体表达与舆论传播使消费者认同某种概念、观点和分析思路，从而达到与企业品牌宣传、产品销售相关的目的。

（二）新媒体营销的特点

传统营销追求的是到达率，即受众接受的程度，比如报纸杂志就看发行量，电视广播就看收视率。而新媒体营销颠覆了传统营销的特点，不仅能够精确知道访问量，并且能知道用户的访问时间、访问地址以及访问习惯等等，这与传统营销相比，更快地提高了传播速度，并且降低了运行成本。事实证明，新媒体营销可以给企业带来更多的选择机会；企业可以有针对性地对自己的需求客户提供一系列营销方案，大大节约了企业的营销成本，提高了企业的效益。新媒体营销存在如下特点：

1. 目标客户精准定向

新媒体涵盖着丰富多彩和多样化的内容，微信、微博、博客、论坛等让每个人都可以成为信息发布者，浩瀚如烟的信息涉及各类生活、学习、工作等的讨论，展现了前所未有的广度和深度。通过对社交平台大量数据的分析，企业可以利用新媒体有效地挖掘用户的需求，为产品设计开发提供很好的市场依据。

2. 与用户的距离拉近

相对于传统媒体只能被动接受而言，新媒体传播的过程中，接受者可以利用现代先进的网络通信技术进行各种形式的互动，这使传播方式发生了根本性的变化。移动网络及移动设备的普及，使得信息的实时及跨越时空的传播成为可能。因此，新媒体营销实现了信息传播的随时随地，营销效率大大提高。以新媒体技术为基础的新媒体营销，大大降低了产品投放市场前的风险。

例如，小米在推出产品之前会通过其官方微博征求用户的意见，根据用户的要求进行产品的设计、研发及改进，使其产品深入人心。另一个非常典型的例子是“三只松鼠”的新媒体营销运作。上线65天，其销售数量在淘宝天猫“坚果行业”跃居第一名，花茶行业跃居前十名，发展速度之快创造了中国电子商务历史上的一个奇迹。在2012年天猫“双十一”大促中，成立刚刚4个多月的“三只松鼠”当日成交近800万元，一举夺得坚果零食类冠军宝座，并且成功在约定时间内发完10万笔订单，打破了中国互联网食品销售的历史。

2013年1月份，“三只松鼠”单月业绩突破2000万元，轻松跃居坚果行业全网第一。食品袋上印有可爱松鼠的“三只松鼠”因互联网极大地缩短了厂商和消费者的距离与环节，这也是“三只松鼠”坚持做“互联网顾客体验的第一品牌”和“只做互联网销售”的原因。

3. 个性化营销成为可能

在传统媒体的时代，大众媒体有着不可抗拒的力量。人们接受信息的渠道比较固定，更没有平台可以发出自己的声音。但在新媒体时代，随着信息技术的不断发展，消费者可以任意选择自己需要接受的信息，并且可以随时传递自己想要表达的意愿。因此，信息接收者如何选择自己接受的信息，通过何种途径来完成，又选择如何拒绝不需要的信息，在最大限度上决定着信息传播者的传递意愿是否可以实现。

新媒体营销还是一种个性化营销，比如美国最为出名的电子商务网站——亚马逊网络在线书店，它改变了以前面向大众群体的商业经营模式，采用个性化营销服务。每个消费者都有自己的个性偏好，有自己的个性化需求，亚马逊则针对用户的偏好不同，向每个用户推荐不同的商品，并且根据用户的特点做到个性化服务。苹果的应用程序商店也已经采取了类似的营销模式，APP 应用商店提供的不再是没有任何特色的大众化软件，而是个性化特点十分鲜明的定制产品。在互联网时代，消费者可以参与开发适合自己的个性化产品，也可以及时地完成信息接收、信息反馈。同时在生产消费相结合的新媒体时代背景下，企业做到满足客户个性化需求的成本也在不断下降。

4. 公关作用显著增强

与传统媒体相比，新媒体营销涵盖了更多企业公关的相关内容，还包括了企业的客户资源管理（Custom Relationship Management，CRM）和资源管理（Enterprise Resource Planning，ERP）。公关的作用如此重要，就需要企业的其他部门和公关部门协调联动，来共同协作开展新媒体营销。公关在企业营销活动中作用的不断增强不仅是新媒体营销的重要特点，也是一种必然的发展趋势。

5. 企业宣传成本降低

上海交通大学媒体与设计学院郭炜华认为，“新媒体与传统媒体最大的区别，在于传播状态的改变：由一点对多点变为多点对多点”。也有研究者从另一个角度提出，“新媒体近于零费用信息发布，对受众多为免费，这对传统媒体的新闻产品制作成本造成挑战”。首先，通过社交媒体，企业可以低成本地进行舆论监控。在社交网络出现以前，企业对用户进行舆论监控的难度是很大的。如今，社交媒体在企业危机公关时发挥的作用已经得到了广泛认可。

任何一个负面消息都是从小范围开始扩散的，只要企业能随时进行舆论监控，就可以有效地降低企业品牌危机产生和扩散的可能。例如，2013 年 2 月 4 日，加多宝在微博上做出了一组兼具视觉力与传播力的“对不起”系列图片，这组图片选取了四个哭泣的宝宝，配以一句话文案诉说自己的弱势，图片表面悲情，实则却如利剑一般，剑剑刺在竞争对手的痛处，给予对手致命的打击。加多宝的悲情牌一经打出，立刻博取大量网民的同情，其官方微博上的四张图片获得了超过 4 万的转发量，加多宝也一举将输掉官司的负面新闻扭转为成功的公关营销事件。

## 二、新媒体营销与传统营销的对比

### （一）传统营销模式的种类

#### 1. 代理商营销模式

每个企业的实力有限，凭借自己的力量难以在众多的地区都建立自己的销售团队，这时企业就主要依靠代理商团队。企业会在各个地区寻找合适自己的代理商，这些代理商由于对本地区的环境、民情十分熟悉，在当地也就相对容易发展。企业也不需要过多地耗费自己的资源。比如某些大公司会在各个省份设立自己的省级代理，省级代理再在各个地级市寻找自己的市级代理，市级代理寻找自己的县级代理乃至镇级代理。这样一层层的代理制度看似麻烦，但每一层只需要对自己的下一层负责。这不仅可以迅速抢占市场份额，也为越来越多的企业发展节省了大量时间。

#### 2. 经销商（分销商）营销模式

经销商模式是企业代理商模式的一种进化。所谓的经销商模式是指经销商拿着钱到企业进货，然后自己再倒卖出去，从而赚取差价。而代理商模式只是厂家委托代理商进行销售，代理商并没有产品的所有权，他们的利润来源主要是销售所获得的佣金。随着企业的慢慢发展，企业自身的实力也在不断加强，品牌有了明显的知名度，而市场日趋激烈的竞争导致了企业利润大幅度下降，企业资金流的压力也会越来越大。为了更好地生存发展，企业终会选择大力支持经销商，而慢慢淘汰代理商。

#### 3. 直营模式

采取这种营销模式的企业，大多依靠自己的经济实力和品牌实力，而不需要代理商和经销商。比如南京的华仔理发连锁店不但有自己的加盟商，更多的是自己的直营店，由公司直接负责经营管理。然而直营模式只适用于一些特定地区和特定的行业，并不是每家企业都适用。

（二）新媒体与传统媒体营销模式的比较分析

新媒体相较于传统媒体的营销方式，具备如下几大优势：

1. 新媒体可以与消费者有效互动，进而使其成为新的传播源

在如今信息泛滥的新媒体时代，消费者的决策成本进一步提高，过去那种传统的信息传播已经无法满足当今企业的营销效果。传统媒体时代，企业的营销方式主要为硬性推广，而新媒体营销则加强了企业与客户之间的交流互动，从而达到更有效的传播效果。企业要做到让每个目标用户参与到产品的开发设计中去，让企业的品牌融入消费者的生活，让品牌深入到消费者的人心中，通过消费者的口口相传，让品牌无限地扩散下去。反之，如果企业不能做到让销售者与企业融为一体，则企业的营销宣传往往会事倍功半。所以让消费者成为企业营销的一分子，共同完成企业的理想目标，已成为现代企业最佳的营销方式。

2. 企业营销成本得以有效降低

新媒体营销的产生也使得企业的营销成本大幅度下降。新媒体不仅为企业创造的平台成本低廉，而且传播费用也大幅度减少。就小米手机而言，小米手机并没有花重金在传统媒体上投放自己的广告，而是通过微博、微信、QQ空间等网络载体进行广告信息的传播，不仅让更多的消费者参与到广告的宣传之中，更是让品牌深入人心。小米公司的营销总裁黎万强曾说过，小米手机的前期宣传费用基本可以忽略不计。

3. 新媒体带来了巨大的数据库营销宝藏

新媒体的一个巨大特点就是可以获得大量的用户消息。当用户在各个平台上进行宣传、购买时，往往会进行用户的注册。在注册过程中，用户往往无形中把自己的相关信息提供出去。而企业通过这些平台的后台数据，可以收集到大量精准的潜在消费者，然后企业通过这些用户所提供的信息，进行系统的数据分析，从而发现用户的需求点，或者挖掘用户的消费潜力，以便于企业更精准地制定下一步营销方案。

4. 企业可以按照广告效果付费

新媒体让品牌传播和品牌建设更为准确和有效，正因为新媒体具有精准的投放特点，所以它可以更高效地获得巨额广告费用，这是在传统媒体中很难取得的效果。这也是更多的企业开始选择利用新媒体传播的原因，毕竟传统营销的传播效果很难达到新媒体营销的高度，并且其传播效应亦难以预估。传统媒体无论在线上还是线下进行品牌传播时都无法和新媒体相比拟。现在的互联网广

告都是按照效果进行付费，类似于点击量、粉丝数，或是小广告的弹出数，商家都可以查到，并不用担心欺骗情况的发生。

5. 新媒体能有效地面对危机公关

任何企业的经营都不可能十全十美，面对如今需求多样化的消费者，任何产品和服务都不可能达到让所有消费者百分之百满意的效果，而且新媒体的特点就是信息特别分散，人们的舆论难以控制。因此有负面消息的存在很正常，任何一种媒体都难以避免，但企业要学会如何更合理地控制这些负面消息。

新媒体的合理使用，能迅速有效地帮助企业发现不良的苗头，可以使企业在每一次危机来临时做出合理的拯救措施。公关是企业营销传播中的一个重要部分，而是否能合理地应对危机公关会影响到企业的生存发展。在现如今话语权对等的新媒体环境下，不仅媒介有发布信息的权力，消费者也可以利用新媒体发出自己的声音。因此一旦企业做出对消费者不利的事情，消费者可以在这些网络媒介上迅速发出自己的声音，这可能对企业产生致命的影响。因此，新媒体的发展，让企业不得不一直保持一种危机意识，同时建立起一整套完备的危机公关机制，注意与各个媒体的合作，以应对各种突发危机的出现。

总而言之，传统的营销传播是以大众媒体为基础，所有的信息必须依赖于大众媒体才能有效传播出去。生产厂商或销售者必须要讨好媒体，才可能顺利地将自己所想传播的信息传递给消费者。消费者是完全被动接受的一方，很难控制自己的渠道信息来源，如何获得信息，获得何种信息，消费者都无法控制；同时，销售者也很难验证自己广告所取得的效果。而新媒体营销改变了传统营销中的信息单向流动模式，消费者不仅是信息的接受者，更是信息的创作者，同时也可以传播任何想要传播的信息。

## 三、新媒体营销常见模式与发展趋势

### （一）微博营销

受众最感兴趣的内容和最容易引起讨论的话题一经投入到受众中，就会引起快速复制、热烈讨论和参与，从而形成连绵不断的传播浪潮。企业也不必再消耗巨大的人力、物力在传播的每一个环节艰难推进，只要创造出适当的话题，再将话题发送到受众群体中，就可以等待受众在话题的原始形态和构成上，自由发挥、创造，不断扩充其内容。

**【形塑初探】**

说到微博，不能不提的是新浪。2008 年，新浪就提出指导企业网络营销的原则和参考依据——IMPACT 营销理念，首先选择具有聚合力、用户黏性和公信力等基本媒体特征的营销平台，然后用互动、创意、精准性三个指标指导企业开展网络营销活动，使其更具有传播性和可控性。

中国移动无线音乐咪咕汇是为了推广无线音乐业务而诞生的一个音乐评奖活动，2009年咪咕汇在活动的形式和传播中大胆创新。咪咕汇的推广分为预热、活动倒计时和活动当时三个阶段，每个阶段新浪微博都有机地结合在其中。活动预热期间，新浪微博的信息主要以活动预告、活动背景展示和抢票为主。活动期间，咪咕汇共使用了两个新建微博ID参与传播：无线音乐咪咕汇和Gossip-girls。前者从官方角度来发布信息、与网友抢票互动，后者则从八卦的角度挖掘活动台前幕后。这两个ID从不同角度展示了移动无线音乐咪咕汇的情况，并能与不同爱好的网友进行有针对性的互动。

**【营销走向】**

微博是非常具有煽动性的产品，能够很容易地把品牌与消费群体聚合在一起，但在微博营销过程中，要注意发挥微博的特有优势，让它成为促进良性循环的渠道，与线下活动进行互动和捆绑。微博营销通过受众的参与使活动更有影响力，而不是简单地视频上传，要让受众感觉到参与这个活动对自己有帮助、有意义。消费者的亲身体验能让有趣而真实的过程为品牌传播贡献力量。也许微博没有立竿见影的效果，但品牌做微博营销一定要坚持长期投入，从而在一个较长的时间段里帮助品牌成长。微博的营销效果监测不是简单的效果评估，微博营销的长远计划应该能让客户看到营销的全部过程，为广告主和代理公司提供更友善的界面，让他们了解品牌开展微博营销的长期效果。微博营销还需要与其他网络产品进行整合。微博是一个通信管道，已经超出了普通网络媒体的范畴，如果能够和其他媒体很好地结合，影响力将会更大。

（二）SNS营销

SNS，全称Social Networking Services，即社会性网络服务，专指旨在帮助人们建立社会性网络的互联网应用服务；也指社会现有已成熟普及的信息载体，如短信SNS服务。SNS的另一种常用解释为全称Social Network Site，即社交网站或社交网。

如果说MySpace代表着以兴趣交友为主线的社交网络，那么Facebook则代表着以真实朋友关系为主线的社交网络，它使网民的行为关键词成了视频、网上购物与SNS，为人们的生活方式、人际关系、品牌打造、营销推广等提供了颠覆性的革新手段。在国内，SNS的使用和影响都在激增，它有了真实的社会密度。人们不必永远正式地待在一起，而是可以轻易地在网上组建各种群体，发现志同道合的人，结交朋友、与好友在线分享自己的生活，可以以从前无法想象的方式一起从事某个项目，还可以使用SNS协调群体的社会和商业生活。这一新型的平台鼓励消费者与消费者对话，而品牌只是为这一对话提供了话题。当然，品牌的社交媒体战略要与整体营销战略相结合。加州大学斯隆研究中心的唐娜·霍夫曼教授（Donna L. Hoffman）在《麦肯锡季刊》上发表的一个报告中指出，“公司不应该只是在 My Space 上购买广告，而应该把互动性元素（社交媒体）作为自己营销计划的一部分”。

**【形塑初探】**

2008 年，星巴克推出“我的星巴克点子”。在其社交网站上，消费者不仅可以提出各类针对星巴克产品和服务的建议，对其他人的建议进行投票评选和讨论，而且可以看到星巴克对这些建议的反馈或采纳情况。从创建之日起网站就吸引了巨大的流量，在创建的头 6 个月内，网站共收到了约 75000 项建议，以及成百上千的相关评论和赞成票。

在中国，一些企业和品牌利用 SNS 社交网站营销尝到甜头的故事也在逐渐增多。奥迪、雅诗兰黛、瑞士旅游局、诺基亚、招商银行等在中国最大的实名制 SNS 社交网站——千像互动集团旗下的人人网上建立了公共主页，希望与用户、消费者成为朋友，更好地进行交流、互动。

2009 年，中粮集团将旗下的果汁品牌“悦活”植入到了开心网的农场游戏中，知名度迅速攀升。通过随机抽奖系统，游戏玩家可以将实体的悦活果汁通过线下配送体系送到朋友手中。而北京的各大商超，悦活产品的展示也与网上遥相呼应。

**【营销走向】**

当前，越来越多的企业开始调整思路，在传统的广告形式之外，重视利用社会化客户关系管理方式进行品牌传播与维护，在 SNS 上投放广告和举办活动，并成立专门的社交媒体营销小组。借助 SNS 网站，企业不仅能够与消费者双向沟通，还能够让消费者主动传播这种信息，类似好友之间的信息传递更容易影响消费者的购买决策。

相对于早期以用户规模扩张为目标的运营模式，如今的 SNS 社交媒体已演变为以用户需求为核心、实现品牌价值持续增值的深度发展模式。SNS 呈现出五大发展趋势：第一，移动社交化。更多用户把更多的碎片时间花在 SNS 上，SNS 已借助移动设备遍布世界各个角落，用户从 Web 转向 Mobile。第二，娱乐社交化。SNS 以更低的门槛改变了真实关系的人际互动，突出人与人之间的情感联系。第三，内容社交化和垂直化。SNS 内容有了更多的社交属性，在朝着垂直化方向发展，基于兴趣的关系，人们可以结识有相同爱好的朋友。第四，购物社交化。SNS 是商品推广平台，借助口碑推荐提高购物转化率。第五，全网社交化。由于社交属性被广泛地从 SNS 延展到其他网站，有助于构建完整的互联网生态链。比如一个好的视频内容，可以通过SNS网站实现很高的用户覆盖度，基于这样的覆盖度实现用户之间的二次和多次传播，实现广告价值的最大化，同时也在视频和SNS之间形成了生态关系。

（三）LBS位置营销

基于位置的服务（Location Based Service，LBS），它是通过电信移动运营商的无线电通信网络（如GSM网、CDMA网）或外部定位方式（如，GPS）获取移动终端用户的位置信息（地理坐标或大地坐标），在GIS平台的支持下，为用户提供相应服务的一种增值业务。它融合行为、时间与地理三位一体，以其精准定位，不仅能够让用户明确其所在地、周边相关地理资讯，还可为其提供类似Facebook的社交分享及类似Twitter的发布平台，更可为所在地的商家提供B2C精准营销渠道，为意向顾客提供优惠信息及签到奖励。

**【形塑初探】**

自2010年10月底与FAB战略合作起，嘀咕网正式挺进LBS市场，预示着文化产业在LBS领域的首次试水。嘀咕网可谓是Foursquare签到营销的最佳拷贝，歌迷踩点嘀咕网的星光大道，以此争夺重度粉丝勋章，换取海报、CD及签售或歌友会门票。这也使得嘀咕稳操LBS签到版图地主霸权。

嘀咕的签到对于大型连锁商家无疑是与顾客直接对话的最佳模式，然而对于本土大多小商小贩，也许区区小事基于邻居的社交互动模式，更适宜中国LBS发展。随即，人人便对这一LBS＋SNS模式如法炮制，人人报到悄然登陆各大智能手机终端；盛大游戏切客网的“签到＋网游”实践，百度身边的“LBS＋地图”扩展，千橡糯米网的“LBS＋团购”模式等，都为中国后签到时代揭开市场新象。

**【营销走向】**

LBS服务商提供的不仅是消费者的区位坐标以及本地商家资讯的发布平台，更是实际消费行为的反馈渠道。基于用户，真正从顾客出发，让签到成为制胜营销的铿锵利器，而非LBS博受众悦的堂皇附庸。进军LBS凭借的将不仅是财大气粗，更是高端的后台数据处理技术的真刀实枪。然而，LBS将真正实现商家创造内容的自营销模式。传统的营销实现的是商家提供广告—服务商提供渠道—受众接收资讯的单向模式；而LBS提供的将是商家主导的营销平台，供商户与用户进行自由的多向交流：一旦用户进入指定区域，便会自动接收到商家资讯，还可经由类SNS的信息交流平台，向邻居及商户反馈实际消费行为，为商家的服务改进提供价值参考，并及时调整其营销资讯的发布，无须再耗时等待服务商的数据分析，让企业真正实现以LBS为交流平台的无障碍B2C自营销。

新旧媒体趋向融合与分流双向发展，LBS当下已经形成两大支流。一是基于签到模式的传统网站，另一分支则是融合 SNS 社交元素的综合网站。未来基于位置服务将是多模式的整合发展，融签到、SNS、团购、网游及精准商务为一体的超 LBS 应用。而就其分化而言，将针对各自的市场细分，强化某项功能。设想，不用耗力登录嘀咕即可自动签到，不用为海量资讯而烦恼，后台会根据消费习惯自动过滤无关信息。LBS 服务商将为用户及商家完美实现全面序列、自动化的整合出击。

（四）网站营销

企业网站不仅塑造、传达品牌形象，而且是企业所有营销传播的基础。新媒体平台为企业提供了更多可控制的传播形态，而企业网站是最突出的、能够同社会各个层面沟通的一种形态。很多时候，网络上到处充斥的广告信息有覆盖率却无到达率。企业可以运用各种手段传播自己的品牌信息，选择与品牌形象相符的网站主题色彩，在每个页面上展示自己的企业 Logo 等。同时，在奉行言论自由的网络上，各家媒体都力求遵守中立、客观报道的原则，有时会有负面信息。如果企业无法通过网络媒体投放广告，那么企业网站将是唯一、最好的选择。

**【形塑初探】**

2010 年 10 月，亚马逊推出了图书“在线试读”功能，使消费者网购图书时能够浏览目录、索引以及正文节选等内容，带动了中国出版机构数字化发展，使图书销售逐步进入电子化时代。

2010 年 11 月 19 日，沃尔玛中国旗下品牌山姆会员商店在中国推出网上购物服务。目前山姆网上购物上线的版本已涵盖中国 21 个城市。

凡客诚品依托网络经营，于 2010 年 2 月 16 日从 13 个主流业态的数千家候选企业中脱颖而出，荣膺“2010 年度北京十大商业品牌”，成为唯一获选的零售电子商务品牌。

美国团购网站 Groupon 在电子商务界的成功，在中国掀起了又一轮的互联网克隆大潮。短短几个月，国内团购网站如雨后春笋般纷纷席卷大江南北，一夜之间就冒出了千家之多团购网站，甚至还衍生出了专门搜罗团购信息的团购导航网站。

**【营销走向】**

团购网站可能不会吸引更加优质的商家，也可能会变成一个非优质产品的集合地。近乎“免费试吃、试用”的低价策略，往往是中小型企业或是新产品所选择的推广方式，他们需要吸引消费者，增加用户基数。而大型企业大多不会这样做，他们的商品或服务拥有一定的用户基础，并不缺乏使用者。而且定位高端的商品或服务，会因打折、低价对其品牌形象造成影响，团购打折自然慎之又慎。团购网站所吸引的群体可能不是商家的目标消费者，团购网站能为商家取得足够的曝光，但是否能争得稳定的消费群体，形成二次消费、重复消费是商家赢利的关键，这就要求促销所面向的群体一定要抓得准。团购网站能带来“早期尝鲜者”的根本原因在于其超低的价格，他们对折扣很敏感，属于中低端客户，质量不高，正价很容易超出其价格预期。一旦折扣取消，二次消费所占比例很小，能成为忠实用户、保留购买习惯的则更少。

（五）搜索营销

搜索引擎帮助网民从大量信息中快速获取所需要的信息，为企业带来巨大的商机。中科院研究生管理学院发布的研究报告指出，企业在搜索引擎投入1元钱的推广费用，平均能拉动81.44元的实体销售增长，并间接带动企业上下游合作伙伴171元的业务增长。网络营销有成本低、互动性强、范围广、时效长、效果明显等几大优势，毫无疑问是适合企业开拓市场的营销方式。搜索引擎作为开放性的平台，任何企业不管品牌、规模大小，都可以通过搜索引擎推广、宣传，而且机会均等。因此，与传统的推广方式相比，搜索营销对于中小企业来说是性价比更高的网络营销方式。

使用搜索引擎时，潜在客户主动查询，针对性较强，客户需求通过搜索关键词表现出来，搜索引擎根据客户需求给出相应的结果，有效地促进了企业的销售及推广。与传统的营销方式相比，搜索营销使得品牌建设的成本大大降低。企业可以通过搜索营销增加网站流量，也可以寻找合作伙伴，从而使企业的品牌为更多的人知晓。

**【形塑初探】**

黑黛生物科技（上海）有限公司在搜索业务上的投入，最初每个月的投入近万元，目前每个月的投入为十几万元，营销投入的增加给这家公司带来了一系列变化：目前，每天接到的咨询电话为130多个、咨询邮件上百个，订单增长了十几倍，营业额从使用百度前的每年60万元上升到1000万元。

**【营销走向】**

百度高级副总裁向海龙认为，搜索营销已经进入精细化管理时代，它需要企业客户从网站建设与优化、推广方案的制定和持续优化、增值工具的应用以及在线和电话销售队伍建设等方面进行配合，才能最大限度提升营销效果。随着搜索营销价值的不断凸显，必然要求服务提升，能够为客户提供系统化、专业化、个性化的全方位服务。

（六）视频营销

YouTube这个创造了网友上传视频这种互动模式的视频网站，启发了国内很多视频网站的开发和成长。新生代市场监测机构的调查显示，在网上浏览视频的消费者的比例已经达到36.3%。而电视厂商互联网电视产品的推出，也让网络视频渗入传统电视终端。

**【形塑初探】**

诺基亚在推出首款触控音乐手机5800 Xpress Music时，举办了一次网络演唱会。网民可以网络票选自己喜欢的音乐人和表演曲目，还可以自主选择不同的观看角度，通过网络将鲜花、掌声和热吻送给表演歌手，更有机会在线与舞台上的歌手视频对话。

NBA建议各球队使用MySpace和YouTube等社会关系渠道。为了吸引更多的人到官方网站观看赞助商的广告、购买比赛门票，他们创建了自己的社交网站PlanetOrange.net和NBA.com相连接。在这里，粉丝们可以创建自己的博客、上传视频、参与讨论，等等。

**【营销走向】**

与传统的电视广告相比，网络视频营销有独特的优势——双向的沟通，消费者可以与别人分享自己喜欢的视频，甚至还可以参与到网络视频的创作当中。网络视频是24小时全天候的，而电视对于白领、高端消费群体，其影响仅仅是黄金时段的几个小时。此外，网络视频在广告形式上比电视更加多元和灵活。比如网络视频前的贴片广告、视频中的植入式广告，以及企业创作的供网友传播的病毒式视频等，都充满着想象空间。而Hulu开创的正版资源插播广告的模式，以视频流量上仅占美国的2.8%，却获得了美国视频广告市场33%份额的优异表现，自然成为国内视频媒体进一步转型和效仿的对象。

## 第二节 新媒体对营销的影响与变革

### 一、新媒体促进市场营销发展

对于企业的市场拓展而言，新媒体是一个十分重要的手段。市场营销是企业拓展市场的必经步骤，当企业发展到一定层次之后，需要将目光转向更广阔的市场平台；对于国际化市场中的企业，为了获得更多的市场份额，需要对企业进行宣传和营销。新媒体就是企业提升市场知名度以及拓展市场的重要途径。新媒体包括很多手段，比如微博、微信，都是可以提高交易效率的重要途径，也可以为企业创造更多的商业机会。这些机会可以让那些成本比较高或者执行起来有一定难度的交易变得更加简单可行，可以促进企业的市场竞争水平不断提升。新媒体是传统交易手段一种重要的补充形式，尤其是在互联网迅速发展的过程中，加强营销过程中对互联网平台和信息技术的应用，可以有效地提高企业的市场竞争力，从而提高市场营销的成功率。

## 二、新媒体影响市场运行环境

### （一）新媒体生态环境变化

新媒体技术引发了传播格局的重新洗牌，多元化的传播格局正在形成，媒介生态发生了很大变化。笔者认为新媒体生态环境的特点可以概括为以下两个方面：

(1) 媒介融合趋势凸显，不同形态的媒介之间竞争加剧。新媒体消解了传统媒体的时空界限，也消解了传播者和接受者之间的职能界限。由于新媒体是复合型媒体，所以在新媒体环境中，以网络为代表的主要传播载体，既可以进行文字传播，又可以进行音频、视频的传播，同时还能把文字、音频、视频等传播内容存储下来，以便受众随时取阅。传播手段的数字化使得传统媒体开始在互联网上投入精力，原本不相干的不同形态的传统媒体直面新媒体的冲击，不同形态的媒体变成了直接的竞争对手。

(2) 媒体碎片化，受众分众化，大众传播市场效果减弱。人类传播的发展首先经历了从人际传播到大众传播的革命，而新媒体的出现则是人类传播由大众传播到分众传播的革命。手机媒体、户外媒体、触摸媒体等媒体形式的出现，一方面代表了媒体的碎片化趋势，另一方面也显示出媒体对受众碎片化注意力的抢夺。当今社会信息处于过剩状态，而受众的注意力却是有限的稀缺资源，受众的信息接收方式、媒介接触习惯等发生了变化，由于本身教育、经济条件的不同，受众的区隔越来越脱离简单的人口统计学特征，相应地也发生了碎片化，受众更可能因某些方面的相似而形成小群体，表现出分众化趋势，在媒体选择方面表现出人际媒体、小众媒体、大众媒体之间的同步性。

### （二）新媒体营销环境变化

新媒体技术带动了媒介融合和媒体碎片化、目标受众分众化的趋势，Werner Serverin 在《传播理论——起源、方法与应用》中预言，传统上针对广大不知姓名的大众媒介广告是一种即将消失的传播形式。这句话反映出了新媒体时代营销环境的变化——营销传播由传统的单向传播变为双向传播，消费品市场由大众市场走向分众市场。

#### 1. 沟通由单向变为双向

Web2.0 创造的互动沟通的空间，不再是生产者和营销者一家独大的世界，消费者有了自由发布信息、修改信息、进行事件和活动讨论的条件，原先那种“点对面对面”的“独白式”传播形式已经一去不复返，取而代之的是“点对点”与“点”

的互动式传播形式。受众从大众传播的"面"中走出来,立话语权的"点",这个"点"既可以"点对点",也可以成为一个个拥有"独点"对"面"。这种互动式传播形式继承了两种传播形式的特点和优势,但又不是两者简单的叠加,而是一种全新的创造。

传统的营销传播是以大众媒体为基础的,所有的传播活动依赖于大众媒体,生产者和销售者首先讨好媒体,再通过大众媒体将产品信息传递给消费者。消费者被认定为"毫无反抗之力的病人",无法控制自己的信息获取渠道、获取哪些信息、怎样获取信息,销售者也很难验证广告效果。新媒体营销颠覆了传统营销传播中的信息单向流动状态,消费者既是信息的受众,也是信息的创作者,同时更是信息的传播者。消费者的注意力被无数的新媒体瓜分,传统媒体的受众数量下降,受众的媒体接触时间也越来越碎片化。尼古拉·尼葛洛庞帝在20多年前曾预言:"从前所说的大众传媒正演变为个人化的双向交流,信息不再被'推给消费者',相反,人们把所需要的信息'拉出来',并参与到创造信息的活动中"。在双向沟通的营销环境中,每个消费者都对产品的品牌塑造和营销传播具有价值,新媒体将传统意义上的营销行为延展。消费者通过网站、微博、博客、论坛、SNS社区等形式,参与消费者之间的讨论和互动,交流产品使用心得、发表意见,还可以与生产者和销售者直接面对面,信息得到及时反馈,传播效果得到加深巩固。

新媒体营销需要重新审视营销者与消费者之间的关系。传统营销传播受到了严重的挑战,如果营销者仅仅依靠传统媒介进行广告等单一形式的信息传播远远不够,必须使用多个信息接触点,进行系统的新媒体营销传播。尼尔森调查公司曾经做过一个调研,调研结果显示,消费者最信赖的产品信息来源是线下和网上的消费者口碑。Mark Russinovich 曾在他的博客中发布了一篇文章陈述他对索尼 BMG 公司音乐 CD 使用的音乐购买版权管理软件的详细分析,文章名为"Sony,Rootkits and Digital Rights Management(DRM) Gone Too Far",文章认为该软件设计存在缺陷,可能会导致安全问题。在接下来的几天里,他的文章获得了数百条评论,很多都是关于索尼 BMG 音乐的负面评论。由 Russinovich 的文章而引发的讨论蔓延到网络聊天室和论坛中,但索尼 BMG 方面却一直未在网络上有任何反应,直到5天之后,索尼 BMG 才在美国国家公共电台的早间节目中为自己做辩护。这场源于消费者博客的音乐出版商危机没有得到很好的解决,很大程度上源于索尼公司对于新媒体的漠视,选择在电台上对网络公民做出回应是非常不可思议的糟糕决定。生产者和销售者只有适应受众生活形态的变化,主动与受众进行沟通传播,才能在竞争中取得先机。

2. 消费品市场由大众市场走向分众市场

第二次世界大战之后，生产技术不断进步，社会化大生产日渐成熟，在20世纪五六十年代，制造业表现出强劲的上升势头，但生产越发展，产品的同质化程度也越来越高，快速消费品市场中的产品，无论是质量、功能，还是价格、包装等各方面的差异都在缩小。一方面，消费者在选择快速消费品时，不再仅仅依靠产品质量等硬件条件作为唯一的选择因素。消费者不再只满足于快速消费品能够满足基本的生活需求，更多地想要追求个性化、差异化的产品，对快速消费品的需求越来越多。而另一方面，社会化大生产的产品同质化趋势，迫使消费品生产者不断改进生产，考察消费者的不同需求，根据消费者的要求来进一步细分产品市场，以期望在市场竞争中获得更多的市场份额。快速消费品的大众市场正在解体，走向分众市场。

亚马逊网络在线书店改变了过去大众化的商业经营模式，经营个性化的“非热点流行服务”。消费者是有个性偏好的个体，亚马逊针对用户的不同喜好推荐不同产品，同时还提供丰富的个性化服务。苹果的APP应用商店也采用了类似的营销模式，APP应用商店提供的不是被工业时代标准化的毫无区分度的大众产品，而是独具个性的定制产品。在传统的营销传播中，想要满足某一具体消费者的特殊需求进行生产和营销传播，是不具备可行性的。但在Web2.0的条件下却完全可以实现，消费者可以参与到个性化产品的研发中，可以及时地完成信息接收和信息反馈。基于生产和消费一体化的新媒体时代，满足分众化需求的成本降低了，开拓分众市场将是快速消费品生产者的极大机遇。

（三）新媒体时代消费者变化

1. 消费者群体特征

根据中国互联网络信息中心（CNNIC）发布的《第40次中国互联网络发展状况统计报告》来看，截至2017年6月底，中国网民数量达到7.51亿。互联网普及率较上年底提升1.1个百分点，达到54.3%，目前主要的使用人群主要呈现以下特征：年龄集中在10～39岁，他们的互联网使用率逐步攀升，还有一定上升空间；学历方面，大专及以上学历人群为主要的使用者，高中学历人群的渗透率增长非常明显。

2. 消费者媒体使用习惯

新媒体时代消费者消费行为展现出三大趋势：① 数字技术助推经济社会转型，网络消费行为增长迅速。以互联网为代表的数字技术正在加速与经济社会各领域深度融合，成为促进我国消费升级、经济社会转型、构建国家竞争新优势的重要推动力。网络购物市场消费升级特征进一步显现。一是品质消费，网民愿意为更高品质的商品支付更多溢价，如乐于购买有机生鲜、全球优质商品等；二是智能消费，智能冰箱、体感单车等商品网络消费规模大幅度增长；三是新商品消费，扫地机器人、洗碗机等新商品消费增长迅猛。除国民人均收入提升、年轻群体成为网络消费主力等因素外，电商企业渠道下沉和海外扩张带动了农村电商和跨境电商的快速发展，使农村网购消费潜力和网民对全球优质商品的消费需求进一步得到释放，进一步推动了消费升级。② 移动互联网主导地位强化，移动消费行为成为未来发展主流。截至 2017 年 6 月，我国手机网民规模达 7.24 亿。网民中使用手机上网的比例由 2016 年底的 95.1%提升至 96.3%，手机上网比例持续提升。上半年，各类手机应用的用户规模不断上升，场景更加丰富。其中，手机外卖应用增长最为迅速，用户规模达到 2.74 亿，较 2016 年底增长 41.4%；移动支付用户规模达 5.02 亿，线下场景使用特点突出，4.63 亿网民在线下消费时使用手机进行支付。③ 线下支付拓展仍是热点，共享消费成为经济增长新方向。线下支付领域依旧是市场热点，网民在超市、便利店等线下实体店使用手机网上支付结算的习惯进一步加深，网民中在线下购物时使用过手机网上支付结算的比例达到 61.6%。在深耕国内市场的同时，我国网络支付企业纷纷拓展市场潜力巨大的海外市场。截至 2017 年 6 月，公共服务类各细分领域应用用户规模均有所增长，在线教育、网约出租车、网约专车或快车和共享单车用户规模分别达到 1.44 亿、2.78 亿、2.17 亿和 1.06 亿。在线教育市场迅速发展，人工智能技术驱动产业升级；网约车市场经历资本驱动的急速扩张阶段，进入规范化发展道路；共享单车丰富市民出行方式，技术与资本推动行业蓬勃发展。

3. 消费者的购买行为模式的改变

媒介发展历程中，每一种大众媒介的兴起，都会对消费者的信息接收和处理方式产生巨大的影响。电视媒介出现后，图像信息成为信息的主要传播方式，受众开始习惯于浅层次的、感性的图像接收方式。图像信息会使受众的理性思考能力降低，主观认知加强。消费者做出购买决定时，不再依赖于客观事实，而是越来越依靠自身的主观认知。传统营销传播中，营销者认为，消费者的购买行为主要的依据是来自于从各种传播渠道中所接触到的大量消费信息，经过选择性注意、选择性记忆和理性思考的过程，做出购买决定。

进入新媒体时代，消费者接触到越来越多的媒体和信息，同时因为新媒体的互动性特点，消费者对信息传播的过程也有了很高的参与能力和参与要求。媒体市场的主动权，正在从信息生产者向信息接收者转变，这种转变让消费者对电视等传统媒体的融入度降低，技术的变革让消费者可以摆脱传统媒体的固定模式，在任何时候都可以从广播、电视、网络，以及正在茁壮发展的手机等移动新媒体中去选择自己想要接受的信息。传统的打断式营销，信息接触的时机完全由营销者一手掌控。现在信息接触的时机由消费者掌控了，消费者在自己需要的时候可以主动向提供产品或者服务的企业索要广告信息或者进行营销咨询。

## 三、新媒体的发展使得市场营销的管理方式发生了改变

新媒体的出现，对于市场营销的发展有十分重要的意义，由于新媒体为市场营销提供了十分完善的交易基础，因此在新媒体的交易过程中，很多信息都可以进行优化，很多跨国企业之间的生产要素也可以得到相应的配置，以促进企业经济的快速发展。因此，新媒体对于企业在市场经济发展过程中地位的提升有很大作用，现代化的市场营销要建立起以资金流为形式、信息流为核心、商品流为主体的体系，对市场营销的经营管理而言，可以使得企业不断提高竞争实力，为市场份额的累积奠定坚实的基础，对市场营销的经营管理方式的改变是一种有效的促进。

## 四、新媒体丰富市场营销基本理论

在4P及4C营销中，虽然消费者的需求日益受到重视，但其始终没有摆脱在营销中的被动地位。而新媒体营销并非仅将新媒体作为工具来研究消费者，而是应该让消费者自己利用新媒体表达需求、体验、评论，从而让消费者成为新媒体营销的主体，即利用一部分消费者的影响力向另外一部分消费者进行营销，从而能够进入“用户为王”“全民营销”的时代。

4I营销理论是由美国西北大学市场营销学教授唐·舒尔茨(Don Schultz)提出的，4个I分别代表了趣味(Interesting)，利益(Interests)，互动(Interaction)，个性(Individuality)。

### (一) 趣味原则

伴随着经济的发展和互联网、新媒体的产生，全民进入了“娱乐化时代”。因此，广告、营销也必须是娱乐化、趣味性的。巧妙地将营销信息植入到趣味的情节当中，才是吸引消费者最有效方式。因此，好的新媒体营销，它身上流淌着趣味的血液！它不是一则生硬的广告，娱乐因子在它身上灵魂附体。

### (二) 利益原则

当今的世界随着互联网和智能手机等移动互联网设备的普及，使人们无时无刻不暴露在一个信息泛滥的环境下，营销活动不能为目标受众提供利益，必然难以达到它的营销效果和目的。但这里所说的利益不仅仅指的是金钱、实物等，还包括信息、资讯、功能或服务等。

（三）互动原则

新媒体区别于传统媒体的另一个重要的特征是其互动性，数字媒体技术的进步，已经允许我们能以极低的成本与极大的便捷性，让互动在营销平台上大展拳脚。而消费者们完全可以参与到网络营销的互动与创造中来。把消费者作为一个主体，发起其与品牌之间的平等互动交流，可以为营销带来独特的竞争优势。未来的品牌将是半成品，一半由生产厂商掌握，一半由消费者体验、参与来确定。

（四）个性原则

个性化的营销，让消费者心里产生“焦点关注”的满足感，个性化营销更能投消费者所好，更容易引发互动与购买行动。但是在传统营销环境中，做到“个性化营销”成本非常高，因此很难推而广之，仅仅是极少数品牌品尝极少次的豪门盛宴。但新媒体让这一切变得简单、便宜，从而使一对一营销成为可能。

## 第三节　新媒体背景下的企业营销策略变革

### 一、新媒体对市场营销活动的影响

新媒体的发展为企业的经营活动提供了便利，越来越多的企业强烈需求通过新媒体来进行市场营销。新媒体对市场营销产生了较大的影响，主要表现在以下几个方面：

一是新媒体为企业进行产品宣传提供了新的平台。比如，企业通过网络推广、广告植入等形式在网站上、影视节目中插入企业的产品宣传广告，扩大了商品的宣传面。很多产品的广告可以植入影视节目开头或影视节目中，而且不能跳过，提高了产品宣传的针对性和时效性。此外，通过一些门户网站或搜索引擎可以为商品定制特别的广告，例如可以围绕消费者的搜索需要搜索关键词，提高商品的被检索概率，大大提高了商品的宣传效果。

二是新媒体促进了企业市场营销观念的转变。从传统市场营销观念的演变过程可知，生产观念、产品观念以及市场营销观念等的转变，都是随着社会的不断发展而发展的。特别是随着企业的竞争日趋激烈，消费者的需求成为新时期企业市场营销的关键。传统营销观念的缺点就在于企业位于主导地位，没有考虑到消费者真正的需求，无法真正提供令消费者满意的产品及服务。但是这种格局被新媒体的出现打破了，消费者有了更多的选择和机会，并可以通过新媒体实现与企业的互动沟通，以此来达成最终的消费意向。这种格局的改变就促使企业必须要转变市场营销的观念，要认真研究消费者在新媒体时期的需求，推出针对性的产品和服务，满足消费者需求。

三是新媒体为企业掌握客户资源提供了平台。网络技术的发展改变了企业的销售模式，也改变了顾客的消费方式。企业可以通过消费者的消费经历、消费喜好等收集信息，并利用网络技术进行分类分析，从而获取消费者的真正需求，为其提供针对性产品服务。

四是新媒体促进了企业创新市场营销的手段。在传统营销观念中，企业一直是处于主导地位的，企业生产的产品款式、质量等由企业说了算，在营销宣传上，基本采用电视、广告等传统单一的渠道宣传，消费者受客观选择的影响，被动接受信息。在新媒体时代，消费者获取信息的机会和数量都大大增加，消费者掌握了选择产品的主动权。传统的市场营销手段已经不能引起消费者的注意，不能促成任何的购买行为，这样的手段就失去了广告的价值。在新媒体的背景下，企业要积极改变传统营销思维和手段，采取互动体验、精准传达的形式和营销方法，让顾客在消费过程中得到享受，让产品在口碑中得到传播。

## 二、新媒体背景下市场营销策略

### （一）转变市场营销观念，主动占领市场

传统的市场营销模式中，企业往往使用的是传统的媒体进行宣传推广，而且产品的可选择性不多，但由于市场竞争较小，企业没有销售危机。就如传统产品营销观念下的产物福特汽车公司曾经说，不管消费者喜欢什么颜色的汽车，福特只有黑色的汽车。但随着信息时代的到来，企业的竞争也越来越大，消费者选择的机会也更多了，因此企业通过新媒体掌握话语权的难度越来越大，在这样的前提下，企业要积极转变市场营销观念，变被动营销为主动出击，主动深入到消费者中，了解消费者的真实需求，按照市场需求提供不同类型的丰富的产品以满足不同消费者的需求，只有这样，才能跟上消费者的步伐，才能占领市场。

### （二）拓展新媒体营销平台

从目前的新媒体使用情况看，主要可以从以下几个方面开展市场营销活动。一是通过网络开展市场营销。网络发展速度之快以及功能之强大是以前很难想象的。如今的网络正在潜移默化地改变着我们的生活。现在无论工作还是学习，网络都成为我们的好助手、必备工具。通过网络进行市场营销活动的方式有很多，比如可以通过网站进行企业推广。在网络时代，网站推广可以说是一个企业开展网络市场营销的前沿阵地。企业通过门户网站开展产品信息发布和宣传，方便消费者通过网站及时了解到产品信息和营销活动，这种商品推销方式的

针对性和实效性更强。再如,可以通过网络开展消费者需求调研工作,为企业市场营销和产品生产提供帮助。如今激烈的竞争让企业更加关注消费者的实际需求,企业生产不再以自身优势作为基础,而是以消费者的需求为基础,网络调研活动为企业获取消费者的需求提供了平台。互联网的优势就在于便捷高效,没有地域限制。企业利用互联网的这些优势进行市场调研,能够节省不少费用,让调研周期变短且能够克服地域障碍。此外,还可以通过网络开展网上公共关系和客户服务。

二是通过手机平台开展市场营销活动。新媒体的优势在手机上体现得更为强大。智能手机的普及让随时随地上网、聊天、购物成为现实,它使用方便快捷,简单易操作,营销效果较好。手机作为一个新的营销平台,在营销过程中可以针对目标客户实施销售,另外由于手机可以及时获得信息,用户可以方便地与企业进行互动,参与热情比较高。

三是通过移动电视及户外新媒体等形式开展市场营销。将网络与电视结合,可以让这个传统的媒体显示出新的营销优势。网络电视的优点就是传播的内容具有强制性,消费者接受它的信息是没有选择性的,无论想不想看都得接受。另外,现在的户外媒体广告、车站地铁广告、电梯广告、滚动显示屏等都是很好的新媒体营销形式。

### （三）把握新媒体发展趋势,创新营销模式

在新媒体时代,消费者的需求不再仅仅满足于商家提供的产品或服务,体验式消费成为消费者新的需求。体验式消费是商家使用网络技术,创设一个开放的、仿真的虚拟空间,提高参与者的间接体验,获取比直接体验更好的营销效果。例如,现在的虚拟穿戴服务,让消费者可以自由搭配,从而选取适合自己的衣服。这种体验方式满足了消费者的选择权,提高了消费过程的趣味性、互动性,受到消费者的欢迎。另外,新媒体时代人们被信息覆盖,各类广告、垃圾短信让消费者十分厌恶。植入式广告可以巧妙地将自己融入故事情节中,只要把握合理的尺度不会招致观众的反感,还会提升品牌的形象。再者,随着市场产品越来越丰富,消费者的选择机会大大提高,企业要想提高市场营销效果,就必须开展消费者需求分析,在此基础上开展精准营销,提高营销的效果。

总之,受新媒体的影响,消费者的消费方式和消费观念都在发生巨大变化,企业要想在激烈的市场竞争中取得成功,就需要不断研究新媒体时代消费者的需求,转变传统的市场营销观念,把握新媒体市场营销的特点和发展趋势,掌握营销的主动权,只有这样才能为消费者提供精准的产品和服务,企业才能立于不败之地。

## 三、新媒体环境下的营销模式变革

当前，与新媒体相关的营销平台包括微博、微信、播客、视频网站、社交网络、搜索引擎等，以此为基础产生了微博营销、微信营销、视频营销、社交网络营销、搜索营销等新媒体营销形式。为适应用户新需求以及便于营销推广，企业营销模式以客户需求为中心、以新媒体技术为支撑，借助新媒体营销形式进行变革，主要体现在以下几方面：

### （一）利用大数据，由粗放营销转向精准营销

为改善粗放营销时期受众定位不准、盲目投入、成本高企以及营销中间环节繁复而造成信息失真的困境，实现更精准的消费者需求定位，企业可借助精确的、可量化的大数据技术突破传统营销只能定性的局限，挖掘“碎片化”现象背后隐藏的商业价值。在新媒体平台上，消费者的信息包括账户、年龄、消费量以及关系网都可以被记录，而大数据技术则能够帮助企业挖掘和推理消费者的行为习惯、购物偏好、潜在需求以及消费者心理特征，并按一定标准归类，从而使企业能安排合适的时间将营销信息精准地推送于目标客户，达到新媒体时代精准的营销效果。

### （二）借助移动互联网技术，实现即时营销

新媒体传播的快捷迅速使大众接受信息更加及时，同时也带来了受众的信息量呈爆发式增长，那么如何能够创造有效的营销内容并快速地吸引住受众，实现即时营销，成为企业新媒体营销必须迈过的坎。目前，国内外很多企业都在积极向移动互联网布局，开发功能成熟且具有特色的移动客户端，一方面利用客户端向受众及时地推广品牌和产品、发布最新的促销及打折信息，并通过社交频道即时、迅速地回应用户，另一方面与电子商务平台相对接，直接为用户搭建购买渠道，简化用户的购买流程，实现了信息服务和产品消费的无缝连接。

### （三）借力新媒体平台，变主动营销为互动营销

在新媒体之前，基于传统媒体单向传播的营销方式为硬性推广，而在新媒体环境下，受众的主动参与性和个性化要求增强，企业可借助新媒体平台与用户进行深度的交互沟通，关注客户需求，收集客户反馈信息和体验效果，使目标受众真正参与到品牌建设、产品研发和设计中来，让营销融于消费者的互动活动之中，融于口碑传播之中，实现客户链式反应增值。相反，若让消费者置身事外，那么消费的需求将得不到及时的满足，也无法成为企业营销团队的一员，更无法成为“病毒载体”。

## 四、企业新媒体营销瓶颈问题

（一）部分企业新媒体营销意识较淡薄

智研咨询发布的《2017～2022年中国企业信息化市场专项调研及未来前景预测报告》显示：近20年来企业网发展迅猛，信息化程度不断提高。截至2016年12月，全国使用互联网的企业比例为95.6％，首次超过90％，但是企业对新媒体的整体运用比率和水平仍然较低。

（二）安全性堪忧，客户信息外漏时发生

中国社会科学院新闻与传播研究所在其2014年6月发布的《中国新媒体发展报告（2014）》中指出，与美国等发达国家相比，中国网络安全形势不容乐观。企业在进行新媒体营销时，会涉及用户的个人数据及隐私如姓名、身份证号、地址、银行卡支付密码等，由于企业保存和管理不当，又或是企业规模小、技术不达标，内部员工出卖客户信息、网络遭破坏以致客户信息外泄的情况时有发生。

（三）危机公关及媒体应对不力

新媒体营销实践中，企业主要会遇到两类危机事件：一是因企业发言人的不当言论引发媒体的负面报道，二是品牌、产品或服务因某事件被客户“吐槽”甚至抵制。企业由于缺乏公共应对经验，往往会拖延、躲避、不知所措，未利用好新媒体平台，使自己的危机公关被动甚至无效，损坏了企业和品牌形象。

（四）随意传播致使企业公信力下降

传统媒体诸如电视、报纸，在发布信息前会经过严格的新闻生产流程，以保证信息的真实性，而新媒体的快速发展使得相关的法律法规相对滞后，企业在新媒体营销过程中缺乏法律的制约，传播信息随意，责任意识淡薄。如企业为提高广告文案的点击率，在新媒体平台上以噱头、虚假、媚俗的标题去吸引受众眼球，或是为了提升产品市场占有率，夸大其产品的性能和质量，忽略了企业在传播品牌价值时应有的社会责任，损害了企业公信力。

**【延伸阅读】**

### 2015年中国社会化媒体格局图发布　六个趋势值得关注

Kantar Media CIC发布了2015年中国社会化媒体格局图，CIC的创始人兼CEO Sam Flemming也总结了品牌、代理及技术人员应该注意的六大改变。

1．微信影响力持续扩大，继续领先其他社会化媒体

对于任何与中国或中国消费者有关联的人来说，微信的影响与统治力是显

而易见的。如今微信已经随处可见并似乎可以满足用户的各种需求。拥有类似WhatsAPP的对话聊天功能，类似Facebook里动态消息的朋友圈，类似PayPal的钱包功能，以及基金理财产品、打车及订餐服务和许多内置应用，微信不仅仅是一个社会化媒体平台，作为一个能够在日常生活中帮助人们的操作系统，它更像是一把"社会化媒体瑞士军刀"，其多功能性使得线上和线下的生活更为紧密。

朋友圈动态消息内容现在还不能够被品牌进行追踪，但品牌的自主微信公众账号内容能够被分析并深度挖掘。作为一个新型的自有、付费及无偿媒体，微信公众账号正在发挥其越来越大的影响力。就像品牌、名人、关键意见领袖(Key Opinion Leader，KOL)及媒体拥有自己的微博、Twitter或是Facebook账号一样，他们也可以拥有自己的微信公众号，为新一代用户推送内容及文章。品牌能够也应该追踪自有媒体及精品账号的表现，同时聆听KOL、名人及媒体账号等付费及无偿媒体，来影响更多媒介购买及内容战略决策。

2. 微博仍然是重要的社会化媒体

有些人说微博正在灭亡，这有些言过其实了。虽然草根们已经将重点转向了微信朋友圈，然而微博正如欧美国家的Twitter一样，是用户了解实时新闻的最快途径。诚然，微信公众账号的重要性与日俱增，一条火热的推送文章阅读数能够达到十万以上，但一条微博的传播数却能达到百万级别。对于那些拥有大量话题的品牌，尤其是那些喜爱使用名人和KOL的奢侈、时尚和美妆品牌，绝不应该忽视微博在社会化媒体中的战略作用。

3. 垂直类兴趣社区的移动化

在微信、微博、开心网、人人网、博客之前，中国网络上最火热的莫过于BBS论坛了。这些垂直类兴趣社区如今纷纷"移动化"，变成了垂直类兴趣社区手机应用。一些论坛，比如汽车之家和篱笆网，只是简单地将网页版的论坛移植到了移动端；而另一些包括小红书、大姨妈和辣妈帮在内的应用则是以移动端为基础的兴趣社区，有一些应用甚至能够保证用户进行上百万的活跃对话。我们认为这是今年中国社会化媒体的一项显著发展：社会化媒体的格局不再仅仅以微信为核心，而是扩散至更多元的数字化平台。在2015年中国社会化媒体格局中，在格局图的外圈列举了汽车、母婴、时尚、健康及许多重点社会化媒体分类及相应的热点应用，而这些应用将会是目标用户及媒体洞察分析的最佳数据来源。

4. 社会化媒体新热点浮现

当父母长辈、老师、领导们都开始使用起微信时，年轻人需要一个属于自己的空间来进行社交活动，而Nice和美拍就是在这样的环境下流行起来的。虽然雷朋和宝格丽等品牌已经在这些应用上投放活动，但Nice和美拍都因为同类型应用的疯狂竞争而无法占据市场。预计社会化媒体格局的多元化不会停下脚步，而品牌需要谨慎选择媒介购买，以正确地投放到目标用户。

5. 电商平台的用户反馈持爆炸性增长

随着电商平台销售额的大幅增长，产品用户反馈也逐渐成为用户原创内容(User Generate Content，UGC)的主力军。Kantar Media CIC 目前跟踪国内 9 个主流电商平台的用户反馈，发现在某些行业中，相比微博和论坛，电商平台的评论占据了约 70%的网民讨论声量，并呈现出详细的客户满意度反馈。作为消费者洞察分析的重要来源和具有影响力的媒体频道，电商平台是一个必须重点关注的平台。

6. 零售商原创内容作为“第四媒体”的重要影响力

在今年的中国社会化媒体格局中，移除了“社会化电商”板块并将其并入了“电商平台”板块，因为社会化是电商的一部分。我们可以看到电商平台尤其是在淘宝或微信上拥有中小型网店的卖家在美妆、时尚和电子产品领域表现得非常活跃。但只有一部分的卖家是官方经销商，相当多的人并不是。这些网店和消费者互动，在社会化媒体上进行促销活动，并在自己的网站上发布内容，但它们并不保证这些消息是准确或准时的。这些店虽然小，但对于某些时尚品牌来说，网店具有相当大的影响力，它们产生的声量可能占到总体的 40%～50%。并且这些声量极具教育性和实用性，能够教育和影响消费者，给予他们相应的使用建议。品牌凌驾于付费、自有和无偿媒体之上，但对于这个不受它们影响和控制的“第四媒体”，品牌必须谨慎及系统地跟踪，并关注网店是否或在多大程度上影响着品牌感知和销售。

## 案例思考

### 三只松鼠：从 0 到 10 亿靠“卖萌”

一个草根创业团队在三线城市，两年多时间，如何从 0 到 10 亿、做成中国互联网坚果第一品牌？

章燎原 20 年前还在混江湖时，开玩笑时随手写了一张卡片给人，上面写着燎原集团董事长章燎原。他说，如果将来他发迹了，可以凭此卡片找他。20 年后，这人拿着这张卡片找上门来，章燎原一看，还真是自己写的。那人成了公司的包装供应商，但也因供货不合格受到严厉处罚。

三只松鼠创始人兼 CEO 章燎原身材瘦削，眼神犀利，有员工形容他的眼睛是“像鹰一样”，走路的时候身体有点伛偻，喜欢沉思，步伐很快。

出生于 1976 年的章燎原，在安徽芜湖市创办了三只松鼠——一家以卖坚果、干果为主的电商公司。三只松鼠这家公司的装修有种奇妙的混搭：既有橙红色的管道滑梯，就像你经常在网上看到的互联网公司装修照片；又四处挂满贴着诸如“百亿梦、幸福梦”口号的红色横幅，这让你想到传统的乡镇企业。

特意用黄色灯光和灰色砖块做出旧时光效果的走廊，雕着标语“要么第一，要么灭亡”，一串数字连起一条时间轴：5个人创立的公司，2012年6月19日上线，2012年11月11日卖出766万元销售额。到2014年11月11日，单天销售额变为1.09亿元，2014年全年销售额突破10亿元。

章燎原的“触电”始于2003年在一家塑胶公司做营销员。在那家公司，章燎原用中文写好邮件，找人翻译成英文，用在线英文翻译软件登录英文网站，看到网站跟塑胶销售有关，就发邮件，他给几百家网站都发了邮件，把信息链打通，一两个月后很多人打电话到公司里谈生意。

安徽宁国市出产山核桃，他看到卖山核桃的詹氏食品公司招营销员，这家公司一年销售额四五百万元。2003年他加入詹氏的时候，正好是淘宝上线的时候，他失去了做电商的第一轮机会。

在詹氏，他一干就是9年，前7年没干任何电商的事，从营销员做起一直做到总经理，当他离开詹氏的时候，公司产值一年近两亿元。最初，他被外派开专卖店，担任经理，手下实际只有一名员工，自己又要负责送货又要跟商超谈判，700元一个月。与他同期加入的员工共11名，走了10个，只剩下他一个。他琢磨过，自己为什么很长一段时间里一事无成，核心原因是虽然想创业，但没有专注一个产业，没有选择一个切入点，只有选择一个行业、一个老板跟下去自己才有可能做起来。

外派到芜湖的时候，他特别兴奋，觉得自己是练兵多年的将军终于上了战场，他骑着自行车带着女朋友在芜湖转悠，指着世纪联华说：以后我们的货都会摆进去。

他先拿小超市练手，学着谈堆头费、进场费，学习做税务、工商注册，两年后芜湖区域业务增长第一，财务管理、员工管理都是最规范的。29岁，章燎原觉得自己扬眉吐气，升职成营销总监。

2010年底，他感受到时代的变化，电商B2C来了。詹氏山核桃在安徽这个区域市场脱颖而出，但满足不了章燎原的胃口，他想做全国性品牌。他做了壳壳果——一家在网上卖山核桃的店，2011年销售额达到2000万元。他意识到，电商能够建立起全国性的坚果品牌，到2011年下半年，章燎原在公司内部坚持认为这是唯一的机会，三年能做到两亿元。但是，其他人觉得这是吹牛，电商是虚拟的，没有实体店靠谱，章燎原走火入魔了。

线上线下的冲突明晃晃地摆在桌面上，詹氏的老板偏向保守。章燎原觉得，快消品在电商建立品牌的时间窗口是在3年以内，2014年底再见章燎原的时候，他说：“再通过电商建立快消品品牌的机会几乎没有了。可能机会存在，但方法不一样了。”

章燎原利用社会化媒体推广自己的个人品牌，在圈子里出名了。IDG资本合伙人李丰联系上了他。2011年，李丰研究淘宝电商，进而了解到壳壳果，这个快速崛起的品牌在电商坚果品类已经做到了前三。2011年底，李丰从南京到宁国，路上花费三四个小时。壳壳果面临着线上线下的冲突，李丰对章燎原的第一印象是，懂品牌，对电商有想法，虽然在小地方，但想法大气。他告诉章，如果你出来，我投资你。三只松鼠A轮融资就是IDG的150万美元。

章燎原决定辞职创业，大家都不理解：你有房有车，一年几十万元的收入，搞什么呢？拿几乎是全部的家当100万元创业，失败了，怎么办？章燎原有一股与命运死磕的狠劲，他相信人生有起有落才能终成大将。

2012年5月，三只松鼠上线前，李丰赶到芜湖，和章燎原他们聚会。鼠大疯(胡厚志，工厂制造中心总监)负责做菜，大家一块喝了很多酒，“我很久没有经历过这种场面了，他们的脸上洋溢着我很久没看到的东西，草根、青春、理想、感情……现在回想起来仍然十分感动。”

三只松鼠2012年6月上线，正式上线之后，第一单客户姓黄，男士。鼠阿M(三只松鼠客户满意中心副总监明珊珊)激动得叫了起来，全办公室的人都跑来围观。章燎原亲手打包，鼠阿M自己写了一封信给对方。仅仅3个多月后，三只松鼠就成为电商坚果第一品牌。三只松鼠定位高端品牌，卖给白领。很多人认为应该直接向对象建立诉求。章燎原认为得先搞人气，让图便宜的人到处去传播，影响白领决策。原来他在詹氏的时候，詹氏业务很大一块是来自企事业单位采购，但章燎原主攻小区里的大爷大妈，提供低价格、好服务的产品，他们买回去就到处讲。这次做三只松鼠，互联网上什么人传播最快？是学生和刚走上工作岗位的人，小恩小惠他们都会开心地发微博。这群18岁到24岁的人，接受新生事物能力强，参与感强，心里没有品牌，白纸一张。

第一波用低价赚人气、赚口碑，刺激准客户掏腰包，等这些人的品位拉升起来之后，产品价格也就理性回归了，让客户为满足感而付费：大家都买三只松鼠我为什么不能买呢？这也是章燎原在詹氏摸索出来的手法：他开拓区域的时候，第一次卖得便宜，后来价格就渐趋于合理了，新用户给更多的优惠，老用户联系靠的是情感，价格没那么重要了。

2012年，章燎原悟出一点，口碑营销是最好的营销。公司需要有很好记的名字，要让人愿意为你传播。

对客户来说，体验的链条很长：从进来店面有疑虑、到下决心买、再到期待货的到来、再到收到货实际体验，是不是每个环节都提高客户的好感、让客户觉得你更加靠谱，这很重要。传统企业觉得这些环节都是麻烦，章燎原发现这些环节都是广告植入的机会。传统品牌营销是你看到广告就到超市找产品付钱带回家,没有那么多时间让品牌商和客户建立起沟通,必须通过频繁的广告刺激让客户接收到信息。

电商能在一次消费里创建一个忠诚的客户,传统的短信是“尊敬的顾客……”,三只松鼠的短信是“主人,您订购的鼠小箱正快马加鞭地向你飞奔而来”,形象,生动。三只松鼠的另一位投资人、今日资本创始人兼总裁徐新做过调研,90%消费过三只松鼠的用户能记住这个品牌。

附在包装盒上、做成松鼠尾巴造型的开箱器,盒内附带的用于吃后擦手的湿巾……三只松鼠在许多细节上超过客户预期的期待。

在线客服是品牌和顾客沟通的关键,因为见不到面才有想象空间。三只松鼠有先天优势,动漫形象在沟通上更容易。他们创造了一个特别的称呼:主人。章燎原突然一天半夜在群里说,我们该对客户喊“主人”,松鼠是宠物,让萌宠给客户提供服务。他发了一张截图:章燎原用“鼠小儿”的账号与客户聊天,突然冒出一句“主人记得表扬一下,么么哒”。对方说,小松鼠好乖,发了一张摸头的动图。一开始包括鼠阿M在内,都不习惯用这个词,后来放开了,成了三只松鼠的标准用词。

当时农产品营销、管理层次低,没有什么创新,包装很土,三只松鼠的包装特别,买的人都会提到。最核心的还是,价格发生巨大变化。这是本质,再通过包装、服务带来更多的话题,才能引爆。没有低价这个前提,就没办法引爆。洽洽瓜子做不了高端坚果的原因是,成本与三只松鼠区别很大。传统渠道进商超,必须有2倍以上的溢价,原本20元一包的坚果,就变成六七十元了,成本拉得很高。

没有体量的品牌是不可能成为品牌的。当时天猫还是好平台,用户获取成本低。之前,新农哥、百草味在淘宝过得很舒服,毛利率高,通过免费的流量来获得用户。当时在食品行业没人会用钻石展位,用得多的是直通车。三只松鼠选择做钻石展位,不断砸硬广,将碧根果做成了销量第一,这是三只松鼠第一款引爆产品,也拉升了三只松鼠其他产品做到了第一或者前几位,把流量入口的门给堵住了。

他们考虑必须引爆事件来打响品牌,有什么比从天而降成为第一更好的呢?决定2012年双11哪怕亏几百万元,哪怕没办法成为全天第一,也必须有一段时间实现第一。

效果出乎意料的好。2012年双11,三只松鼠共有13个客服,从凌晨到晚上12点不停地忙。鼠阿M一度觉得提示新消息的“叮咚”声,是世界上最大的噪音,一听到心里就跟猫抓一样。同事打电话给鼠小七(吴斌、运营中心经理),千万别再卖了，再卖真的发不出去了，得关店了。订单积压在生产环节，缺货。开始没弄明白到底自己能卖多少，大家在仓库连待了两天，稀里糊涂的，才觉得不对劲了。章燎原把创业团队召集在一起，我们面临着成立以来最大的灾难，可能让我们死掉，我们没有任何选择，只能用尽所有力量去干，就算干完了，可能还是会死掉。

如果店铺评分大幅度下降的话，三只松鼠的流量入口优势就没有了，店会跟死掉没什么区别。在2012年11月11日前，三只松鼠订单日均不超过3000单，双11当天来了10万订单，足以把三只松鼠整死。逼不得已，大家没日没夜灰头土脸地干了9天，招来了200名大学生做临时工。章燎原带头干，“他必须身先士卒，空喊口号的话会让大家觉得，我们又不拿你的加班工资，一分钱都没有。”鼠小七说，“靠着这口气我们硬憋出来了，战役沉淀了三只松鼠文化的根基。”

三只松鼠能够崛起，原因也很简单，第一是更低的价格(比线下便宜20%到30%)；第二是更好的产品；第三是更优的体验。

(资料来源：钛媒体)

# 第二章　新媒体时代企业面临的机遇与挑战

在这一章，我们会讨论以下问题：
1. 新媒体时代的行业背景
2. 新媒体时代的特点
3. 新媒体时代企业营销活动面临的机遇
4. 新媒体时代的特点对当前营销活动形成的挑战

## 案例导入

### 饿了么为什么频频开快闪店？

据艾媒咨询公布的2017年第一季度数据显示，外卖市场中以饿了么、美团—大众点评、百度外卖三家为主。在活跃用户分布中，饿了么以7.26%的比例占据第一，美团外卖和百度外卖分别位列第二和第三。但从用户黏性上看，饿了么与美团以及百度外卖相差无几。目前，对于饿了么而言，品牌需要解决在功能同质化严重、用户黏性相近的平台之间，提高品牌差异化和辨识度的问题。与此同时，目前越来越多的消费者也开始从品牌中追求除了满足功能之外的意义。区别竞争对手，打造品牌差异性，是饿了么快闪店的目的之一。然而快闪店只是一种形式，真正想要在消费者心中留下记忆点的是快闪店本身所承载的内容和创意。这里的内容和创意，我们可以理解为快闪店背后所能带来的情感连接。换言之，饿了么想用这些落地的营销和更多消费者进行精神沟通。在已经推出的四次快闪店活动中，每一个快闪店都有一个鲜明的话题，而且都是针对年轻人的情绪和文化展开的。

以丧茶快闪店为例，饿了么观察到"丧文化"在社交网络上深受年轻消费者的追捧，某种意义上是因为这种"丧"是当代年轻人真实生活的体现。丧茶快闪店的门店装修风格主打黑色，给人阴暗感，门口站着一只表情悲伤的羊，菜品的文案更是充满负能量，"你的人生就是个乌龙玛奇朵""你不是一无所有你还有病啊乌龙茶"。而在"5·20"期间开的"爱无能小酒馆"快闪店，饿了么同样也是抓住了年轻人爱情的现状：随着生活节奏的加快，年轻人的生活压力越来越大，物质和自我因素让爱情越来越脆弱,“爱无能”成为一种社会现象。饿了么便在“5·20”这样的日子推出一间“爱无能小酒馆”,推出三分钟热度马天尼、百年孤寂纯黑啤、50%暧昧水果酒,这些爱物无能的典型症状化成一杯杯鸡尾酒。这些犀利又带点幽默的吐槽式文案引起了大量年轻人之间的共鸣。

从火爆的丧茶快闪店开始,大量的快闪店开始涌入消费者的视线,这些互联网品牌以快闪店的形式出现在线下场景中,在某种程度上而言给人带来一些意外的仪式感和惊喜感。然而形式从来不应该成为被品牌追捧的首要因素,想要通过快闪店去达成怎样的目的才是更多品牌需要思考的。

从饿了么的角度看,大量的企业希望通过从线上走向线下的方式,去满足消费者在线下创新体验的需求,并通过一次又一次风格显著、场景不同的快闪店更好地给消费者传递他们的业务以及品牌理念。这种新的媒体特点也给营销活动带来了全新的机遇和挑战。

## 第一节 新媒体时代的行业背景

### 一、新媒体的分类

自2008年以来,社交媒体(social media)一词成为互联网中的热门话题,同时也受到学术界的广泛关注。但在学理层面对于社交媒体的界定和理解还处于相对混乱的状态。对于社交媒体的定义,存在着多个版本,虽然表述方式不一,但有着共同的内涵。其中百度百科中的定义为:社交媒体是指允许人们撰写、分享、评价、讨论、相互沟通的网站和技术,是彼此之间用来分享意见、见解、经验和观点的工具和平台。人数众多和自发传播是构成社交媒体的两大要素。实际上,社交媒体并非一个全新的概念,它最先出现于2007年在一本叫作《什么是社会化媒体》(*What Is Social Media*)的电子书中。作者安东尼·梅菲尔德(Antony Mayfield)将社交媒体定义为一种给予用户极大参与空间的新型在线媒体,具有以下几个特征:参与、公开、交流、对话、社区化、连通性。社交媒体的最显著特点,就是其定义的模糊性、快速的创新性和各种技术的“融合”。

随着新媒体技术的发展,社会化媒体的形式和特点也会随之变化,对于社会化媒体的定义也会有新的理解。但是无论怎样,社会化媒体最大的特点依然是赋予每个人创造并传播内容的能力。另外,传播学者安德烈·开普勒(Andreas Kaplan)和迈克尔·亨莱因(Michael Haenlein)对社交媒体所下的定义是:一系列建立在Web 2.0的技术和意识形态基础上的网络应用,它允许用户自己生产内容(UGC)的创造和交流。也有论者认为,社交媒体是指“能互动”的媒体。社交媒体彻底改变了传统媒体一对多的传播方式,变为了多对多的对话方式。社交媒体模糊了媒体和受众之间的界限,而且大部分的社交媒体大都可以免费参与其中,它们鼓励人们评论、反馈和分享信息。

基于以上界定,可以看出社交媒体是建立在互联网技术,特别 Web 2.0 的基础之上的互动社区,它最大的特点是赋予每个人创造并传播内容的能力。它是用来进行社会互动的媒体,是一种通过无处不在的交流工具进行社会交往的方式。它能够给予用户极大的参与空间,不仅能够满足网民个人基础资料存放的需求,更重要的是能够满足用户“被人发现”和“受到崇拜”的心理感受需求,能够满足用户“关系建立”和“发挥影响”的需求。社交媒体可以把图片、视频、文本和传统内容进行混搭处理,并进行互动,建立“联系”(connection)和生成“意义”(meaning)。但值得一提的是,著名学者保罗·莱文森(Paul Levinson)否定用社交媒体来代表这种趋势。他认为,千百年来的一切媒体都具有社会性,所以用“社交媒体”专指当代最新一代的媒介是不妥当的。新新媒介的社交性质固然是关键,但并非它独有。他将以上媒体都称为“新新媒体”(new new media)。莱文森认为存在三种媒体,传统媒体(old media)即是电视、报纸、杂志之类的媒体,它们是空间和时间定位不变的媒介,突出特征是自上而下的控制和专业人士的生产。而第二种是新媒体(new media),即是互联网上的第一代媒体,主要是指电子邮件、亚马逊网上书店、itune、报刊网络版、留言板和聊天室等。其界定的特征是传统媒体的时间和空间被打破,内容一旦上传到互联网上,人们就可以使用、欣赏并从中获益,而且是按照使用者方便的时间去使用,而不是按照媒介确定的时间表去使用。第三种是新新媒体(new new media),主要包括博客网、优视网(Youtube)、维基网(Wiki)、掘客网(Dig)、聚友网(Myspace)和 Facebook 以及 Twitter 等。其界定性的特征和原理是指:其消费者即生产者;其生产者多半是非专业人士;个人能选择适合自己才能和兴趣的新新媒介去表达和出版;新新媒体一般免费;新新媒体之间是既相互竞争又相互促进的关系;新新媒体的服务功能远胜过搜索引擎和电子邮件;新新媒体没有自上而下的控制;新新媒体使人成为出版人、制作人和促销人。

根据其用户特点,新媒体又可以归为五类。第一类为创作发表型,主要由博客网站和论坛网站、微博组成。第二类为资源共享型,照片分享网站、视频分享网站、音乐分享网站还有评论网是内容共享型社会性媒体的典型代表。第三类是协同编辑型,包括维基百科(wikipedia)以及社交型问答网站(Q&A)。第四类是社交服务型,如社交网络(SNS)、Check-in、即时通讯(instant message)、Mobile Chat 等。第五类是 C2C(Consumer to Consumer)商务型,代表网站是淘宝网和团购网站。

## 二、新媒体环境下企业的营销模式革新

现阶段，互联网的发展为企业开展标新立异的营销活动创造了无限的机会和可能，借助互联网进行网络营销的方式层出不穷。随着信息技术的发展，互联网进入了 Web 2.0 时代，博客、论坛、微博、微信、社交网站为代表的变革发展十分迅速，社交媒体作为一种新型媒体，主要是依附于互联网技术而进行信息的传播及获取。其高度的开放性、参与的互动性和自由的社交性的天然属性，促使愈来愈多的人接触到社交媒体，并用它进行发表、分享和传播信息或者获取信息资源，人们在虚拟的网络世界里建立起来的关系也可以迅速得到扩散。对于企业来讲，这无疑会成为新的市场营销机会与挑战，越来越多的企业开始认识到社交媒体营销的重要意义，因此都在努力地寻找一个机会改变自己的营销策略或发展对策。与 4P(Product，Price，Place，Promotion)、4R(Relevance，Reaction，Relationship，Reward)、4C(Consumer，Cost，Convenivence，Communication)等传统的营销策略不同的是，社交媒体营销涵盖了从 P 到 R，再由 R 到 C 的全过程动态营销模式，开拓了全新的营销策略。

### (一) 社交网络的发展和扩张

随着 Web 2.0 的发展及智能手机的普及，越来越多的社交媒体正在走进人们的视野。这些网站迎合人们的兴趣爱好、职业背景和年龄群，成为人们日常社交生活的重要部分。社交媒体正在急速地、大规模地向更小众、更细分的兴趣社区转移，并且正在被逐步融入主流公司的网站中去，逐渐从受众的自发集合性质演变成了专业的社区。在这种趋势的影响下，品牌营销工作人员也开始将他们一部分的预算投入到这些网站中去。

### (二) 消费者参与到市场营销中

目前的品牌认知度和消费者行为越来越多地被网络口碑和消费者对产品的评论所影响。消费者或用户通过论坛、博客、播客、微博、微信等社交网站对品牌、产品或服务的相关讨论及分享，对一个品牌的知名度和美誉度的影响有着不可比拟的优势。对于这种情况，目前企业通常通过招募品牌大使作为传播者在线或者离线推广其产品，并给予一定的奖励或报酬，也会通过招募网络写手来撰写与产品及服务有关的内容，作为交换同时会给予一些特殊的待遇，比如赠送产品的样品、获取新闻的优先访问权等。

社交媒体的发展在帮助消费者获取信息的同时也赋予了他们创建内容以及分享的权利。在针对某一问题或某一领域的在线搜索结果中，大多数的解答来自社交媒体，这些信息往往由消费者发布并且相对全面和客观，更具信服度。基

于此，消费者会经常主动地在社交媒体上寻找有关体验、评论、意见等方面的有效信息，消费者对品牌的认知和产品购买决定，也逐渐受到社交媒体的影响，而不再只是接受企业单向度自上而下的信息灌输。对企业来说，社交媒体在给消费者更多赋权的同时，也为企业的整合营销传播提供了全新的平台，它有利于企业与消费者的有效沟通，通过即时通讯、视频聊天、社交网络等更人情味、更符合消费者习惯的互动方式，拉近了企业与消费者的距离，提高了整个交流过程中消费者的舒适度和愉悦度。这种方式改变了线下一对一的服务模式，极大地提高了效率。另外，社交媒体还可以实现和顾客的直接对话，但对话的频率、时间、内容是经理人无法直接控制的，这与传统的经理人处于中心位置、消费者高度被控制的营销模式截然不同。

首先，消费者从被动接受到主动参与，再逐渐渗透到价值设计的环节，意味着商业界“产消合一”时代的到来。在“产消合一”资本主义时代，最重要的是提高效率，最大化地提高效率。在这一新的模式中，决定产品价值的不是企业，而是消费者，经理人必须以消费者为导向进行营销规划，通过人物故事、通信论坛、公共规范以及市场推广来推动评价（evaluation）、接受（embracing）、认可（endorsement）和解释（explanation）等四个沟通策略来实施。其次，这种新的营销方式不仅仅要求增加和扩大营销信息，更要求营销信息系统地嵌入到整个营销过程当中，如何利用社交媒体监控品牌舆情也成为探索品牌整体战略的重要组成部分。

（三）消费者自主媒体的发展

消费者自主媒体比如博客、微博、微信、人人网、视频和播客等将在未来的营销活动中占据重要的地位，它将成为所有企业的营销渠道和传播形式的标准组成的一个部分，消费者同时也可以利用社交媒体作为自主媒体独立进行整个消费的过程，一些国际化的大企业早已经使用多种社交媒体与客户直接对话。惠普等公司已经开始使用博客与客户直接对话，IBM的管理层曾经发动公司全体员工使用公司的内部网络媒体，积极参与全球互联网上的即兴大讨论，用来分享专业知识，鼓励协作创新，并设立了品牌传播的重点和目标。

（四）社交媒体营销的开展

社交媒体营销对企业来讲已经不再是陌生的词语了，官方微博、微信公共账号、人人网主页等社交媒体平台已经成为企业营销的必备渠道。社交媒体的兴起是互联网近些年来的一个发展趋势，无论是国外的Facebook和Twitter，还是国内的人人网、微信、微博等都极大地改变了我们固有的生活方式，带领我们走入了一个社交网络的时代。社交媒体属于传统网络媒体的一种形式，但是社交媒体营销却在社交网络时代迅速来临之际应运而生。著名调研机构 Marketing Sherpa 在其 2009 年的调研报告中总结:社交媒体营销是一种基于社交媒体的,能够简化企业、影响者、信息搜寻者和消费者之间的对话形式,并且可以实现内容分享的营销实践。

# 第二节　新媒体时代企业面临的机遇

## 一、新媒体的必然趋势

### (一) 社交媒体是未来

互联网固有的商业模式可以概括总结为三个层次,以产品为中心的最底层,以平台为中心的中间层,以社区为中心最高层则。每一百年,媒体的格局就会发生一次颠覆性的变革。上一个百年被称为大众媒体的一百年,而在接下来的一百年里,信息的传播方式将不仅仅局限于被推销给受众,而是在受众所处的成百上千个链接中被分享传播开来。百度和 Google 建立的是信息推荐引擎,而社交媒体建立的是关系推荐引擎,信息内容的推广介绍和关系推荐使商业广告的效果更容易被衡量。由于社交媒体的进入门槛比较低,人们就可以非常容易地创造一些小型的或者多样化的社区,因此未来的社交媒体将拥有一个庞大的体系,并且能够普遍存在。

### (二) 营销的回归最终是人

人的因素一度被社交媒体重新带回到了数字化的营销互动中,人们将会非常乐意建立、加入并寻找能够为他们提供有价值且具有相关体验性的社交媒体。在社交媒体中,人们将会对自己花费的时间、得到的评论回复和社交媒体的影响力及价值等进行衡量比较。这是一个需要自我引荐、自我推销的时代,只有善于推销自己才能让自己更好地立足于这个社会。许多用户在做决策时,往往会受到社会认可心理的直接影响,在信息的传播过程中,和产品相关的用户评论和真实的例证将会加快受众的购买决策。营销归根结底还是人的营销,社交媒体是由人通过各种互动媒体自发传媒信息而组成起来的,无数的信息被网络中的人过滤并传播着,有价值的消息会被迅速传遍全球,没有价值的信息只能在小范围内进行传播甚至会被人们快速遗忘。企业将产品通过品牌联播的方式在网络做宣传,能更好地为自己积累网络人际,扩大自己的人际圈子,更能在网络传播过程中轻松赚取利润。

### （三）社交媒体营销的趋势

根据ComScore的调查数据得知，在美国，28%的假日礼物购买决定都会受到Facebook和Twitter等社交媒体上传播的信息的影响，在社交媒体里，用户的商业行为很大程度上被来自意见领袖和用户所关注的对象的评价和意见所影响。在2012腾讯智慧峰会上，腾讯公司副总裁孙忠怀曾指出，社交媒体营销到达了一个新的高度时，回归真实生活将会成为未来营销的核心，“愈来愈多的企业会在传统的广告之外，倾向于选择社交媒体营销”，孙忠怀称，这给互动营销提供了机遇，但是也充满了各种各样的挑战和未知。

叶茂中认为，Facebook和Twitter等推动了全球化社交媒体的浪潮，博客、微博以及微信已经走进了人们的生活，这也势必改变以后的营销方式。Emarketer分析师德伯拉·威廉森曾经在评价社交媒体营销时说道：“毫无疑问，这将是广告营销界180度的大转弯，与消费者进行直接交流对话，已经成为一种新的技术，而与消费者对话才是营销的根本。”著名的调研机构Marketing Sherpa曾经在其调研报告中概括总结到：社交媒体营销强调相互合作，每一个参与到社交媒体营销过程中的成员，不管是企业还是用户自己都需要在获取信息的同时分享信息，进而达到双赢。

## 二、企业面临的发展机遇

### （一）树立品牌形象，提升知名度

企业在发布信息之后，一部分用户可能会积极主动地去评价和转发公司发布的信息，在企业对有关的问题进行详细解释说明后，如果用户能够得到满意的答复，他们就会向更多的人传播企业的信息，从而进一步提升了企业的知名度，形成了口碑效应，树立了企业的品牌，彰显了企业的核心竞争力。

### （二）公司的信息发布平台，有效的信息传递方式

一般的社交媒体都拥有着庞大的用户基础，企业能够在社交媒体上发布相关的产品信息，如果产品信息被具有大批粉丝的用户进行评论和转发，这样经过一传十、十传百的口口相传，信息就可能会被大量的潜在用户发掘。人人网全国营销总监李普认为，“社交媒体营销可以自动地将用户的品牌参与行动转变为自媒体上的新鲜事，产生公司产品信息被多次传播的广泛效果，即使在企业除去自己的付费媒体后，这些经过多次传播所产生的曝光量、点击量、行动量和粉丝量，都组成了免费的媒体部分。如果企业品牌愿意留存这些粉丝，沉淀这些深层次的曝光量和点击量，进而创立品牌的公共主页，那么有关品牌的形象和知名度也就自然而形成了”。

（三）增加企业曝光度，提升网站流量

在社交媒体上，企业可以在发布相关产品或公司信息时，附带添加相关的链接，用不同的方式吸引用户的注意力，引发用户在他们自己的博客、微博、微信、论坛上讨论企业的网站。虽然这些链接都是用户自发性地做上去的，但肯定会带来一些高权重的外部信息的链接，这将在很大程度上提升企业网站在搜索引擎中的排名地位，因为众多的高质量外部信息链接带来的网站流量势必会是巨大的。

（四）可以作为公司的迅速客服通道

对社交媒体用户进行实时跟踪的公司，能够快速地了解到用户对公司的产品或服务产生的质疑或询问信息，并经过相应的社交媒体工具，比如通过微博或邮件进行及时回复，这样不仅可以迅速地帮用户解决实际的问题，避免产生由于用户不满意而大范围大规模地在互联网上广泛散布企业负面信息的现象，能够更为有效地提升客户的满足度。

（五）促进销售

许多高质量的外部信息链接，所带来的网站流量必然将会是十分庞大的，伴随着互联网网站点击率的提升，对企业产品和服务信息感兴趣的人也就自然增多了，潜在购买客户的数量也就增多了。同时，客户转化率也会得到相应的提高，销售业绩自然就会慢慢提升上去。

## 三、社交媒体营销的具体表现形式

（一）移动互联网和社交媒体的融合

什么是移动互联网？从技术层面来讲是指它的技术核心是宽带 IP，并且可以兼具提供语音、数据、多媒体等业务服务的开放式基础的电信网络。从终端层面上进行定义：广义上是指用户借助手机、iPad、笔记本电脑等其他移动终端，使用移动网络接入移动通信网络服务或者互联网服务；在狭义上则单单是指用户以手机为终端，借助移动网络接入互联网，获得网络信息以及定制信息等其他信息服务。

截至 2017 年 6 月，中国手机网民规模达 7.24 亿，移动互联网主体地位逐渐加强，移动消费行为将成为未来发展主流。因此，移动互联网或将会成为社交媒体营销推广的一个巨大的潜在平台。现阶段的移动社交网络只是在移动设备上的社交网络，因为它们和社交网站的本质一样，只不过是前者需要借助移动设备来进行访问。真正的移动社交网络，应当是使移动设备真正成为网民社交网络和生活方式上一个不可或缺的组成部分，并且提供给人们一个完整的使用体验：

即通过使用移动设备，使现实世界和虚拟网络之间进行融合交互。因此，这也意味着移动社交网络将会伴随着社交媒体营销的发展而发展。

(二) Social Shopping 社交电子商务业态

社交电子商务指的是把社交媒体中的关注、分享、沟通、讨论等互动性的社交化元素使用在电子商务交易过程中的一个现象。详细而言，从消费者的角度分析，社交电子商务不仅体现在消费者购买产品之前的店铺选择、商品比较上，还体现在购物的中间，通过即时通讯、论坛等与电子商务企业之间的交谈，也体现在完成购物这一活动后，消费者对产品的评价及购物的分享等。从电子商务企业方面来看，借助社交工具的利用及与社交媒体、互联网的合作，完成企业自身的营销和推广，提高商品的最终销售量。从社交媒体经营者方面看，在帮助电子商务企业完成产品的推广和销售时，能够靠广告收入来获取自己的收入。

从美国目前的市场情况来看，社交化已成为电子商务的一个重要特点。其中最为典型的当是 F-comerce，也就是在 Facebook 诞生的基础上而产生的与商品销售活动有关的应用和各种服务。具体而言，F-corararerce 主要有以下三种实现形式：① Facebook 店铺，零售商可以直接在 Facebook 上设立商铺；② 电子商务网站效仿 Facebook 上的一些功能，例如设置区域显示登录、喜欢、开放图片等；③ 在实体商店中学习 Facebook 的一些优势，比如消费者在实体店进行购买过程中，消费者在试穿试用之后，可以把照片发送到自己的主页上让朋友去关注或评论，以及 Facebook 的团购服务等。国内的社交媒体如人人网、开心网等也相继研发了服务于电子商务企业的营销形式。通常这种实现形式主要表现为品牌主页＋营销推广＋用户传播，这里的用户传播是指用户参与或关注相关产品的活动信息，并将这种信息传递到用户在该社交媒体上的好友圈。

近年来，受到社交媒体及电子商务发展带来的影响，中国社交化电子商务开始有了显著起色，美丽说、蘑菇街、堆糖网、花瓣网、Hers 爱物网、LC 风格网是它典型的代表。社交性元素已成为了中国互联网最基础性的应用程序，不仅促使了一批专门的网站和工具的诞生，更是将它广泛应用到网络游戏、网络视频等休闲娱乐服务和电子商务等其他领域。

社交电子商务业态，正在不声不响地慢慢地发生着变革。不管是专门针对电商的服务性平台，还是涉及 B2C 的模式，只有紧紧抓牢了互联网行业的发展特点及趋势，再结合电子商务的特点，才能够真正满足 Web 2.0 背景下用户的真实需求情况。

(三) 社交视频营销——互动微电影

微电影即微型电影，又称微影。它是指在各类新媒体平台上进行播放的，能够在不断移动的状态下，满足在休闲状态下观看的，并且具有完整的策划制作体系的微型电影，内容主要融合的有幽默搞笑、流行时尚、公益事业等主题，也有专门的商业定制主题，它能够单独作为一部片子进行播放，也可以作为系列剧进行播出。互动微电影，则是以极具创意的网络视频为载体，借助社交媒体碎片化、病毒式的传播力量，打造企业的网络文化以及增强品牌与消费者之间的互动，促进消费习惯的形成。互动微电影相对于传统微电影，关键点在于互动，大概可以分为以下几种类型：

1. 征集微电影角色人物

在微电影开拍前，通过网络各个渠道的宣传造势，吸引网民的关注，然后征集微电影中的角色人物，加强互动性，让更多的人参与其中，利用“口碑营销”的强大势力扩大影响力度。企业品牌可以专题冠名等各种形式进行悬赏，带出品牌信息。

2. 征集微电影剧本

此类微电影可以一个有悬念的片头为题，拍摄一个充满未知、悬疑的电影开头，出现重重的疑点，吸引网友的关注，然后向大家征集完美结局，这样就会带动众多网民的好奇心，也增强微电影活动的互动性。最后根据征集的不同剧本，可以拍摄一个系列的微电影，中间恰当植入产品信息，达到营销目的。

**【企业案例】**

### 用互联网的方式“玩”电影

钛媒体不仅率行业之先，引领了一场“人人都能写电影”的大潮流（还可上微信“人人都能写电影”看看），还将深度参与更多电影互联网化的尝试。

7 月开始，澳大利亚人 Sam Voutas（司马优）几乎跑遍了北京郊区，为自己即将开拍的电影《King of Peking》寻找拍摄地。

这十几年，司马优一直在做一件事：用镜头讲述中国人的故事。《King of Peking》是他的第四次尝试。钛媒体影视作为《King of Peking》的首席合作新媒体平台，也将与 Sam 和他的团队一起展开这次独立电影之旅。

值得一提的是，与传统模式不一样，《King of Peking》是一部完全互联网化的电影，其拍摄资金完全依靠网络众筹取得，而其运营与发行也将通过互联网方式展开，钛媒体即是其整个流程运作中的首席合作新媒体平台。“这样的经验，也是我以前所没有的，这样我不会受到投资方的干扰。”这是电影《King of Peking》导演和制片人的一致认识。

众筹目前已经完成，拍摄地也很快将要敲定，但电影的 4 个主角和 15 个配角还未确定！如果你热爱电影和表演，如果你对自己有信心，出现在电影里的人，可能就是你！

澳大利亚独立导演第四次讲述中国人的故事。

在司马优的镜头里，有市井小民和人情世故，也有一天天不断变化的北京。“北京的变化太快，这是我在其他国家的城市很难感受到的，比如如果我几年时间没回北京，等我再回来，我的邻居，就已经成了大老板了，或者，楼下的餐馆，已经没有了，这很有戏剧性。”这次，司马优决定拍《King of Peking》，还原他记忆中的那个“小北京”。

司马优第一次到中国时7岁。“那是1986年，我走在北京街头，顶着一头金黄的头发，街上的人都对我很好奇，经常会有人来摸摸我的脑袋，看我和他们是不是一样的，我当时觉得他们很奇怪。”这是司马优童年记忆里，关于北京的开始。

司马优的母亲是澳大利亚大使馆的一名外交人员，1972年中澳建交，她便来到北京工作。1986年第一次到中国，司马优一住就是3年。这期间，父母带着他去过四川、陕西、新疆、上海、山东等很多地方。

“在北京，我学了功夫，经常去日坛公园玩”，司马优说，自己童年最喜欢玩的游戏是假扮007，“父母很喜欢电影，所以从小就受到影响，也喜欢电影”。父母常常会带着司马优去北京的电影院看电影，由于条件有限，电影院几乎不放外国片，对于一个外国孩子来说，当时的中国电影又过于严肃。

“那时的电影院很吵，人们喜欢边看边议论剧情，还嗑着瓜子儿。”司马优记得，电影院的椅子都是很粗的木头做成，他坐在上面，脚几乎不能着地，这样的场景，烙印在司马优记忆深处，直到有一天，他决定拍《King of Peking》，还原他记忆中的那个看电影的场景。

90年代，司马优回北京学习中文。“当时成龙和周润发的片子很流行，我看了很多，我也很喜欢吴宇森和周星驰，但当时中国的电影还是太少了。”司马优为了看到好莱坞的片子，让远在澳大利亚的朋友，用VHS录像带把电视里播放的影片录下来寄到北京。当时，司马优最兴奋的，就是唯一一次去香港的机会，因为在香港能看到好莱坞电影，每次他会把所有在香港的时间都用来看好莱坞电影。

司马优第一次拍中国人的故事，是一部纪录片，那是他从墨尔本大学电影专业毕业后完成的。20世纪90年代末，北京开始取消“面的”(面包出租车)，他觉得这是一件值得记录的事情，于是专门来到北京，将镜头对准了几个面的司机，记录下他们的生活变化。片子时长1小时，做完后，被新西兰一家电视台买走。

2004年，司马优搬到北京，他和妻子拍了第二部关于中国人的纪录片《上海新娘》。片子记录了一对上海新人在婚礼前后，新人双方家庭的矛盾和故事。这部纪录片，曾在10多个国家的电视台播出。

“纪录片的缺点就是你没法控制故事”，司马优一直对电影念念不忘。他开始尝试在中国演戏，并先后出演了《南京！南京！》《气喘吁吁》等片，在即将上映的《杨贵妃》中，他还饰演了一名罗马使者，“拍了2个礼拜，感觉很好，我可以靠演戏的收入来支持自己做自己真正想做的独立电影”。

司马优第三次拍中国人的故事，是独立电影《红灯梦》，这是发生在当下，北京小胡同里的故事：一家性用品商店在胡同里掀起的波澜。“第一次拍，钱都是自己投的。”司马优带着影片，去国外参加了一些电影节，影片后来在澳大利亚公映，并被土豆网买下。

影片取得了一些成功后，很多喜欢这部片子的朋友，让对司马优开始思索独立电影新的运作方式。“如果找投资，投资方的干涉会比较多，我就想，已经有一些支持我的朋友，如果我做众筹，拿到钱继续做独立电影，那我会做得更纯粹，这样会更保持我的风格。”

经过众筹成功，司马优的想法更加“任性”。这一次，他要拍的《King of Peking》是以20世纪90年代的北京为背景：一个电影放映员制作贩卖盗版VCD，面对儿子的离去时，最后在父子亲情和利益之间做出抉择。

3. 竞猜赢大奖

此类形式相对比较常用，在微电影拍摄过程中，让网友自发猜测最后结局，或者是主角的命运，也可以是微电影找亮点等各种方式的互动活动，通过诱人大奖的悬赏，吸引网民参与投票或者竞猜活动，扩大传播范围。

在互动微电影中，形式比营养更加重要。怎么样才能够引发受众的兴趣点，使用户有参与进来的欲望，并可以连续地参与到其中，是社交视频营销取得成功的关键所在，也就是说，怎么样才能够参与进来比参与什么具体的内容要重要得多。和传统的营销推广方法相比，互动微电影营销具备渠道新颖、分享快速、成本低廉、自由度高的特点。而互动微电影，又比传统微电影更进了一步，因为它不再是填鸭式的灌输信息，而是追随于网民的心理，更好地把握网络情绪、情欲、情感的走向，实现真正互动营销，这也是社交媒体营销中不可缺少的重要一环。

## 四、社交媒体营销的优势

在信息化和网络化的时代，企业品牌越来越多地会受到消费者在网上相关评价的影响，社交媒体营销一般而言具有如下三点优势：

### （一）参与度高

社交媒体营销可以强有力地激发对产品感兴趣的人主动参与进来并进行一

定量的反馈，受众不再仅仅是单一的信息接收者，同时也是产品信息的发送者之一。这一点和传统的媒体营销方式有很大的不同，传统的媒体营销采用的仅仅是单方面进行传播的形式，内容由企业产生并直接向用户进行向下传播。而社交媒体营销的强大优势表现在，信息内容可以在企业和用户之间进行双向互动的交流传播，受众可以根据自己的意愿决定是否参与到社交媒体营销中，进行转发评论，甚至有的受众会很乐意编写自己的故事在网上进行传播。

（二）参与免费、透明度高

大多数社交媒体营销都可以让用户免费自由地参与进来，并且能够几乎是没有任何障碍的参与和使用社交媒体中的内容，满足消费者能够真实充分表达自己内心想法的愿望。

（三）群体容易积聚

在社交媒体营销中，人们可以在短时间内以某种共同的话题作为链接的基础，快速形成一个自己的社区，进行良好的无障碍的交流与沟通。而且大多数的社交媒体营销都具有很巨大的开放性及连通性特点，借助链接，将多种媒体形态结合到一块，这也是社交媒体营销的创新之处所在。人们能够比以往任何时候都能快速找到产品信息，获取灵感以及交结到志趣相投的朋友。在社交媒体营销中，新想法、新服务、新商业模式、新技术等百花齐放，争奇斗艳。

社交媒体营销作为一种渠道的营销方式，通过人与人之间的媒体互动讨论，建立共享圈子。因此社交媒体营销已被很多大企业信奉为一种重要的手段，从而使企业与消费者之间直接进行交谈。

## 五、社交媒体营销的发展前景

社交媒体营销作为一种新的渠道营销的方法，本身就具备了很强的可行性。结合国内外当前的研究状况来看，社交媒体营销作为网络营销的一个新生力量，在未来的很多年里都会有极其重要的研究价值。社交媒体营销在以后的几年内可能会朝着以下几个方向发展。

（一）SNS＋电子商务

淘宝早在2009年就看出了电子商务社交化的发展趋势，从而开发了淘江湖社会。未来电子商务的社交化，企业在线营销的社区化是一个必然趋势，电子商务网站充分利用SNS平台的用户资源，集聚一定的人气之后，通过合理的方式吸引SNS平台的用户成为电子商务网站的用户。SNS和电子商务并不是一定要整合在一个平台内部中，而是要充分发挥不同平台自身的优势特点，将SNS所拥有的用户关系资源和电子商务网站的商务资源充分结合在一起。人们对

SNS能否与电子商务很好地融合无疑有着更大的期待，都期待电子商务成为SNS的盈利法宝之一。从SNS与电子商务的发展来看，一切都在细节中呈现出来。

（二）社交媒体营销有可能替代搜索引擎

由于社交媒体近几年快速的兴起，并被广泛应用到企业的日常营销过程中，未来有关信息的查询、接入的渠道将会发生根本性的变化。虽然搜索引擎目前占据主导地位，但是当社交媒体站点积累了更多的用户时，以后许多的互联网新闻都可以通过微博、微信等社交媒体进行在线搜索传播，而不再需要去检索搜索引擎工具。

（三）社交媒体营销与其他营销方式进行整合

市场营销人员可以将社交媒体与其他营销工具的优势整合，进一步优化营销效果。如社交媒体可以与电子邮件进行整合，电子邮件仍是目前使用最多的营销方式，而社交媒体是最具渲染力的分享渠道，在电子邮件中添加社交媒体链接，鼓励用户除通过邮件通讯外，还可通过博客或其他社交媒体方式一起沟通交流。而在社交媒体中增加注册电子邮件通讯链接，又可进一步增加电子邮件清单数量。

（四）企业营销架框的再造

随着社交媒体营销的逐步深入，企业未来的营销架构将会面临再造的急切需求。企业以后的营销将是整合企业现有的数据资源，比如客户数据通过借助社交媒体营销、E-mail营销和精准数据库营销等方式逐步形成细分的、人性化的、目的性强的营销框架。因此企业必须及时更新既有的营销团队力量和学习新的营销方法，强化在数据库方面、邮件营销方面和社交媒体营销领域的精力投入。

（五）社交媒体与网络游戏的结合

在迅速普及的4G移动互联网时代，社交媒体营销与网络游戏的结合有一种显而易见、得天独厚的优势。网络游戏几近完全符合社交媒体营销的基本特征——创建个人档案、添加好友以及在游戏的时候相互聊天等，这就促使游戏成为一个完整的社交活动。

正是如此，无论是社交媒体营销还是网络游戏都会有拥抱在一起相互合作的冲动。营销模式的创新、营销新规则的出现对于任何企业来讲都是一把双刃剑，善于把握时机的人确实可以在极短的时间内形成难以估量的营销优势。借助社交媒体营销而建立起来的营销优势是一种强势的、可持续发展的优势，竞争对手很难在短时间内追赶上先行者。所以，优秀的营销人员和优秀的企业一定不会忽略这一宝贵机遇。社交媒体营销的从业人员、追逐人员必会在不久的将来迎接一个令人兴奋的新时代的到来。

## 第三节　新媒体时代的营销研究前沿

### （一）社交媒体的大数据挖掘研究

从现有高被引论文讨论的实证数据规模上来看，面对具有数十亿以上人口规模的社交媒体，有的文献只采用了几千甚至几百的实证数据只具有一定的启发性，很难说明许多重要问题。

社交网络的兴起，大量用户自发生产的内容以音频、视频、文本、图片乃至地理位置等形态海量涌现，这些数字化的数据使得对人们的行为和情绪的细节化测量成为可能。挖掘用户的行为习惯和喜好，找到更符合用户兴趣和习惯的产品和服务，并对产品和服务进行针对性地调整和优化，这就是社交媒体的大数据价值。如通过 Facebook 主页的粉丝数、Youtube 上预告片的播放次数、Twitter 上粉丝热度和口碑以及 Google 的搜索量建立起来的数据模型可以预测商业电影的票房数。对于社交媒体的大数据挖掘研究，需要传播学、计算机学、社会学以及其他相关学科的通力合作才能得以实现。

### （二）社交媒体的跨国别联合研究

随着社交媒体在全球的推广与普及，来自不同国家、使用不同语言、源自不同文化背景的用户加入，给社交媒体的多元文化研究带来了挑战，社交媒体越来越呈现出全球化、多语言化、区域化等趋势。在标准数字化信息的技术基础上，如何跨越语义障碍，融合文化差异展开全球化的人类共性行为研究将是一个重要趋势。

### （三）社交媒体的舆论动员研究

社交媒体作为一种舆论动员工具越来越受到政治学、传播学的重视，在 2008 年、2012 年奥巴马的两次总统竞选中都大放异彩。通过社交媒体传播政治消息、激发和动员支持者，组织政治活动，更成为自 2010 年以来“阿拉伯之春”运动的典型特征。如对 2010 年美国国会选举的研究表明，在随机抽取 6100 万 Facebook 用户中，政治动员信息直接增加约 60000 选民投票，同时通过社会关系间接影响了另外 280000 选民，最终导致了 340000 份额外的选票。强关系中朋友的选择比对鼓动有效选民的影响力多了四倍。通过社交媒体，政治动员实现了强关系在网络传播线上和现实行为的有效链接。

（四）社交媒体谣言的自动化防控研究

在社交媒体上，每一个人都可以是信息的生产者和传播者，各种谣言也海量出现，传播效率和危害性都达到了一个前所未有的程度。目前的谣言管控研究很大程度上是基于偶然性和人工处理，在应对海量性的信息上显得力不从心。如何通过海量数据的挖掘，通过自动化或半自动化的技术手段，更有效对社交媒体中出现的谣言信息进行监测、分类和追踪，并在深入分析之后通过有针对性的信息发布或者技术阻止，防止谣言传播，也将是社交媒体跨学科的信息集群研究趋势之一。

（五）社交媒体的盈利模式研究

随着社交媒体的发展，如何将流量变现成为学界和业界共同关注的话题，有关其盈利模式的研究也将成为未来的趋势之一。相比传统的广告模式，社交媒体的广告模式可以对用户的注册资料和浏览习惯进行分析和大数据挖掘，进而有针对性地给用户推送广告，提高精准度。同时，通过基本应用的免费，扩大用户覆盖面，增强用户黏性，将平台建设成集通讯、娱乐、游戏、支付于一体的高开放型接口。针对用户付费提供个性增值服务，如道具、主页装饰等。此外 APP 应用分成特别是在线游戏软件的分成以及突发、热门事件实时搜索功能的开发运用，也将促成新的盈利模式。

（六）社交媒体的认知心理学研究

已有的社交媒体使用者的研究多聚焦于 what（什么）、how（如何）、who（针对群体）等方面，关于行为背后本质的心智处理研究较少。有研究通过记录被试的皮肤电导、瞳孔变化、血容积脉搏、脑电图、肌电图、呼吸活动等数据发现，Facebook 经验的线性和光谱数据明显不同于躯体活动，同时 Facebook 的使用会唤醒个体积极的心理生理状态，而正是积极的情感状态让用户喜欢使用社交媒体进行沟通。此类社交媒体认知心理学方面的探索也将成为未来的研究趋势之一

## 第四节 新媒体时代企业面临的挑战

### 一、新媒体营销发展的瓶颈

（一）社交媒体视域下的隐私问题

社交媒体最早是作为“虚拟年鉴”在大学生群体中诞生的，现在已经发展成为一种社会现象，被更多的人群所接受，同时青少年在 Facebook、MySpace 等媒

体上晒照片也发展成为一种流行。青少年利用“晒照片”的方式去“粉饰”和“雕琢”自我形象，他们愿意更多地公布个人信息以实现自我身份表现，然而这种“天真的自我炫耀”的意愿会被并不熟悉的用户获知，甚至被不良用心者利用而造成隐私风险；对于专注于身份链接的人群来说，隐私可能的风险来自于“膨胀”的信心，他们自认为能够将信息的暴露范围控制在“亲密”的朋友圈内。

此外，风险还来自于不良的网站设计以及青少年有限的网络素养，他们不明白哪些信息会被“观众”获知。调查发现有一部分青少年设置了隐私访问权限，就性别特征而言，男性会更多地公布个人信息，女性更倾向于设置隐私选项。尽管这种隐私性风险长期存在，但是社交媒体的属性又要求用户上传大量的个人信息，所以存在很大一部分群体愿意承担隐私带来的风险，造成这种现象的原因是高满足使用模式和第三人效应的综合影响。青少年能够意识到他们在网上暴露的信息是公开的，但是信息显示的完全程度和可能的危害并没有被完全认知，对新技术的兴奋很容易超越对可能危害的预防。由于社交媒体被更多的人群所接受，并在网络上暴露比以往任何时候都多得多的信息，人们会直到发生了身份盗窃、性骚扰等问题后，才开始思考公共领域和私人空间的边界。相关文献显示，用户明确知道社交媒体涉及隐私问题，但却认为隐私入侵风险更容易发生在他人身上，而不是发生在自己。对于普通用户来说，可以通过 Facebook 提供的显见的信息进行社交活动，但这只是冰山一角，深藏的冰山以下的信息可以产生巨大的影响，经历过隐私入侵的用户更有可能设置隐私选项。

因此，社交媒体使用的安全性以及隐私问题的解决最重要的是用户态度的转变。也就是说社交媒体的机制一方面提供了公开个人隐私的接口，同样也提供了保障个人隐私安全的手段，但这种保障是否能够实现，取决于用户本身对隐私问题的重视。

### （二）不易控制

在社交媒体时代，传统的企业营销沟通技巧需要开始创新了。不过，和任何其他的营销创新模式一样，很多企业也面临着社交媒体营销的创新模式的巨大困难。社交媒体营销本身就存在缺点：一旦社交媒体之中有了病毒的进入，企业就很难人为地控制它的发展方向、传播速度和结果，过分的网民恶搞则很容易把企业植入的病毒营销转变成对品牌造成伤害的一个利器，这是品牌客户最不愿意得到的结果。社交媒体营销工具最有价值的地方在于它们在品牌口碑和影响力的互动性上。但是只要有互动，就会有两面性的存在，正面的互动能够有效提升品牌的经济价值，但是负面的互动则只会破坏品牌现有的价值。如何引导好受众进行积极的互动和把控好消极的互动一直都是社交媒体营销永久的话题，一般企业很难做到尽如人意，就连口碑很好的企业也难免会有失误的时候。

（三）难检测

不管什么样的广告或公关投放，到最后都需要给客户提供一个数据结果，但是借助社交媒体营销获得的数据结果，却只能体现在信息内容的转载量、评论量、搜索量上面，而这些数据的质量如何、效果如何、美誉度如何都很难加以监测和定论。

（四）易做假

在淘宝上只需付出5毛钱就可以买到很多的粉丝量，而雇佣水军进行发帖，一个也最多就2块而已。社交媒体营销有关的刷点击率和顶贴的现象已经成为广泛讨论的话题，所以即使是企业自己在看到数据的时候，也会不自觉地对数据打些折扣，换而言之就是社交媒体营销的效果和真实性已经被大大怀疑了。

因此，上述几个缺点的存在决定了企业不能够仅仅把社交媒体营销作为品牌提升和塑造的唯一方法，它还不是可以独立支撑起企业品牌传播的方法，只不过是一个借助和辅助手段罢了。

## 二、对社交媒体营销的建议

尽管社交媒体营销的后劲很大，但是企业如何才能有效制定社交媒体营销战略来靠近和吸引住消费者呢？

纵观新媒体发展的特点，企业在开展社交媒体营销之前应该考虑几个关键的问题：

（1）谁是目标客户群体，他们喜欢看什么样的内容，应该采用哪些有价值的内容让他们觉得很认可呢？

（2）开展此次营销活动的最终目的是什么，要得到一个什么样的效果，是为了树立企业的品牌形象还是有其他的什么目的？

（3）利用哪些平台，怎么控制消费者的舆论方向，怎么检测结果，怎么增强用户的黏性以及用户的体验效果到底好不好？

以上几点是在开始实施之前考虑的，不过在开展社交媒体营销时还应注意以下几点：

（一）借助搜索的力量

Google和百度等搜索引擎的成功让我们看到了巨大的商业价值，而社交媒体营销恰巧是这些搜索引擎密切关注的焦点。因此，借助搜索的巨大力量将是必要的途经。对于企业的营销工作人员来说，最基本的一种手段是关键词这种方式，它可以对目标群体和品牌的知名度产生极其重要的影响。关键词选定的关键点是要能够围绕公司的业务核心来创造出来吸人眼球的、更新及时的关键字，譬如Google的搜索就能够在用户搜索词语的时候，在网页的右边显示出与这个关键词有关的公司或品牌网址链接。要达到这种效果，企业在选定关键词的时候事先就要进行精心的考虑，最后值得注意的是关键词不能是一成不变的，要根据市场的变动、消费者视角的变动以及产品的变动而进行及时有效的更新，这样才能够利用这种搜索方式提升品牌存在的价值。

（二）培养社交媒体形象

身为一个有灵性有思想的生命活体，每一个人都具有自己独特的个性。而正是由于这些独特鲜明的个性特征的存在，可以明显地区分自己和他人的不同之处。同样道理，在社交媒体营销上，如果品牌所处的社交媒体能够充分表现出自己独有的个性和形象，就会更加方便用户区分。所以，不管是希望利用社交媒体营销来从事公关活动、产品销售还是客户关系的建立都离不开品牌对外传播的社交媒体形象定位。社交媒体形象的定位是一切社交媒体营销的基础和前提，也是企业开启社交媒体营销账号之前需要详细考虑的细则。需要说明的是，企业需要明白自己是从事哪个行业的、是做产品销售的、从事电子商务的，还是说要帮助提升品牌所做的服务？企业服务的客户是什么样群体中的人，他们都具有哪些共同特征，或者说他们为什么就会成为你的客户呢？这些问题都是在品牌规划中所要涉及的不可避免的问题，即使是在成立之初也应该准备一些这方面的定位，而这只需要把繁杂的定位分析简单明了地用几个词语归纳概括出来就可以了。

（三）鼓励客户之间相互交流

国内的一些企业为了防止品牌的负面信息出现在自己的公共网站上，经常在公共账号的界面上不设置讨论区域和留言区域，甚至有的企业的社交媒体营销人员还会对一些微博、微信、博客和论坛的负面信息进行一定程度的干涉和过问，这种方式并不是多么明智的做法。无论是在公司网站、微博平台、微信平台、论坛还是博客，都应当充分允许客户讨论自己的品牌。在这里要做到的最关键的一点是要做到位解释，让企业能够看见客户的意见并加以改进，而且更应该让客户看到企业的所作所为能够满足客户的意愿。对于品牌与客户的关系，这是一种十分自然和优化的方法，而不是依托压制、躲避等方法，否则就会使企业与客户之间的关系变得更加麻烦。公司的营销人员也应该认真阅读那些使用过公司产品或服务的人群在社交媒体上发表的意见和言论，了解他们究竟是怎么样去评价公司的产品或服务的。假如评论是趋向于积极的，要想尽办法借此促使这些产品的潜在购买群体去观看。假如他们的评论是消极的，要多辨别他们的评论是否具有客观性，并且一定要想办法去消除这些负面影响。

（四）创建引人入胜的内容

企业必须要在自己的网站上或者企业的社交媒体上创建一些用户感兴趣的愿意进行分享、评论和转发的内容。因此企业要十分注重传播内容的表现方式，不能没有目的随意地堆放一些毫无兴奋点的无用信息和垃圾信息。能够产生兴奋点的信息和内容会让用户更加愿意回访企业的网站，这样也可以使社交媒体的管理员更能轻易地了解到用户对产品的真实评价。指向企业网站的链接越多，企业才将更有可能获得品牌信息搜索结果的靠前部分。再者，有关实时所发生的事情，企业要必须对其发布的信息进行不断更新。要充分了解目标客户对什么议题感兴趣，由此可以采用一些信息的筛选策略，这将帮助企业用户搜索这些内容和关键字时，能表现出持续的兴趣。遵循以上几条原则，相信企业会实现社交媒体营销效果最佳化，从而真正做到社交媒体营销。

### 案例思考

#### 《煎饼侠》的新媒体营销

截至2015年7月27日，《煎饼侠》票房已接近9亿！

一部来自互联网的IP，在大银幕上收获如此量级的票房，刷新了“互联网电影”的票房纪录，这几乎是互联网电影的一次“逆袭”。

复盘《煎饼侠》从筹备到上映的全过程，“大鹏”和“互联网”、“用户”成为3个最为重要的关键词：

第一，为了这部电影，大鹏可谓是“拼尽全力”，电影的营销方先声互动甚至给大鹏封了一个“史上最拼命营销的导演”称号，因为不管是“上街卖煎饼”，还是“去蓝翔技校”，宣传方想到的idea，大鹏都全力以赴地配合，“我们太爱大鹏了！他想到就去做，做一定要做成！”

第二，《煎饼侠》具有鲜明的互联网色彩，因此新媒体营销几乎成为这部电影的宣传主轴——病毒视频、病毒图片、H5小游戏，还有每逢大事就出现的“借势营销”，这些玩法在《煎饼侠》身上，几乎是玩出了一个新的境界。

第三，在《煎饼侠》震惊业内的35城走站中，所有的用户都变成了“铁粉”，成为自发传播影片口碑的自媒体，而这部拥有互联网基因的电影，也在寻找用户、融合用户和调动用户营销方式中，取得了意料中的成功。

我们都要哭着喊着“感谢大鹏”！

7月22日中午12点41分，导演董成鹏微博发布，宣告电影《煎饼侠》票房突破6亿。

在影片宣传的微信群里，大鹏带头发起了红包，这个总金额好几千元的红包，“砸”得群里乐开了花。

“大鹏这次是真的拼了!”这几乎是所有工作人员对他的评价,为了说服袁姗姗自黑,他写了一封真挚的亲笔信,为了邀请古惑仔客串,大鹏孤身一人飞赴香港上演“苦情”戏码。他甚至在影片立项报批之前,给电影局长张宏森写信,大鹏说:“我冒昧地做了这件其他导演也许不太会做的事情”。

当影片拍摄完成,进入宣传期,大鹏更是像打了鸡血一样,启动高能模式。操盘《煎饼侠》互联网营销的先声互动公司,是业内著名电影营销公司无限自在的控股子公司。无限自在董事长朱玮杰在《煎饼侠》票房告捷的首日,在朋友圈内发出“谢谢大鹏”的文字,他告诉记者,在整个互联网营销的过程中,大鹏绝对是“史上最拼命营销”的电影导演,片方与宣传方的配合默契,让电影营销也完成得非常顺利,同时也为无限自在电影营销生涯添上浓重一笔。而这样的喜悦,同样让影片各个参与方都度过了职业生涯中难忘的一段时间。

这样的努力,让《煎饼侠》创下了不少纪录:

① 上映首日票房1.34亿,成首映日热度最高的国产2D电影;

② 以单日1.63亿刷新国产2D电影单日票房纪录;

③ 2015年华语喜剧冲刺亿元票房最快;

④ 国产2D电影最快破两亿;

⑤ 首映当天上座率91%。

一、营销主线变道超车:从“超级英雄”到“屌丝逆袭”

《煎饼侠》在营销过程当中,曾有过非常巧妙的一次在宣传主线上的“变道超车”。

《煎饼侠》在拍摄期,曾从片名出发,套用了美国的超级英雄电影《钢铁侠》《美国队长2》的策略,打“英雄主义”牌。而这样的策略,也让这部源起《屌丝男士》的电影从一开始就甩掉了网络剧改大电影的那种小气,包括尚格云顿这样的国际巨星的亮相,让《煎饼侠》真的有了超级英雄的派头。这对原先就关注影片的用户们也是一次信心上的加持,让他们对影片更有期待。

虽然前期效果不错,但是这部中等成本,并请来“东北F4”客串的喜剧片,与大投入大制作的“超级英雄”电影在品质和调性上还是有不小的差异,如果一味侧重推销“超级英雄”概念,可能让观众心理预期过高,导致影片上映后“口碑滑坡”。

据先声互动CEO张卫华介绍,在接手宣传之后,他们通过“自在电影营销评估系统”分析,对于“预期偏差”这样的问题进行了详尽的解读,并且就此和影片的核心人物大鹏也进行了交流。

一方提出问题,一方其实已经有了解决方案,大鹏在和先声互动沟通后,也提早将自己“变道超车”的想法实现了,在此后的营销会议,迅速利用前期积累的信心，为《煎饼侠》重新确立了宣传主线——“英雄反转”“屌丝逆袭”，风格从“高大上”全面转型为“接地气”。

《煎饼侠》的海报，“拯救不开心”的基调与海报的内容都经过特别设计，突出“屌丝”和喜剧效果

从4月到7月，共4个月的宣传计划，依次有不同的侧重：“英雄反转”；“强化喜剧、主线剧情露出”；“树立口碑、强化情感”；“看点揭露”。

尽管先声互动只负责《煎饼侠》的新媒体营销，这只是《煎饼侠》全案营销中的一部分，但对于《煎饼侠》这种互联网电影来说，新媒体营销对于用户的影响是至关重要的，所以更要求新媒体营销公司有全面的数据分析技术和更长远的眼光来参与影片营销。

在互联网营销越来越重要的当下，会有更多的影片具有互联网基因，所以张卫华表示，无限自在作为全案公司的营销经验，让先声互动在新媒体营销当中也更加强调全案意识，这也是先声互动之后发展的方向。

二、“摊煎饼”“去蓝翔”背后的“病毒营销”思路

4月30日，“大鹏摊煎饼”的图片在新浪微博“爆红”，在中关村南大街一个

路口,一个煎饼摊前围满了人,而周围的几个小吃摊都无人光顾。现场排起了长队,煎饼摊里外被围了五六层。这一煎饼摊如此火爆的原因在于,摊煎饼的正是进入预热期的《煎饼侠》导演大鹏董成鹏。

大鹏在中关村摊煎饼的事件迅速在微博上发酵。数据显示,当天微博上几个以报道北京本地事件为主的微博大号"北京人不知道的北京事儿""吃喝玩乐在北京"等,每个号都有数千转发量,当天相关的视频热度更是达到226.2万。

不过,这样的图片远远不只由几个微博大号发布的这些,许多围观的"海淀群众"都自发拍了照片发微博、朋友圈,"大鹏现场摊煎饼"这个话题迅速冲上了微博热搜榜。

先声互动CEO张卫华介绍,为了让宣传活动更"接地气",又基于《煎饼侠》这个名称,先声互动和大鹏团队一起策划了"大鹏摊煎饼"的活动。

看起来简单的一个活动,掀起了2次传播浪潮。

为了获得最好的传播效果,执行团队精心选择了出摊地点——中关村。这几乎是全北京网民数量最密集的区域,而年轻网友恰恰是《煎饼侠》的核心受众。

当天早上6点,大鹏准时来到中关村地铁站附近的路边,随着上班高峰期到来,"大鹏煎饼摊"引发了大规模的群众围观。最终,卖煎饼的大鹏甚至引来了城管……

很快,微博等互联网平台开始出现大量网友自发拍摄的图片,导演董成鹏又在微博上跟网友互动,号召网友提议下一次"卖煎饼"要去哪里。

当宣传方将"大鹏卖煎饼"的画面剪成了一段"病毒视频"传到网上,又形成了第二波的传播高峰。

类似的案例,还有"大鹏进蓝翔"。今年6月11日,大鹏走进可能是互联网上最知名的技校——山东济南蓝翔技校。在蓝翔技校内,大鹏与挖掘机互动、学厨师、学摊煎饼等活动的照片,在微博等社交媒体上也引发了大量的关注。

这种自带话题的宣传活动,很容易在社交网络上发酵,引发广泛的讨论和关注,从而有助于宣传效果的扩散。同时,这类宣传活动具有互联网思维,活动的调性、气质与《煎饼侠》《屌丝男士》最主要的目标观众是契合的,容易产生"直击心灵"的营销宣传效果。

三、"借势营销"成风的年代,《煎饼侠》希望更走心

"做互联网营销,有意思的新媒体物料太重要了。"张卫华告诉记者,就是能够让网民、观众自己去主动转发、传播。这能在传播上起到"四两拨千斤"的效果。

今年4月15日,北京遭遇了一场突如其来的沙尘暴。当天,有许多企业都借助这个事件进行了营销。电影圈内,不少电影都在第一时间搭车发布了图片

等物料进行借势营销。

当时，大鹏和先声互动方面也决定进行相关的借势宣传。不过在策划时，考虑到已经有不少人拿沙尘袭击北京CBD的图片进行恶搞，先声互动就放弃了恶搞这个思路，制作了一个“擦亮北京”的H5小游戏，网友可以动手将被沙尘笼罩的北京“擦亮”，这个游戏在朋友圈扩散后，得到了6万次点击。

此外，先声互动的团队还设计了不少H5物料，例如：电影的主题曲分别请了五位歌手演绎了五种不同的版本，在发布时，先声互动就没有一次性发布五首歌，而是做了一个H5小游戏。在游戏通关之后，你才能看到五个版本不同的主题曲。

类似的案例还有今年母亲节时，先声互动做了一个“妈，我的朋友圈有个你”的H5小动画。动画的内容主要赞美母亲，说母亲才是守护自己的“超级英雄”。动画放完之后，用户可以通过这个H5小程序在朋友圈上传自己和母亲的合影。

从效果上看，这个H5得到了12万次的点击量，作为一种仅在微信朋友之间和朋友圈私密转发的物料，这样的点击量已经相当可观。

贴合热点事件进行借势营销，是目前最流行的新媒体营销手段。张卫华认为，这种借势营销，一定要贴合目标用户的心理需求，要与用户“走心”。那种靠低俗物料博出位的做法，容易让用户反感。相反，一些“暖暖的、很贴心”的物料，更能直击目标受众的内心。

四、互联网基因的电影营销秘籍

在《煎饼侠》票房一路飘红的过程中，缘起《屌丝男士》网剧的IP培养模式也成为业内重视的一种模式，除了《煎饼侠》之外，《十万个冷笑话》《老男孩》都取得了不错的成绩，而这种具有互联网基因的电影，其共同之处就是拥有一批稳定的受众，一个众所皆知的名字和核心内容，但也有特有的互联网化元素，相比传统电影，在其深度、内涵上渐浅，是“网生代”更青睐的产品。

而在这样的项目中如何更好地进行营销？对此，大鹏的营销手段确切地进行了解释“互联网基因电影需要进行更互联网化的营销”。从原有IP寻找受众，从营销手段上调动受众，从营销结果中使用受众，则是这类电影的成功之道。（详见钛媒体报道《大鹏的人生低谷之作：号称不向大数据低头的〈煎饼侠〉诞生记》）

营销首先要寻找受众。因此，通过大数据等辅助手段，对目标受众进行精准定位，是确立营销策略的第一步。《屌丝男士》网剧的点击量超过30亿，为大电影积累了海量数据，同时大鹏通过社交媒体与用户的互动，也积累了大量的用户数据。在此基础上，大鹏和营销方可以基本确定受众范围，分析受众需求，这有利于确定最有效的营销策略。最终，双方共同确定了“屌丝逆袭”的宣传主线。

其次，新媒体营销要考虑如何调动受众。在定位目标受众之后，具体的营销活动、话术都要进入受众语境，从而与受众产生情感共鸣。以《煎饼侠》为例，在确定了“屌丝逆袭”的宣传基调之后，大鹏与营销方共同确定了一系列接地气的营销活动，放弃采用“高大上”的营销话语，而是放低身段走进受众语境，与受众平等对话，这是最容易得到目标受众认可的方式。像“摊煎饼”“走进蓝翔”等活动，以及一些精心设计的新媒体物料，不仅得到认可，更有大量网友主动在线上参与互动。

《煎饼侠》震惊业内的35城走站，也让所有的用户变成自发传播影片口碑的自媒体，而这部拥有互联网基因的电影，在寻找用户、融合用户和调动用户营销方式中也取得了意料中的成功。

最后，新体营销要融合受众，这是在与受众形成互动后下一步要做的。融合受众的关键在于营销方与受众有充分的互动，打动受动的内心。现代营销理论推崇心智营销，融合受众就是一种心智营销，最终不仅得到认可，还能在受众中形成口碑效应，获得主动传播。

在《煎饼侠》的营销中，像前文中提及的精心设计的新媒体物料，如“擦亮北京”H5、“妈，我的朋友圈有个你”H5等产品，以及大鹏“摊煎饼”病毒视频等，都得到不少受众的主动转发，电影未上映就得到好口碑。电影上映之后，爆票房海报、袁姗姗“自黑”片段等都形成不少网友的主动转发，有网友甚至自发制作了“煎饼协会要求大鹏道歉”的公开信，与大鹏形成互动，也在微博等社交媒体形成话题效应。

（资料来源：钛媒体：http://www.tmtpost.com/1365229.html）

# 第三章　新媒体营销的商业模式

在这一章，我们会讨论以下问题：

1. 新媒体时代商业发展趋势
2. 新媒体时代企业营销策略变革
3. 顾客导向下的企业商业模式变革

## 案例导入

### 坚持“未知旅行”这个命题让蚂蜂窝收获了什么？

2017年7月底，蚂蜂窝和杜蕾斯联名推出了一款旅行套装“未知小黄盒”，这个“小黄盒”中包括杜蕾斯AiR空气套和蚂蜂窝主题旅游攻略，小米、气味图书馆、700 Bike诸品牌也在2万多份小黄盒中加入了运动手表、香水等产品，蚂蜂窝和杜蕾斯也准备了各种旅行奇趣小物作为“unknown things”。除此之外，他们还与ofo及新加坡酷航合作，联动陆空实现了一次极致深入的全渠道布局。其实，打造这次campaign的是蚂蜂窝品牌市场部中的一个神秘组织——“未知旅行实验室”。

这个实验室最早成立于2016年9月，他们会定期面向大众发起以“未知”为核心的旅行实验，旨在与全球旅行爱好者共同探索世界上与旅行相关的一切未知与可能。截止到现在，他们已经成功发起了8次活动了，其中还包括在知乎提问“我们能抵达的‘世界尽头’究竟在哪？”这个经典案例。

其实，强调“自由行”的蚂蜂窝在很早之前就提出了一句很经典的口号——“Don’t fear the unknown”（不要惧怕未知），创建“未知旅程实验室”的最初灵感就是来源于这句slogan，他们放大了其中的“未知”二字，希望通过这系列的产品，与用户一起完成更多、更酷、更有趣、充满惊喜和挑战的事情。如今，“80后”“90后”的年轻人们都在追求个性化的消费体验，而这一点正好对应旅行中的“未知”。尽管“未知旅行实验室”成立还不到一年，但连续8次的事件营销已成功使其成为蚂蜂窝的一个成熟的IP（站点）。横向对比与蚂蜂窝相似的旅游业线上社区，我们会发现像“未知旅行实验室”一样能持续产生内容，持续制造声量的IP内容还很少见。

目前旅游行业对自身品牌营销的投入其实并不多，但“未知旅行实验室”的成立的的确确让他们意识到这是一件正确的事，他们也还会继续坚持，推出更多的新玩法。作为一个攻略分享平台，蚂蜂窝承载了许许多多来自于“80后”“90后”年轻人的优质用户原创内容（UGC）内容，这些内容让他们对近几年市场和用户有了更直观的认知和更准确的判断。

## 第一节　新媒体时代商业发展趋势

不管是传统行业还是新兴产业，线下工厂还是线上电商，商业发展的契机和挑战都受到新技术和新市场新空间的双重影响。这些新技术包括互联网、大数据、人机智能、网真技术、3D打印、生物工程、虚拟技术、新能源等，而新市场包括世界范围内正在成长的网络世界。这些新的因素和情境共同打破了传统情境下的信息不对称、冲击了层层边界，让全球化深化，融入社交化和移动化。

商业史上三次大迁移给每个人和每个企业带来了什么呢？可以说，每次都在一定程度上影响了我们的生活、工作和变革。对个人和企业来说，每一次大迁移必定带来重要的发展契机，包括财富重新分配的契机、重塑商业文明的契机、进化和突变商业基因的契机。

特别是刚刚开始的第三次大迁移，呈现出未来发展的重要的新商业趋势，包括：

### 一、人人时代的到来

这是一种商业价值观和经营理念的改变，将转变每个人的社会属性和商业角色，一个人人都是企业家的时代即将到来。千百年来，商业社会人与人固有的属性不外乎这两种：雇佣与被雇佣的关系、投资与被投资的关系，有合作的关系也仅仅限于股东或者决策者那一层。而今天，在虚实交错的新媒体时代，人人有了一个可以向世界发出自己声音的网络连接，在这个社交媒体世界里充分展现自己天赋的机会和平台。今天一个人所能实现的效率超越了我们过去的想象。C2C商业生态圈模式正是顺应这个大趋势，重新定义个人属性，将每个个体转变为社会资源和财富，让每个人的价值最大化，成就个人才华绽放。在新媒体时代，企业需要做什么？创造什么？这完全可以凭借个人的天赋和才华，人才在商业社会中的属性发生了彻底的改变，颠覆了传统的经营理念，于是涌现出了一大批这个时代的新派“异客”创业者和企业家。商业世界因为他们推波助澜，掀起了人人时代的大浪潮。人人时代就是一个人人商业机会平等的世界。

社交媒体环境下，C2C 商业生态圈模式正是在这个人人时代，帮助每个人建立一种有独立人格、以网络连接、带来新价值创造的新商业。人人都是企业家是这个新媒体时代的主格调，是人类一种新的生活方式，一种新的商业文明。

第一，人人做主（自主人格），从个人角色到社会角色的自由定位。千百年来，原来只有社会中上层的少数人是被允许有想法和愿景的人，大多数人的远景与梦想一直被埋在一个充满敌意的严酷世界中。今天，连接人人时代的新媒体环境，人类历史上第一次让我们自我定义、自我做主，世界不再只属于少数人，而是一大批人。每个人在新的计划过程中都能选择自己的位置：无论是成为发动机还是 U 盘，无论是螺丝钉还是晶体管，无论是电灯泡还是显示屏，我们都有完全的权利和机会做选择。这意味着，如果愿意，在成为消费者的同时，你也可以成为供应商或者媒体人。

第二，人人参与（群体合作）：从消费者主权到供应商承诺的对冲。做什么、如何做是创业者、企业家特别关注的。熊彼特曾经定义，企业家就是要组合社会资源，而当人人参与成为新的做事诀窍，意味着组合社会资源满足客户需要的方式将发生根本性改变。从消费者主动参与创造，到供应商承诺更方便、更优质、更快捷，这种超级高级的全新商业模式正是 C2C 商业生态圈模式，前端 C 建立社交网络，后端 C 整合商业个体。

第三，人人贡献（群体创造）：从“人人参与”到“利他＝利己”的创造。将半径意识的小我变成胸怀天下的大爱，“利他＝利己”的人文关怀是 C2C 商业生态圈模式的核心价值主张，其内涵正是新媒体时代的探索者们赋予的。这些探索者大到 Google、亚马逊、微信等这些创造航母的平台企业，小到 eBay、天猫、微信等平台上那些卖花、卖米、租房、开店的无名小卒。

在互联网大世界的版图上，我们目睹探索者开创了基于大爱的商业世界，从免费模式到为用户提供真正价值，给大众连接知识、信息、资源的机会，雅虎、新浪创造的门户信息，Google、百度发明的信息搜索，奇虎 360 提供的安全尾市，Facebook、Linkedin 创造的人脉链接，去哪儿、嘀嘀打车方便我们的出行选择等，用户无须掏一分钱就获得了方便、快捷、有价值的信息。还有那些数以百万计的志愿者，帮助完善巨大的开源工程。相对于旧世界物种，他们是新兴崛起的、有大爱的异客，他们有强大的能力和能量引领不同人群率先进入新媒体时代。

## 二、异客部落的崛起

这是一种个人生活和工作方式的改变，意味着市场内涵和市场结构出现了变化，正在形成中的异客和创客部落经济就是最重要的征兆。在新媒体的环境下，率先进入这些虚实交错世界、引领创造的成员，他们往往显得很另类，具有独特的个性，他们是这个时代拥有特别商业基因的异类，统称异客。正像《长尾理论》所指出的，互联网的大众性降低了创造的门槛，让每个人都具备创造和传播的能力，当这种力量冲击到现实，就能带来新的创造运动，改变传统行业的运行规则。异客是一群具有超前意识、独特思想、别致才华，能够突破创新、接地气率先进入并活跃在虚拟交错世界里的“凡人”，他们不愿服从既定的规则，只为价值和兴趣工作。传统世界里也有具有这些特征的人，但除非遇见好的领导或者伯乐，否则通常会身陷“枪打出头鸟”或怀才不遇的困境。越来越多的人认为，全球异客的崛起正是那些保守大公司没落的重要原因，因为在互联网时代，那些最顶尖、最聪明的人有了真正的自由施展才华和天赋的平台与空间。他们毅然离开了为缺乏创新或者活力不够的大公司打工的行列，在新媒体的世界实现梦想，创造奇迹。

**【企业案例】**

### 身边的异客：豆瓣网创始人杨勃

杨勃从小喜欢编程、玩游戏，不过对计算机的兴趣并未成为他人生实业方面的追求。他的父母认为，数理化才是科学，计算机不过是工具，他也持同样的观点。于是从清华大学到加州大学，他的专业一直是物理，其间编程只是“玩一玩”。毕业后，杨勃去了IBM做硬盘的计算模型，2000年前后的归国创业热潮吸引了他，他早就不满足于安逸的生活。“在IBM，你可以看到数十年后的发展、职位，甚至工作到退休一共可以赚多少钱。”归国后杨勃成了一家物流咨询企业的CTO，直到2004年年初，他打定主意，“一定要自己创业，一定要做自己喜欢的事情，一定要做互联网。”从此，杨勃走上了非IT男的“IT暴走”之路。出于对“评论”的兴趣，他创建了乐评、书评和影评为主的线上社区：豆瓣网，成为Web 2.0创业的代表案例。而作为成长于PC端的文艺慢生活代表，面对追求快速变化的移动互联网时代，豆瓣网依旧保持着文艺腔调的追求，成为一款有格调的慢产品。

创业初期，豆瓣网的所有代码都是杨勃在北京朝阳区的一家星巴克咖啡厅完成的，从2005年到2013年，由一个人开发、四个人运营的书评、影评、乐评网站豆瓣网，注册用户已经达到1亿，月活跃用户超过2亿。这对于曾经把物理作为事业、“计算机只不过是工具和兴趣”的杨勃来说，是“玩”出点儿名堂了。

今天对于异客来说，定义“我们是谁”的时候不再是来自电视屏幕的教化，或互联网的喧嚣，或教室里的死记硬背，而是源自内在，源自他们自己独特的价值观、人生目的、生活方式。而在以前，这种观念大多是被教育和“填鸭”获得的，人内在的潜力是被压抑的。

## 三、重建中心化

这是一种资源配置方式的改变，一切网络连接、去中心化的本质是重建中心化。自亚当·斯密以来，商业的经营逻辑一直在遵循这样一些规律：股东利益最大化，利润第一；商业资源是匮乏的，人们的需求依赖生产能力；商业价格取决于劳动力及制造成本，产品价值靠广告宣传的力度。由此，企业要成长，就要做大，企业做大了，规模上去了，成本就会降低，就能垄断资源与市场；垄断后，就能控制信息不对称，就能做得更大。这样无限循环，形成商业的中心化特点：以大规模、垄断性的企业为中心。在管理上，企业内部主要以金字塔模式设置员工岗位，从上到下配置资源，设置层层 KPI 考核及培训晋升，结果来自企业组织结构最顶端的位置和命令是一切的中心，其他岗位都只是一台大机器上一个固定的螺丝钉。

但是，在新媒体时代，那些螺丝钉位置可以由人机智能的解决方案代替；当人与人、人与物、物与物等一切连接，原来那个非常有序的、只属于垄断者的资源突然间被释放；原来只属于被选择的对象，现在可以做自我选择。于是，我们看到这样一个新现象：商业最终的资源——优秀人才，离开大公司创业去了；市场最重要的媒介——产品和服务，无人问津，产能过程，传统中心化的垄断格局由此被瓦解。人们正在远离旧有的中心，去中心化成为一个新潮流，但是去中心化后商业将以什么样的逻辑形成新的格局呢？这里就形成了新媒体时代的重建中心化特征。

重建中心化，无外乎是从两个维度发展的：一个是“个人即组织”，一个人发自内心的利他，全世界都会围着他转；另一个是“组织即平台”，一个实实在在帮助他人的平台，所有商业都会围着他运转。自从互联网进入商业领域，互联网企业都有一个共同的特征，那就是给大众带来很多实惠，比如，Google、百度、阿里巴巴等都免费为用户提供信息，反过来又吸引了成千上万的用户留在平台上。

**【企业案例】**

### 人性化中心替代机构化中心的阿里巴巴

19 年前，马云创建了独特的 B2B 阿里巴巴网站，专门为弱势群体中小企业提供产品的贸易交易平台，让他们足不出户就能与全球潜在的贸易伙伴连接。阿里巴巴为这些中小企业提供了很多贴心的服务，例如建立专业企业商务网站，发布吸引全球买家眼球的企业产品和信息；进行第三方身份审核，帮助买家找到值得信赖的供应；帮助排名优先的企业提升产品曝光率；为客户管理信息化提供“My Alibaba”系统；提供参与国际展会的机会，向买家派发光盘手册和产品目录；提供电子商务实战培训；等等。后来，阿里巴巴发明了安全的电子支付工具支付宝，完善了B2B平台的服务体系。这些服务吸引了全球240多个国家和地区数以百万计的买家和供应商，让这个平台拥有超过40个行业的各类产品。

阿里巴巴宣称自己的使命是“让天下没有难做的生意”，它做到了。最初提供B2B平台，帮助中国中小企业更容易进行全球化贸易，到后来拓展出一系列的创新业务，如全球速卖通，帮助优秀特色供应商连接数百万来自220多个国家和地区消费者的注册买家，再到C2C购物网站淘宝网和B2C购物网站天猫，让消费者在多品种、各价格层次的产品中有更多的选择。目前，阿里巴巴的年交易额超过1万亿元，相当于一个小国家的GDP。阿里巴巴还将继续为使命而战，进一步发展商业生态平台。集团总裁金建杭说：“过去，一条生产线一分钟能生产上千件衣服就很厉害了；未来，一条生产线一分钟要生产出一千件完全不同的衣服才算厉害。”他还告诉世界，阿里巴巴确定将挖掘大数据、带动个性化智能制造作为未来商业生态的一部分。电子商务、互联网金融、智能物流、大数据、移动互联网以及由此带出的智能化制造，将构成以阿里巴巴为中心的未来的商业系统。

阿里巴巴的实践告诉我们，一个企业组织不再仅靠单一产品发展路线，而是可以通过科学的方法建立平台组织，从而充分调动社会资源，成就百万、千万个个人和组织，事实上，几乎是全世界产品流、信息流、资金流都围绕着这个平台转，完全颠覆了传统官僚企业以垄断资源经营的逻辑。个人或企业要在这次重建中心化运动中崛起，必须首先认识到，商业营运的逻辑，与传统的逻辑本质上已经不同，要么以“个人即组织”的手段，要么以“组织即平台”的方式，传统形式上的单打独斗、一家独大的模式，将走向末路。

### 四、长尾变全尾

2004年，《长尾理论》一书中提出，在网络世界有一个现象，那些少数热销的大众产品和众多冷门的小众产品，其市场份额呈现出一条带有长长尾巴的曲线。当把尾巴的所有冷门市场汇集起来，其市场能量可以超过大众产品的市场能量。例如，一个地面书店可能会摆放排名前100名的热门音乐光盘，而一个网上书店有一半以上的音乐光盘来自排名100以后的冷门音乐光盘，但是，当把冷门光盘的销量汇集起来就会发现它超过了那前100名热门光盘的销量，这就是长尾理论。

长尾理论的前提是处于稀缺产品时代，企业的目的好像就是生产大批量同质化产品，因为按实现投入与产出高比例逻辑，一个典型的高投入的产品卖的量越大，单位成本越小，利润率越高。因此，大企业大多采用大规模、缺乏个性的标准化生产模式，其产品都是几乎相同的大众产品，以此建立大众市场的独霸地位。传统经济专著规模、标准、效率，严重打击和挤压了那些基于个性化需求的供应商，他们大多是没有地位的长尾，是市场的弱势群体，他们根本花不起巨额广告宣传费用挤进大众市场。于是，形成了市场竞争的游戏规则：大鱼吃小鱼，甚至大企业挤压、打击小企业的创新。随着稀缺物资时代过去，丰裕物资世界到来，网络连接和职能交互技术的解决方案不但会删除原来那些逐利的中间环节，而且将把曾经是大众市场的红线，变成由无数利基市场组成的一条平缓的蓝线，使这个长尾的正态分布曲线逐渐趋于平缓。部落经济正式专注于长尾的个性、自我、喜好，通过社群、社交和网络服务的方式，建立用户体验。

互联网、移动互联网给曾经没有地位的个性化长尾公平的机会，透明的信息和低交易成本，使得长尾无须与大企业再拼广告费用或私下搞关系。长尾还正在创造和引领新的竞争规则，通过社交网络、口碑传播推动消费者主权革命，让个性化成为一种高智商、高情商的新潮流，让购买大众市场产品的行为被视为一种个性的缺陷。

当长尾的群落在全球范围足够多，宏观上就会汇集成品类商业生态规模，逐渐取代同质化的大众市场。过去那些万人一款的单品类大企业就像一条孤独的大鱼，正在被数千万的个性化利基市场的小鱼群淹没。例如，在出租车行业，“中国版的 Uber”易到用车如果独善其身，它只是大海里生存的一条小鱼。但是，当滴滴打车、快的打车，甚至与之相关联的好车无忧等 C2C 商业生态圈模式企业崛起，就会形成鱼群效应。正像它们在微信平台上通过吸引粉丝，形成一个新的、有个性特征的出行服务业的部落经济，进而共同冲击和颠覆那些低价值、低工资的传统出租车行业。同时也为新型人才提供了新的商业和工作机会。

平台企业是汇集长尾力量的一个有效方法。例如，Google 将全世界的人和企业都汇集在一个知识创造与分享的大平台上；在中国，马云率先将各类中小企业汇集在阿里巴巴的平台上，腾讯通过微信平台让无数个体获得绽放个性的新生。已被或正在被颠覆的产业包括媒体、金融、消费品、酒店、出租车、餐饮、美容等，曾经的传统大众市场经济惨遭历史上最强悍的长尾力量威胁。C2C 商业生态圈模式就是长尾侵蚀大众、小鱼淹没大鱼的有效模式。它颠覆了传统市场的企业结构和经营管理方式，专注于在前端培育异客部落用户体验，以个性化大规模定制为龙骨支撑，通过部落、社群、社交、网络 O2O 平台，撬动消费者的多重角色,使其参与到长尾经济的创造与发展中,形成驱动新业务、新经济转动的轴心。

## 第二节 新媒体时代营销策略变革

传统经济时代以客户为中心,在产品、定价、渠道和促销策略上都形成了一定的固有模式。

### 一、产品:主观性导向

传统企业一般是由商家控制产品的设计与生产。经历“概念—研发—样品—小批量—大规模”的流程,而市场调研在概念和研发阶段非常重要。但是,传统模式的市场研究通过采用问卷的方式进行客户调研,有时还请入第三方中介调研结构来获得客户需求。设计和开发产品功能是基于调研结果的。这种集中力量的单向市场调研,在复杂多变的时代,很难准确、及时地获取客户的真实需求,很多客户在回答问卷时,是以虚拟的或理想中的我而非现实中的我来完成问卷;且不说问卷设计是否合理,单就客户在回答问题时,常因为不同的环境、场景、状态等因素,而出现同一问题不同答案的情况。事实上这种方式让很多企业从未真正理解过客户。

### 二、渠道:强权式构架

渠道一直是企业推广产品的重要环节之一。在传统模式下,企业通常创建的是固定的、等级的或区域限制的渠道结构,层层扒皮,将客户交给第三方甚至第四方打理和围剿,自己却远离客户。例如,收集渠道的层级代理制曾经就是渠道为王时代的典型,商家宁愿为争取渠道拳打脚踢,也不会为客户改变产品功能费一兵一卒。诺基亚、摩托罗拉以及中国大多数的手机厂商曾经就是基于这种渠道结构连接客户的典型。但是,这个模式导致很多手机厂商库存增加,产品毛利率低到不足以支撑正常经营,最后不得不走向倒闭。

事实上,这种强权式渠道构架也是商业走向不诚信的原因之一。企业将关注点从客户身上移开,而聚焦在如何讨好渠道方面,导致有的企业会与渠道一起,谋划如何对付或欺骗客户。企业与客户建立的是一种弱关系,因而无法洞察客户变化,也无法及时获得客户反馈。

### 三、促销:进行性广告

促销是营销学中的重要内容。传统企业大多会建立“推销”“灌输”的营销体系，而广告是必不可少的一项重要措施和手段。1948 年，美国市场营销协会正式对广告做出“有偿服务”的定义后，广告成为一个行业，伴随着商业的发展。例如，可口可乐几十年来就是用广告将一个主要成分是糖和水的产品变成一款家喻户晓的畅销品，这与它持久的、轰炸式、洗脑式的广告促销方式分不开。20 世纪下半叶，很多世界品牌的崛起与广而告之的经营方式密不可分。20 世纪八九十年代，广告“灌输”的促销方式使得只有大款或有垄断资源的人才能有机会让潜在用户接受企业的信息。但是，如果你查看中央电视台历届的广告标王，有几家企业是真正有品牌内涵、能长久发展的呢？这种灌输的营销体系动辄以进攻性广告宣传为手段，给客户洗脑，建立标准化需求，消灭个性化需求，甚至为了将卖不出去的商品售出，有商家以欺骗性手段围剿客户信任。例如，1997 年中央电视台黄金时段广告中标者秦池酒，其中标价高达 3.2 亿元，为了消化掉这个巨大的广告成本，秦池不得不勾兑造假。

### 四、定价:逐利式定价

传统模式下，由于信息不对称，一个产品从生产到消费者手中，往往是一个长长的链条且成本高昂。因此很多企业不得不采用转嫁成本的定价模式，而非价值定价模式。将众多研发、生产、仓储、渠道、促销、代理等中间环节的成本费用转移为客户价格，以围剿消费者利益。这在服装、食品、家居、电子消费品等行业最为明显。例如，曾经有一段时间，中国的中产阶级都热衷到美国的 Outlets（品牌折扣店）购买印有“Made in China”的产品，无论是耐克的品牌 T 恤，还是 LV 的品牌箱包，价格都便宜得令人惊讶。因为，这些产品在国内市场销售时，从中国的工厂到中国零售店，要经历无数个跨洋的中间环节，加上知识产权费用，就成了中国人眼中的奢侈品。结果，传统方式下客户为中心的“围剿模式”里，企业与客户的关系是围剿与被围剿的关系，企业的竞争优势建立在客户没有话语权的基础上，商家的价格是自由的。而企业也没有什么平台载体，主要依赖于各种渠道、媒介。这很容易就形成你死我活的零和竞争格局，竞争焦点也只是“术”的层次，大家的关注点都放在洞察竞争对手在做什么、如何模仿，而不是客户要什么。“围剿模式”的盛行导致竞争处于初级阶段，商家们急功近利，最终经济也难以持续。

## 第三节　新媒体时代以客户为中心的“顾客至上”模式

在今天虚实交错的社会化媒体时代，C2C 商业生态圈模式意味着，从客户最初的需求到设计、制造、交付、服务，再到口碑营销传播，是一个商业生态圈层，无论是时间还是空间,一切都围绕着对客户的关爱。也就是说客户是真正自由的,而不是被绑架的。产品、价格、渠道和促销这几个元素仍然在起作用,但是,内容和方法都有本质的不同。例如,价格不但透明,而且还可以由客户决定。这种以客户为中心的本质是以"顾客至上"模式运行的。

## 一、产品:个性化定制

两位诺贝尔经济学奖获得者乔治·阿克洛夫和罗伯特·希勒出版的研究成果《动物精神》,证明了资本市场及经济的波动不仅受定量化供应和需求的影响,而且在很大程度上受人们心理、情感等因素影响。前面讨论的个性化规模定制,在人与人、人与机器的互动中,能让客户发生深刻的心理、情感和行为方面的改变,并将这些改变转变为交易行为,从而驱动产生一种新的商业价值。

那么,这个模式如何实现呢?主要有三个层次。首先,让客户参与创造,制造有情感投入的产品。当创意来自客户,消费者同时也是设计师,产品也就被注入了自己的情感,心理上已经归属自己。并且,消费者因为参与而产生的成就感,会刺激他们下单。

消费者自我意识、自我价值的实现与战线,是人类至关重要的高阶精神需求。要让这种个性化需求嵌入产品或服务,同时让更多个性化成为可能,商家就必须创造一种平台产品或工具,让客户很容易就能参与到定制中。红领和尚品宅配的模式也创造了消费者就是设计师的定制产品,让很多从来没有当过设计师的人过了一把瘾,同时将自己的情感注入产品和服务。例如,在红领的酷特智能平台上,客户可以在款式、面料、做工、颜色、搭配等数百个要素上自行设计、搭配、下单。消费者设计的产品还能被所在城市、楼盘、单元、楼层等房屋信息输入,有关这个房子的平面布置方案就会生成,然后客户可以按照自己对颜色、材料、款式的喜好进行搭配。Airbnb 的模式可以让旅行者与屋主无缝对接,通过平台工具,旅行者与需要的房主精准配对。

这样的产品,一方面极大地刺激个人潜能的发挥和参与,另一方面产品不再是简单的功能型物品,而是注入消费者情感的"爱品"。

其次,赋予产品特殊的灵魂。例如,真正懂画的人不一定是学画的,画是人类特有的语言,懂不懂取决于心灵与情感。讨论产品的最高境界不谈功能,而是谈论产品特殊的灵魂。这正像马斯洛的需求层次理论,初级需求往往是物质形态的,最高层次需求是精神的。精神通常是通过情感来表达的。个性化定制如果能注入鲜活的灵魂,那需求的空间将是无限的。

最后,通过人文关怀使购买成为一种互动。个性化规模定制并非不要商家来设计和制造,而是要将人文关怀融入设计和制造的过程,给产品和服务增添一种难以置信的惊喜。购买不再是一次性交付的行为，而是一个人与人、人与物互动的过程，这是个性化规模定制产品的另一个重要特征。例如，对尚品宅配的研究发现，当专业设计师帮助潜在客户挑选、指导他们组合有可能要购买的家具产品时，通常需要双方配合两三个小时，在反复沟通磨合中，设计师提供专业性很强的服务。设计师专业、温暖的态度能让消费者感受到家人一样的信任和依赖，这个过程极大地激发了潜在消费者的消费欲望。结果，那些得到尚品宅配量尺服务的客户，有95%会到尚品宅配的体验店，而到店后60%都会下单。尚品客户端的界面设计也很友好，即使与欧美相类似产品比较，也不得不承认，它的界面方案从流程设计到视觉效果和专业性，都有着极佳的体验感，能令人眼前一亮，感受到对用户的细致、关爱和热情。产品供应不再是简单的功能应用，而是增加了人文关怀，形成新的客户价值，相应地，需求也不仅是价格方面的，而且极大地减少了交易成本。

## 二、渠道：线上线下结合，消费者是全渠道的起点

传统条件下，渠道是营销的通路，由中间商组成的线条式传递结构；但是，再好的产品也有传播不到的死角。而在今天的新媒体环境下，渠道就像一张铺天盖地的网，是C2C商业生态圈中一个360度O2O的社会化网状智能平台，也就是线上线下结合全渠道平台。这种全渠道平台包括线上互联网平台：Facebook、LinkedIn、微博、微信、社区论坛，手机A品牌等；线下包括所有群体集聚的地方，如商城、电影院、餐厅、咖啡店等。全渠道是平台的入口，流量变现是考量客户关系的重要新指标。

Airbnb的CEO在公司发展初期最重要的工作之一就是寻找入口，最初与美国在线免费市场Craigslist和Google合作，将房屋照片信息上传。之后，与Facebook等社交媒体合作，布局线上渠道。尚品宅配的线下渠道也极富创新性。以前，尚品宅配和其他家居企业一样，在家居卖场开店。后来他们发现，人们的生活方式变了，有些人喜欢宅在家里上网购物，对这部分人群，企业通过线上平台与他们对接。而另一些人周末会与家人朋友到市区的综合商业中心购物。于是，尚品宅配重新布局线下渠道，在城市综合消费广场和写字楼建立体验中心。例如，商品宅配在广州东宝大厦写字楼的三层，建立了一个相当于家庭休闲活动的体验场所。人们带着一家老小到这里，大人与设计师一起讨论家居设计，孩子们可以在游戏区嬉戏。东宝大厦的体验店不但给客户带来优质的体验，而且成本大大低于商业卖场，企业将节约下来的成本用在消费者售前服务和现场体验环节。体验店提供不同主题日活动，例如，为小孩提供周末沙画、高尔夫、动画、游戏等活动。由于新型线上线下渠道融合与传统渠道的不同，一些专业化

的渠道营销公司加入C2C商业生态圈模式中，帮助企业建立新的招商渠道。例如，一家叫作通路快捷的公司，在过去5年里，因帮助无数企业建立线上线下的全渠道网络，已经成长为行业内的领头企业。

## 三、促销：互动式参与，消费者就是媒体人

媒体是产品传播的重要方式。今天互联网打破了传统媒体的垄断，也打破了信息不对称。商业靠喊口号、打广告赢得消费者的时代过去了，客户可以拥有自己的媒体，即自媒体。凡是C2C商业生态圈模式的消费者，都极具个性和判断力，他们心中都有一个好与坏的标准，通过各种自媒体可以直接展示其主张，以及对产品和服务的意见。而且，消费者和商家一样，都可以是媒体人、营销员。关于一款产品的信息、评价、认知，大众不用再听商家单方面的声音，而是更多来自朋友的推荐和口碑。商家和客户都可以在微信平台上建立公众号和主题部落、社群圈，成为自媒体，甚至是微商城，服务自己的用户、粉丝、客户。

小米在三年内能实现300亿元的收入，与它始终如一地倡导“为发烧而生”这个简单的理念分不开。小米建立了粉丝社区，从2010年最初的100个种子用户群开始，将他们培育成最忠诚的“米粉”，由他们传播小米的理念。种子用户是小米最强有力的营销大师，他们说一句产品好，比小米自己说一千句好更有威力。口碑相传引爆病毒传播，不到一年，小米就迅速发展出50万个发烧友用户，不到三年，粉丝上升到千万量级，这是传统企业那种进攻传播式的促销许多年也难做到的。

2014年8月26日，由泸州老窖集团总裁张良、设计大师许燎源、酒仙网董事长郝鸿峰三大酒届名人联合打造的一款号称“酒届小米”的互联网白酒——泸州老窖“三人炫”正式上市，在酒仙网首发，一天便卖出了3万瓶。而在整个定制过程中，增加了酒仙网注册用户1000多万。泸州老窖和酒仙网继续合作，经过数月邀请酒友票选、专家盲测和员工盲品并共同参与酿制，推出了一款有参与感的互联网白酒——“三人炫1.0版”，发动酒友在酒仙网上进行公测，采用小包装，以相对低的价格让消费者试喝。整个酒友参与的过程其实就是促销的过程，结果最终产品出来后，消费者不得不为之尖叫和欢呼。母婴用品品牌“孩子王”在各大商场建立的亲子中心就是客户体验场景的促销模式。孩子王的60多家母婴用品连锁店每年同店增长50%。他们在一个5000平方米的卖场，划出400平方米专门做免费的亲子中心，成为孩子们每周必去的迪士尼乐园。每年，每个卖场都要举办各式各样的活动，例如，每月邀请妈妈开座谈会，一起分享育儿心得。久而久之，就成了一个妈妈社交圈的消费部落。她们虽然之前不认识，但是到了孩子王后，因为共同关系孩子的成长而成为朋友，不但一起在孩子王购物，

而且传播给亲朋好友，一起来购物。短短的5年，孩子王吸引了300万消费会员，销售额突破50亿。

### 四、定价：裸价送投资，消费者就是创业者

个性化规模定制让消费者参与设计、生产、营销甚至经营的全过程，消除了消费、货物积压的分摊成本、中间环节费用，杜绝了不正当竞争。因此，它能使原来是奢侈品的价格变成裸价，同时网络化平台营销模式的崛起，还使消费者在购买后因口碑传播而获得佣金，极大地刺激了消费者参与经营，并将消费者转变为创业者。例如，红领的定制西服能够做到在面料、款式上和阿玛尼相似，并且价格只有阿玛尼的1/10。这是因为红领模式没有强加在客户头上的巨额成本，包括因为信息不对称而导致的高研发成本，进入大商场的高额租金，中间商的层层抽层，大量的广告费用等。而且，红领的酷特定制平台为没有资本但是有创业愿望的人提供了加入创业的平台，任何人都可以自己设计、为他人设计，也可以开一个品牌定制的微店，或推荐客户，都能赚到酷币，成就一个属于自己品牌的网上个性化定制事业。酷特大使计划更是以众筹的方式，每个投资人投10万元就可以每年参与企业分红，10万元的投资还同时可以获得一张等价的服装定制礼品券，为自己或为家人、朋友定制服装。这是一个实实在在的裸价送投资方案。

C2C商业生态圈模式中，客户是自由的，价格对客户是透明的，有时还是由客户决定的。去传统中心化，重建客户为新商业生态的中心是这个模式的特殊价值。后端C个性化定制是C2C商业生态圈的破冰环节，一旦前端C开创了新的网络需求体系，就能让大众可以从用户变客户，再变为设计师、营销员、渠道商，再到高度忠诚的加盟创业者，因此建立全新的微生物商业生态关系。

C2C商业生态圈模式前段C的顾客至上模式，对于今天的管理学来说，提出了一个挑战性的新问题：目标客户究竟是谁？他们需要什么？这两个问题变得更难回答，因为个性化规模定制在长尾市场空间里逐步向大众市场演进的过程中，全程需要以客户为中心，这将从C到B以及C到M的线性关系转变为立体的C2B2M2B2C关系，而C2C是一切的原点。

这意味着人人消费、人人设计、人人销售、人人创业、人人经营的时代正在持续，当参与商业或经济的每个人都被全方位贴上不同的标签时，靠传统的营销学就很难回答目标客户是谁以及他们需要什么了，我们不得不寻找新的方式方法。

**【行业观点】**

媒体行业的动荡与未来

先看几个坏消息，2016年发生了很多事：半岛电视台 Al Jazeera 宣布将会

关闭美国频道;Facebook 联合创始人、千万富翁 Chris Hughes 收购老牌杂志《新共和》(New Republic),转型遭遇重重困难;增长率曾经比 Buzzfeed 还高的 Quartz,现在也将自己挂牌出售了……

去年,我们见证了著名科技博客网站 GigaOm 的衰亡及其在所有权易主后的复苏。Verizon 并购了 AOL,然而这笔买卖却没让谁感到舒心。Vox Media 收购 Re/Code 也是如此。媒体界唯一称得上好消息的是,Business Insider 将自己以两亿美元的价格卖给 Axel Springer,现在据传 Mashable 也将以 3 亿美元的价格出售——这两笔买卖都很划算,也预示着类似的整合会继续发生。

科技媒体经并购的背后,他们创办的基本原则是否发生了改变,这个谁也不好说。但如今太多的媒体是免费提供内容的,除非它们能给消费者带来真正巨大的价值,否则根本没人为内容买单。人们对广告也越来越不耐烦,尤其是线上广告。这样的情况已经持续了十年之久。然而,许多内容生产者却仿佛还沉溺在以前,在整个行业的寒冬里给自己壮胆。

新的一年已经来临,再传统的出版媒体也应该醒过来了,以下是七个最重要趋势:

1. 毫无疑问,新闻行业的日子最难过

新闻本来就是个很困难的行当,更何况当前广告日益萎缩,竞争也愈发激烈。这在科技新闻领域尤其明显,我之前在 VentureBeat 的同事都非常清楚,你必须每天都拼命工作才能保证跟上节奏。我们并不特殊,这是整个行业的常态,每个地方的科技新闻工作者都需要常年尽快输送最前沿的科技新闻,并且多年如此。

问题在于,即使你再努力,科技新闻也不是个好差事。科技媒体在这几年间吸引了大量的风投资金,当这些资金烧完时,真正的营利模式就会露出真面目,而其中大部分都不会乐观。

只有行业里真正的佼佼者才能最终存活下来,他们往往会成长得足够大,有庞大的受众群体,建立起自己的广告网络。那些弱小的企业也可能成功,他们可以深耕某个小而美、价值高的领域。

The Information 每天发布几则经过悉心挑选、信息量大的新闻,每年订阅费用为 400 美金。Pando Daily 上也有一些来自从业者观点的深度长文,用户需要付费才能阅读。他们二者的市场虽然小,但依然有其价值。这两家公司或许永远做不成媒体大亨,他们能够带来的回报也不太可能再去吸引风投,但在媒体行业的激烈竞争中也可以赚点小钱了。

当你有了中等体量的受众,希望在此基础上建立一个能够快速成长或是实现中等增长率的项目时,问题就来了。广告网络和广告计划性购买不断压低广告收入，各种广告拦截让情况变得更糟糕。此外，媒体的竞争也异常激烈，中等体量的内容网站多如繁星，要说服读者来购买我们提供的信息可谓难上加难。

目前我还没看到今年可能出现其他比较好的商业模式。由于科技工业全面收缩，广告预算也不断缩水，情势只会越来越不利。

很不幸，这意味着介于巨头和“小而美”之间的中等企业很快将会面临危机。

2．视频媒体强大却多变

我喜欢视频，因为视频能引人入胜，使人身临其境，而且可以激发情感。电视行业和好莱坞现在还能大赚特赚，不是没有原因的。但是，想要脱颖而出并不容易。制作高质量的视频开支高昂，挑战性高，这些都往往出乎大部分门外汉的想象。诡异之处还在于，没人知道成功的秘诀是什么，成功没有统一的公式和模式。视频媒体的受众很挑剔而且难以揣摩，即便是高质量的视频也不容易找到大规模受众。当然，大浪淘沙，一些行业的佼佼者已经涌现：华尔街日报的数字团队和 Joanna Stern 强强联手，制作了许多高质量的视频作品，科技媒体 The Verge 也在这一行表现良好。

3．播客异军突起

音频与视频一样，都可能成为很强大的传播工具。这是一种很亲密的媒介，因为它能够直接将文字传送到听众的耳朵里。播客也可以完美嵌入上下班时在地铁或者汽车里的时间，远胜于电台广播。

最近，有迹象表明播客正在悄然复苏。虽然进展缓慢，但已经出现了几次重大突破性的革新，播客已重返公众视野。去年的 Serial 就让人感到惊喜，Marc-Maron 在他家的车库里对总统进行了采访。a16z 等一些商业播客也非常受欢迎。我还很看好 Slack 的“Variety Pack”播客，它将传统冗长的播客内容化为更易于分享的碎片化内容，也让读者更容易消化。

但是，就像视频媒体一样，播客也是难以预测的。现在很难预料谁的播客可以成功，而谁的注定失败。我明白这一点，因为这两个我都干过。

4．信息图表已死，图表和可视化才是趋势

其实，没有什么人真正想看那种大型的、垂直排列的、矫揉造作的图表——除了它下面印的 LOGO 之外，压根不会包含什么有用信息。

但是，如果用那种吸引人的、互动式的可视化形式就不一样了。如果里面的数据还挺有趣，哪怕是简单的柱状图或者饼状图，都会产生很好的阅读体验。

有数据可依的故事总是更具有说服力，用可视化的形式呈现出来就更好了。此外，可视化信息图表更利于分享，也就有助于扩大这个故事或者新闻的阅读范围。

5．企业发布自有内容将会持续增长

虽然目前新闻行业并不景气，但不代表我们就不需要新闻了。人们依然希望通过新闻认识整个世界，也希望通过新闻了解产品或者服务。因此，公司也希望借此让世界了解他们的产品。

这也是为什么，如今科技产品的内容营销急剧增加：科技公司愈发意识到，他们可以通过发布自己的故事来吸引、打动消费者。

当然，这并不总是奏效。东施效颦的做法时有发生。许多公司一味把精力用于优化搜索引擎、吸引短期消费者，却忽略了产品质量，这样的利己行为令人反感。一些公司和风投公司已经尝试从新闻从业者中选拔编辑人才，最后却发现没有达到预想的效果后。但这样的大趋势还会持续，我相信在 2016 年，各个公司将会发布越来越多自产自销的内容。

我们来这样考虑：如果你有一笔十万美金的营销预算，你会把这笔钱投入到一次商业广告中，还是花一年建立属于你公司的媒体小分队，发展自己的受众群体？

6. 分发渠道比你想象的重要得多

“酒香不怕巷子深”，这样的话只适用于电影。在现实生活中，建立受众群体是最困难的部分。我认为，在很多时候，“媒体”比“内容”更重要，因为前者更看重内容的分发渠道，而不只是沉迷于自己的好点子。

你认为一份报纸的价值在于它发布的信息？不妨三思。有些时候，信息的确很重要；但在大多数情况下，一个媒体的价值在于它建立了怎样的媒介、吸引了怎样的受众。

所有内容生产者都要注重吸引和发展自己的受众群体。Buzzfeed 一定对这一点深有同感（事实上，这点就是 Buzzfeed 建立的基石）。我们不能光发布一些东西，然后眼睁睁等待人来发现。我们要积极建立受众群里，并有针对性地满足他们。

7. 内容为王，高质量的媒体终将获得回报

最后，我们来谈谈质量。大多数读者都足够精明，他们可以辨别出哪些是营销，那些是广告，哪怕它们伪装成原生广告或者软文的形式。很多人都对现在铺天盖地的广告感到厌恶，转而使用广告拦截软件，以筛选一些有用的信息。

问题在于，很多广告和营销都是垃圾：丑陋，带有侵略性、欺骗性，影响阅读体验。不过有时候，它们只是写的不够好，或者呈现的方式不正确。

我相信很多读者都很聪明，他们知道，许多媒体的运营全仰仗广告收入。如果广告更有趣味、呈现方式更尊重读者，人们也愿意接受。想知道什么才是优秀的广告？看看 Vogue 杂志就知道了。

但是，如果内容生产者不能让广告更易于接受，他们就必须想想别的办法

了。The Wirecutter 就提供了一种可能性，他们对评选的“最佳电子设备”做测评，其盈利模式就基于文中附带的适量广告及链接，目前他们整体运作良好。

总之对于很多内容平台而言，未来将充满挑战，媒体行业正在面临危机。想要生存下去，老话依然有理：有用，有趣，有信用——千万别沦为工具。

（资料来源：钛媒体）

# 第四章　新媒体环境下的广告及策略

在这一章，我们会讨论以下问题：

1. 新媒体环境下广告的变化和新特点
2. 新媒体环境下广告的优势和劣势
3. 新媒体环境下广告的营销策略

## 案例导入

### 腾讯领衔技术，公益广告正式进入移动社交时代

8月15日，"我是创益人"创益嘉年华暨2017公益广告大赛启动仪式在北京举办，嘉年华现场集结了2017年戛纳擒狮的国内外创意人、中国最具代表性的创意圈、公益圈代表人物登场演讲。腾讯集团高级执行副总裁、腾讯广告主席、集团市场与全球品牌主席刘胜义，腾讯公益慈善基金会执行秘书长窦瑞刚，腾讯社交广告总经理罗征也现身活动，共同探讨如何以"社交热"激发"公益热"，打造"创意＋公益＋社交"的公益传播新生态。

作为"我是创益人"公益广告大赛的启动仪式，创益嘉年华打造了一个充满科技感的空间，将科技元素融入现场每个环节中。在现场互动区，参观者可以进行72小时寻人体验，感受技术力量如何为爱加速；带上VR眼镜零距离接触濒危动物，亲身感受科技所带来的公益温度。

"我是创益人"不仅是腾讯社交广告对于公益、创意和社交广告融合的一次探索，更为创意人提供了以科技力量让创意升温的机会。在互联网和移动社交能量不断扩大的今天，每个人既是受众，又作为信息扩散点蕴藏着巨大的传播能量。腾讯社交广告总经理罗征现场介绍了腾讯社交广告助力72小时寻人的项目——基于社交大数据挖掘、精准定向等技术能力，2014年至2017年3月，腾讯社交广告共为寻亲项目发布了87个案例，其中54位走失人口已经找回，走失儿童总寻回率达到62%。

数字时代到来后，每一个人都被科技以前所未有的方式连接在一起，而广告也进入到"互联网＋"的全新时代。腾讯的核心优势是科技、产品和平台，但更重

要的是价值观。相信科技向善的力量，相信创益融合的力量，相信社交赋能的力量，这三大力量将成为引领广告公益新未来砥砺前行的推动力。

# 第一节　新媒体环境下广告的变化

## 一、新媒体环境对广告的影响

### （一）注重目标受众的市场细分

现今的广告市场飞速发展，日趋饱和导致同行间的竞争愈发激烈，而广告业主的素质也随着消费者欣赏水平的提高而越来越注重市场的细分，与目标消费群体的有效沟通则更是变成了重中之重，“互动性”“消费者主导”逐渐成为重点。随着科技的发展，对消费群体的分析成为可能，在不同时间段可以播出不同消费群体所需要的广告和推出不同的产品，这都是新媒体对广告做出的贡献，而面向消费者时广告主所需要的有效传播率和到达率也会得到很好的满足。新媒体因为其特定的优势，能够有效地针对目标受众进行宣传，并且能够加深沟通和互动。

例如大家十分熟悉的携程旅行网，图 4-1 为携程网会员登录后所显示的页面。从该页面可以看到，携程旅行网对其会员的信息进行了详细的统计，如会员的姓名、年龄、联系方式等基本个人信息，以及会员曾经利用携程旅行网预订过哪些服务（如酒店预订、机票预订）等。会员任何信息的更新都可以方便地在网页上完成，同时会员每次新的预订都会在数据库中进行累积和更新。当会员预订新的服务时，数据库可以直接调出会员的“常用送票地址”“常用发票”等，不需要会员再重新录入。营销者也可以根据数据库所提供的会员的过往旅游行程、居住酒店档次等，有针对性地向会员发布相关的旅游资讯。

图 4-1　携程旅行网会员登录页面

（二）注重与广告受众的互动

相较传统媒体而言，新媒体的互动性决定了受众可以选择广告信息，广告主也可自主传播广告信息，从而使具有双向对称的“传播”特性得以凸显。传播模式由“中心扩散”到“多点互动”。新媒体实现了受众由单一的信息接受者向信息制造、传播和接受的复合角色的转变，为受众的参与和个性化表达提供了媒体平台。新媒体的出现以及新旧媒体的融合，在改变人们生活方式的同时，对人们消费心理的改变也起着潜移默化的影响。新媒体时代，受众越来越分散，消费越来越挑剔，对单一媒体的依赖越来越低，充分实现与目标受众的互动就显得尤为重要。

例如，雀巢公司举办了一次主题为“我与雀巢”的摄影比赛，比赛的赛事宣传、作品收集以及获奖评选都在网站上进行。参赛者不仅可以在网上上传自己的作品，还能看到其他参赛者的作品。在赛事的最后阶段，网络用户可以参与评选活动，对参赛作品进行评论。此类型的网络互动传播不仅成本低廉，而且让用户不知不觉地掌握了品牌的信息，对品牌的文化产生认同，培养了与品牌的感情。

（三）与各行业合作，形式更加丰富

虽然当前很多新媒体的形式与传统媒体在一些方面仍然很相似，但是可以说新媒体不是要刻意地去做给受众看，而是在受众可以看到的地方达到宣传的效果，使得广告的发展不单单局限在广告自己的区域之内，与各行业产生合作，以更加丰富的形式为受众提供商业信息的跨媒体传播与跨行业传播，充分吸引观众眼球和调动观众的互动积极性。

例如，触动传媒覆盖了上海出租车总量20%以上的市场，抢占日益细化的户外广告市场，触动媒体的媒体平台是安装在出租车副驾驶头枕后侧的一个触摸式彩色液晶屏，它通过提供信息、资讯并以独一无二的互动体验在广告主和消费者之间建立亲密对话。同时，还能配合SMS技术来收集包括电子邮件地址、电话号码等更多更深入的信息。这种广告传播模式效果十分明显。参见图4-2。

图4-2　出租车内触摸式彩色液晶屏

（四）局限性放宽，广告质量参差不齐

对于广告的发展来说，新媒体有着传统媒体所不具备的巨大优势，但是在发展的过程中其所面临的问题也是应当注意的。从新媒体的特性来看，其相对于传统媒体，局限性已经大大放宽，但是这也导致了各种文化层次的人都可以发布广告信息，使得广告的受控能力被大大减弱，进而使得新媒体环境下的广告质量参差不齐。

## 二、新媒体环境下广告的新特点

在新媒体环境发展的影响下，广告呈现出一些新的特点。

### （一）受众导向的互动性

以互动性为特征的新媒体的诞生使得广告的互动性得到了格外的体现。资深广告人刘国基曾说道：广告，作为传统上以企业主为主体的大众化传播，在互联网络高度发达的今天，已进化为“双向的、互动的、参与式的、数据库驱动”的沟通行为，甚至消费者已经成为“需求广告”的发布者，彻底颠覆了传统受讯者的被动角色。

### （二）信息服务的链接性

传统广告受到大众媒体空间与时间的限制，广告信息往往是提炼又提炼、精炼又精炼之后才予以发布，其信息量必然非常有限。新媒体广告则更多的由目标受众有目的、有意识地进行检索获得，从而导致新媒体广告中品牌信息、商品信息的提供与服务的发生。人们有意识地搜索获取信息，一般来说是在某个具体契机通过某个端口进行，而后沿着该信息端口依次进行信息的深度搜索与获取。新媒体广告因此也通过数字传输链接的便捷性，呈现出信息服务的链接性。即具体消费者出于广告信息需要通过新媒体广告终端来进行信息搜索，他可以链接到该品牌网站的主页，进而浏览该品牌的各项深度信息，如需咨询则还有各种互动渠道进行对话交流。显然，对消费者的信息需求，新媒体广告所具有的信息服务链接性对应性地予以了满足。

### （三）品牌信息的整合性

对应于消费者关于品牌信息的深度需求，新媒体广告主体则自然地进行品牌信息的整合性的传播供给。新媒体广告的品牌信息整合既包括营销传播所涉及的各类信息，又包括相对稳定、战略性的品牌信息，如品牌历史、品牌实力、品牌信誉、品牌的产品线、动态和服务等，从而使得新媒体广告既具有眼前的促销功效，又具有从长远着眼的品牌形象建树的意义。

### （四）信息管理的及时性

新媒体广告不再仅仅是一种静态的商品信息作品方式的存在，而是互动的、由消费者可以主动掌控的商品信息的获得。因此，根据具体受众而不是泛泛大众的具体需要，予以相应的信息供给，满足个体受者的信息需要。而这种个性化的信息供给就需要进行及时性的信息沟通管理，主要体现为个体咨询答疑、受众投诉处理、受众发帖管理以及品牌危机公关。

# 第二节　新媒体环境下广告业的发展现状及趋势

## 一、新媒体环境下广告业的发展现状分析

### （一）中国广告业高速发展，但分布极不均衡

自从1979年我国广告市场恢复以来，中国的广告业经历了一个由小到大的快速发展过程，逐渐呈现出高速发展的产业趋势。从1990年到2010年，这20年间，我国广告经营总额持续攀升，增速保持在7%～20%之间。到2010年，中国广告业营业额达到2340.5亿元，约占我国GDP的0.6%。无论是广告经营总额还是从业人员的人均营业额均呈现出持续增长的态势。一方面是中国广告产业的持续高速发展；另一方面，我国广告业的发展呈现出地区间极端不均衡的状态。比如在北京、上海、广东等三个经济最发达的地区，2010年的广告经营额接近全国的50%，而处于经济不发达地区的海南、甘肃、宁夏、西藏、青海5省区广告经营额总和还不到全国的1%。

### （二）中国广告业存在很多浮躁和不理性的现象

如今随着Web 2.0、移动互联网等新媒体前沿技术的发展，处在数字媒体时代的中国广告业出现了很多浮躁和不理性的现象。例如在网络中，不仅存在大量过时信息和冗余信息造成的“失信”，大量故意散播的虚假欺诈信息也已经成为一大网络公害。一些虚假信息发布者，利用法律和监管漏洞，通过虚假欺诈信息不正当牟利，有的设置消费陷阱蒙骗消费者，使网络空间从公平高效的交易网络成为令人望而生畏的欺诈之地。如果网络信用体系得不到完善，传统产业中因失信带来的损失将在互联网产业重演。除了缺乏诚信，新媒体环境下的广告也存在粗制滥造、缺乏创新等问题。

### （三）新媒体环境下的广告新形式成为广告主的新宠

游戏嵌入式广告、手机互动广告、网络视频广告、微信微博中的广告越来越多地被消费者所熟知，这些新媒体环境下的广告形式以其方便性、个性化、交互性等特点广受广告主的关注与偏爱。目前，广告主借助网络游戏这个载体进行广告植入主要有以下几种方式：产品充当游戏的道具、在游戏的场景中布下广告信息、广告信息和游戏内容互动、在游戏进行中体验营销。

例如曾令人瞩目的“可口可乐”与“魔兽世界”的合作。“魔兽世界”游戏开发

商为可口可乐当年的代言人S. H. E、小小罗以及李宇春打造专属的魔兽人物形象，并且人物魔兽造型更在iCoke.cn上独家授权发布墙纸、屏保和手机图铃，成为当时的热门下载物件。期间，可口可乐推出了可口可乐魔兽限量包装，通过电视、平面、网络及通路全方位曝光，S. H. E.及其他代言人的魔兽造型完整地出现在目标消费群面前，毫无生硬突兀之嫌，原魔兽玩家及可乐迷皆可通过平时熟悉的媒介接触到这一营销信息，并成功引起其他消费群的注意，实现了魔兽游戏与可口可乐的双向共赢。

## 二、新媒体环境下中国广告业的发展趋势

### （一）向专业化、多元化发展

广告市场专业化，就是要有鲜明的行业背景。为了很好地促进公司发展，应该有明确的市场定位，形成广告服务的独特性。每个广告公司都应该基于专业化服务，拥有自己独立的行业，这是未来广告公司发展的必经之路。在多元化发展上，一是要调整增加广告公司的控股股份，调整原来建立的公司的股权结构；第二可以通过对其他同类广告的合作或并购等方式，不断完善和逐步实现自己的战略布局，做大做强；第三是建立和整合媒介资源，通过提升专业化，扩张媒介代理业务。

### （二）服务内容向纵深延展

随着手机上网、数字有线电视、移动多媒体平台等多种终端设备的出现，新的传播媒体不断普及，业务功能不断延伸，对广告传播提出了新的要求。在新媒体环境下，广告与营销的界限越来越模糊，传播的门槛降低，传播的内容海量化，所以许多广告公司开始向顾问咨询型公司转变。以前那种以传统大众媒体为核心的传统的广告服务模式已经不能满足企业的需求，必须高度关注如何创新广告服务模式，从而改变目前国内市场的发展，改变营销与广告传播各自为战的局面吸引受众的注意力。

服务更加专业，服务内容向纵深延展，目前部分广告公司开始更多地介入企业的营销和管理领域，或者在继续提供传统广告业务的同时，进入企业的产品研发、通路设计、品牌管理等领域；或者直接选择营销及广告运作的前端（咨询、策划等），他们中的多数已经不再介入末端的具体执行（制作、发布等）。由于专业化分工，出现了营销策划型、客户代理型、媒介代理型、专业制作型、技术服务型、信息咨询型、综合服务型等专业公司。

### （三）品牌一体化服务公司崛起

伴随着市场经济的发展，人们的生活水平在不断提高，逐渐形成了讲究生活

品质的观念，这为品牌一体化服务公司的“出生”提供了丰富的“营养”。未来的品牌一体化服务公司重视形成差异化的优势，追求长期的广告效果，以建立和发展品牌为广告服务的目标。典型的说法就是“品牌管家”，广告公司的价值是提升产品为品牌，这样的广告公司在客户的眼中具有不可替代的高价值的地位。

在新媒体环境下的广告市场中，广告公司不仅要能够为客户提供品牌整合服务，还应该把各种专业的力量融合在一起，整合调研公司、影视制作公司、印刷公司、服装厂、工程承包商等类似的传媒资源，用先进的文化、理念和运行机制统一合作伙伴的思想，使客户尽享完美品牌的超值服务，为客户提供全方位品牌服务。

## 第三节　新媒体广告的优势与劣势

### 一、新媒体广告的优势

#### （一）打破时间与空间的限制

传统媒体中的广告与商品的交易是分开的。消费者在传统媒体上看到商品广告之后，他们需要出门去店里购买商品。新媒体广告与传统媒体广告不同，一旦消费者在网络上看到广告，他们就可以点击广告然后线上购买产品。这样不仅仅节省了消费者出门购物的时间，更打破了时间的限制，特别对于残疾人来说，这种方式不仅方便还使得他们更加独立。

另外，新媒体的画面大，突破了传统媒体的空间限制。传统媒体所提供的空间小，传播范围也小。而现阶段的新媒体可以以墙体和户外大幅广告牌等形式呈现，字体更大，表现内容更丰富，具有更丰富的表现力和吸引力。例如高速公路上经常可见的大型广告牌，十分醒目夺人，让途经的乘客自然地接受广告中所传递的信息。

例如楼宇、车载视频等线下视频广告，由于其在封闭空间中没有其他更有吸引力的信息源出现，此时出现的信息会影响受众，获得良好的传播效果。从营销学的需求理论来说，在信息真空的情况下，人们感到无聊，对信息产生强烈的需求，楼宇视频广告正是满足了人们的信息需求。如图 4-3 所示，此种形式的楼宇视频广告在写字楼、宾馆、商场、商住公寓楼等楼宇电视广告终端渗透率较高。AC 尼尔森媒介研究根据全球最大的不动产管理公司高力物业按租金排名提供的中国十大城市的前 100 栋商务楼宇的名单进行实地核查发现，液晶屏广告媒体对各地前 100 位商务楼的渗透率高达 93.9%，在北京和上海的前 100 名顶级商务写字楼，液晶广告媒体渗透率分别为88%和91%，超过了广播、杂志等旧媒体形态。

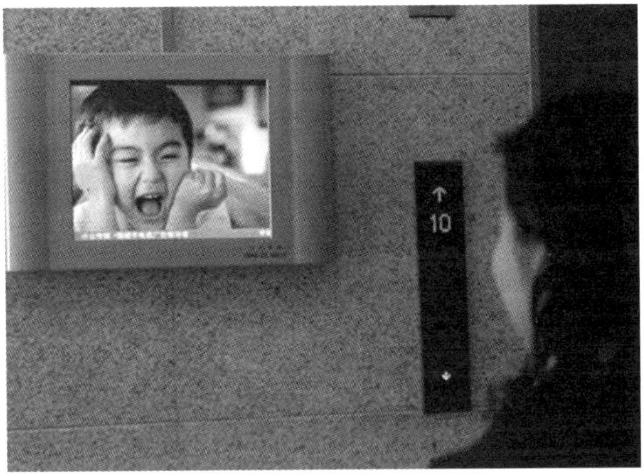


图4-3 楼宇视频广告

（二）更好地针对目标消费群体

相比较传统媒体广告而言，新媒体广告能够更好地针对目标消费群体，即广告主可以借助数字技术以及网络技术的发展，锁定精确的目标消费者，使投放的广告更为精确更有目的性，最大程度上迎合消费者的需求，降低抵触心理。

例如曾经有一位男性顾客到一家Target超市中投诉，商店竟然给他还在读书的女儿寄婴儿用品的优惠券。这家全美第二大零售商，会搞出如此大的乌龙？但经过这位父亲与女儿进一步沟通，才发现自己女儿真的已经怀孕了。

一家零售商是如何比一位女孩的亲生父亲更早得知其怀孕消息的呢？每位顾客初次到Target刷卡消费时，都会获得一组顾客识别编号，内含顾客姓名、信用卡卡号及电子邮件等个人资料。日后凡是顾客在Target消费，计算机系统就会自动记录消费内容、时间等信息。再加上从其他渠道取得的统计资料，塔吉特便能形成一个庞大数据库，运用于分析顾客喜好与需求。每个ID号还会对号入座地记录下消费者的人口统计信息：年龄、是否已婚、是否有子女、所住市区、住址离Target的车程、薪水情况、最近是否搬过家、钱包里的信用卡情况、常访问的网址等等。Target还可以从其他相关机构那里购买消费者的其他信息：种族、就业史、喜欢读的杂志、破产记录、婚姻史、购房记录、求学记录、阅读习惯等等。通过这些信息的整合分析来了解消费者的需求，从而有针对性地对其投放广告优惠信息。

### （三）网络广告的受众参与性强

由于网络广告媒体具有互动性，因此人们可以在网页上搜索他们想要的商品从而来购买它们。例如，一位顾客想购买一顶帽子，他可以在搜索栏输入他想要的帽子的款式，同时，他也可以输入帽子的颜色等条件，很快网络就可以搜索出他所想要的帽子的相关广告信息，然后他就可以购买这顶帽子。相反的，如果没有网络媒体，消费者在传统媒体上看到帽子的广告，之后，他需要去店里购买这顶帽子，而店里不一定有他需要的颜色等等，这不仅会浪费消费者的时间，同样地也满足不了消费者的需求。即在网络购物上，消费者可以主动对目标商品进行搜索查询，了解其品牌、产品以及其他用户的评价，通过所获信息的比较分析，再做购买决策。因此企业也应注重其在网络平台的宣传和与受众的互动。

例如，可口可乐公司的英文网站主要介绍公司的基本情况，包含公司历史、企业文化、品牌列表、管理投资、对外媒体等栏目。提供公司四百多种品牌在世界范围的分布情况及网站服务，着重介绍公司在美国的分布。而针对中国市场，可口可乐公司建设了以年轻人为诉求对象的集音乐、电影、聊天、游戏等频道为一体的中文网站（coca-cola. com. cn）（图 4-4），既突出了互动与娱乐的品牌个性，又很好地展示了品牌文化，网站的互动与宣传既为产品达到了广告的效果，激发消费者的购买欲望，而且通过公司与各大电商的合作，消费者可以很容易从网络上搜索到可口可乐产品的相关信息，促发消费者的购买行为。

图 4-4　可口可乐中文网

### （四）广告的投入成本低

新媒体广告投放的价格相对于电视上高昂的广告费用明显低廉了许多，虽然报纸的广告费用也很低，但是新媒体广告的性价比却明显优于传统的报刊广告。大多形式的新媒体广告，如网络广告、公交广告、楼宇广告等都具有较低的广告制作和维护费用，大大降低了新媒体广告的成本。

例如，公交移动电视广告传播所耗费的成本比电视要低廉得多。根据江西传媒移动电视公司提供的数据显示：移动电视广告的千人成本仅为5.42元，而传统电视的千人成本为20.64元，杂志为20.80元，报纸为13.28元，差距十分显著。CTR央视研究的报告显示：楼宇电视对月收入3000元以上人群的千人成本一般仅为当地电视台的1/10。

## 二、新媒体广告的劣势

### （一）侵入性与强制性

与传统媒体广告相比，新媒体广告呈现出强烈的侵入性与强制性。一般来讲，消费者对传统媒体广告在日常生活中具有一定的支配作用，有自由选择的空间。但对于部分新媒体广告消费者只能被动接受，对消费者的个人私有空间造成侵犯。例如最常接触到的网站弹出广告和强制观看的网络广告，现在国内各个门户网站仍都在采用弹出广告，有些网站打开一个网页甚至可以弹出3个以上的窗口，弹出的窗口越来越大，有些甚至不允许用户关闭窗口，只能等到广告自动消失。弹出式广告也并不限于网页浏览时的情况，有些电子邮件也采用自动弹出窗口或者新网页的形式来加大网络广告的强制性，有些恶意的电子邮件广告在点击邮件主题之后竟然弹出超过100个的新窗口，令消费者十分厌恶和反感。

### （二）违规广告比重大

随着新媒体广告的兴起与发展，其间违规广告所占的比重越来越大。近几年国家下大力气整顿传统媒体广告，而新媒体出现的时间尚短，国家对新媒体的管控措施还没有完善，所以导致许多违规广告由传统媒体转向新媒体。现在许多违规广告充斥在新媒体广告之中，新媒体逐渐成为“藏污纳垢”的载体。另外新媒体广告中也存在许多诚信问题，出现许多诈骗广告。特别是网络广告和手机垃圾短信，已成为诈骗者的常用方式，还很难短期内予以消除和整治。

例如，某医院当事人为提高医院知名度，利用其总部在互联网设立的网站发布医疗广告，宣传该医院为“非盈利医院”“射频热凝靶点治疗技术10分钟治疗腰椎间盘突出症六大优势，是目前国际最先进的治疗技术，治疗最安全、痛苦最小、见效最快、风险最低的一种治疗方法”，以及“98%女性会选择该医院”“门诊患者满意度达到99%，出院患者满意度达97%以上”等内容，与医疗机构执业许可证核准的经营性质不符，使用绝对化用语，属于发布网络虚假广告，蒙骗消费者。

## 第四节　新媒体环境下广告的创意

### 一、新媒体时代，广告传播需要新创意

传播方式的变革对广告的影响是不言而喻的，大量不断变化的信息与资讯采集的便利性，使所有的消费者都面临着兴趣与互动危机。消费者很少能提起兴趣的时候，如果再用简单说教的方式将不可能吸引他们的关注，正如美国网络营销专家 J. D. LasiCa 所说："消费者已经厌倦了上个世纪那种作为信息被动接收者的角色，我们必须朝向一种新文化转换，在那里更多的资源将被分享，且更加互动。"与此同时，消费者群体的不断分化，使广告创意必须明确目标，未来的广告将朝着分众化与互动化的方向发展，如果广告人未能考虑到消费者的个性化需求和参与，眼光只停留在线上或线下，将会逐渐失去整个市场。从媒介的角度看，广告从来没有像今天这样，拥有如此丰富的载体。除了策划、制作等方面的因素，承载广告创意的媒体也是影响广告传播的一个重要环节，因为广告必须依附于媒体才能发挥成效。

体验类的新媒体广告就是很好的创意体现，其利用新媒体广告可以营造虚拟、逼真的消费场景的特点，使消费者能更多地获得广告产品的真切体验，提高信任度，导向相应的消费。

例如在美特斯邦威的网站上，如图 4-5，有各款产品的展示、模特穿着效果、设计理念、面料质地说明、标价等构成的体验空间，还可供消费者进行互动沟通，从而形成了一个立体虚拟性的体验性场景。

### 二、好的广告需要好的载体

创意是广告的灵魂，但必须依附于实体才能展示其魅力，如果没有好的载体便会贬值。所谓载体就是发布广告的渠道方式。好比木桶理论，创意的价值一直贯穿品牌推广活动的始终，其价值的体现依赖于各个环节的有效执行、承接，其中任何一个环节出现短板，都将影响创意价值的最大化。新媒体环境下，广告创意必须与最新科技相结合，把技术因素加入到广告传播中，以提升创意的价值。网络、液晶显示屏、霓虹灯等新媒体载体使当前广告的形式更加丰富多样，也由此激发出许多广告的新创意。

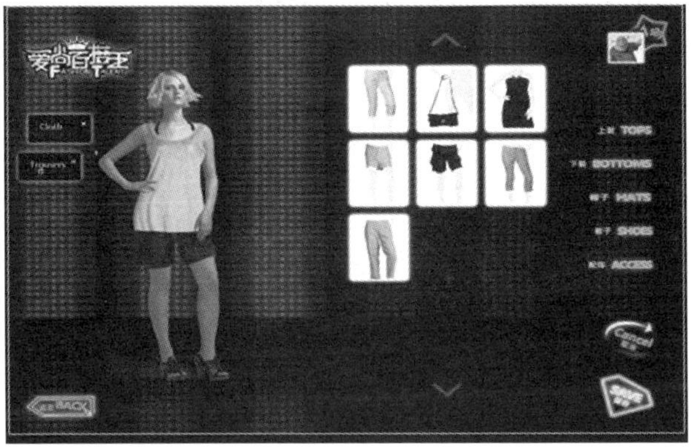


图 4-5　美特斯邦威虚拟模特体验

例如，图 4-6 所示的是一个街头滑板表演团的表演广告。广告设计师就地取材，将公交车的轮子融入到了滑板车的绘画当中，成为滑板车的两个轮子。大大的广告牌十分引人注目，上面还标注有表演的时间，使得公交车本身成为广告信息的载体，随着公交车的行驶将此滑板表演的信息传递给更多人。

图 4-6　公交车身广告牌

## 三、新媒体催生了广告新创意

新媒体带来了媒介融合的浪潮，它促使媒介之间的界限逐渐消融。直至当前，没有任何一种媒介形式能够像新媒体这样，使人们方便地接收信息并表达自我，能够将媒介融合的作用发挥到最大。新媒体给传媒业带来了活力、吸引力。如在网络社区或论坛中发布自己对某品牌产品的意见，在自己的微博中详述自己消费某产品的切身体会，在自己的社交网络中表达自己消费某产品的自得或激愤；而这些意见，又会与新媒体另一端的新的受众者产生共鸣，并顺便在新媒体上转手传播，产生连锁反应往往存在几何级放大信息、形成新媒体舆论的可能性。因此利用新兴的新媒体广告载体，凭借新的创意达到宣传目的、产生威力是当前新创意的新途径。

例如，赵薇的导演处女作《致我们终将逝去的青春》（简称《致青春》）就运用了新媒体工具微博，达到了很好的营销目的。参见图 4-7，通过开设《致青春》官方微博账号以及发起的一系列活动，《致青春》吸引了大量的粉丝，带来影片的用户关注度和业内关注度的大幅提升，最后以 7.2 亿票房完美收官，成为有史以来票房最高的国产爱情片。

《致青春》微博营销四个阶段如下：

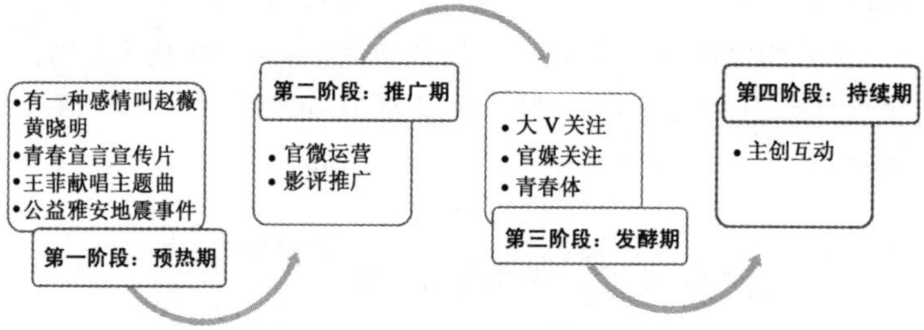


图 4-7 《致青春》的微博营销

# 第五节 新媒体环境下广告的营销策略

## 一、广告信息策略

在制定广告信息内容时，首先要明确广告目标和目标消费者以及如何有效地向其目标消费者传达广告信息。即广告的信息内容和形式的设计都要根据目标受众的特点来考虑，在受众细分的基础上，有针对性地向不同消费者投放不同的广告信息内容。

例如，华夏基金公司在受众细分、精准营销方面做得很完善，也因此得到很好的效果。由于基金产品同质化明显，各大基金公司之间的竞争十分激烈。华夏基金公司着重分析客户收入水平与投资习惯，通过以前积累的用户行为特征数据，以客户理财偏好关注度为分类标准，将所有客户分为八个类别，并制定了八套以基金为主的综合理财方案，针对不同的消费者投放包含不同广告信息的方案，显示出了个性化沟通营销的威力，取得了较大成功。

此外，在广告信息策略上，以内容为主，进行软化隐性。当前是一个信息爆炸的时代，消费者对传统的硬性广告已越来越反感，但对各种软文广告的接受程度较高。广告人可利用软文信息量大、容易接受等特点来传播企业或产品信息。尤其是一些有高新技术含量的家电产品、保健产品在产品开拓市场初期，利用科普进行软文宣传更可以畅行无阻。

例如脑白金的市场推广中，其中一个重要的武器就是科普性软文，利用《美国人睡得香，中国人咋办》《人体内有只“钟”》《夏天贪睡的张学良》《宇航员如何睡觉》《人不睡觉只能活五天》等文章反复宣传，从而吸引并取得了消费者的信任。

隐性广告也是当前一种十分有效的广告信息传达方式。内容植入广告运用的领域非常广泛，植入产品可以是服饰、汽车、食品，甚至是一些特殊商品。

如电影《穿 PRADA 的女王》里，女人们身着各种品牌辅助出入各种场合，其效果不亚于模特在 T 型台上的时装秀。在这部电影中，我们可以看到众多的国际顶尖品牌，仅剧中人物米兰达就有六十多套衣服。虽然有这么多品牌在节目中出现但并不影响这部片子的票房，观众都是被剧情和主人公的精神所打动，而这些时尚品牌也是女性所热衷的，PRADA 的品牌也被全球更多人熟知。此类隐形广告达到了十分理想的效果。

## 二、广告渠道策略

根据目标受众的实际需求选择广告投放的渠道。新媒体环境下，受众可以自主选择和接受广告的内容，这是互动广告的特性之一。不同的媒体有其特定的用户群体，所以广告主必须选择与其目标受众定位相契合的媒体。一般来讲，广告主可以根据目标受众使用新媒体的习惯来选择适合的媒体渠道，例如选择目标受众经常光顾的网站，这样可以保证广告信息有效到达，这是互动广告传播的前提。选择针对目标受众的媒体，可以有效提高反馈率。另外，广告的内容与媒体的内容也要有相关性。通常，相关性越高，广告的吸引力越大，就会有越多的受众参与进来。例如，有美容意向的人会去访问与美容相关的网站或页面，在这样的网站或页面上发布美容产品、美容服务，其效果就比发布在其他网站或页面上要好，因为访问其他网站或页面的网民，其意不在美容，一般不会去注意，更不会去主动点击这类美容广告。

另外,广告主选择媒体投放渠道时要考虑受众的可参与性,即受众使用该媒体是否方便,是否受时空的限制。反馈渠道的畅通,是新媒体广告得以实现的必要条件。反馈渠道使用越方便,反馈的时效越快,广告达到的效果越好。在新媒体环境下,许多企业开通了新浪微博。对于消费者来说,可以通过微博向企业咨询问题,反馈使用心得,提出意见,等等;对企业来说,可以通过微博了解消费者的意见和观点,对产品进行改善。

例如,星巴克在美国为了更好地与顾客互动,在 Twitter 设立了一个"Idea in Action"栏目,专门搜集来自顾客的建议和想法。其中,一位顾客提出了抱怨——星巴克的冰咖啡喝到最后冰块融化了,咖啡淡的像是喝水,用户体验很差。星巴克的研发团队看到留言后,就开始集思广益,最后将咖啡结成冰块,这样即使冰块融化,咖啡也不会变淡。通过该渠道的信息反馈,大幅度提高了产品的质量和用户的体验。

### 三、广告媒体组合传播策略

广告媒体组合传播策略主要是指强化广告媒体的组合优化。在新媒体环境下,面对多样化的媒体形式,在进行广告媒体策划时,应该善于打破常规,对其进行创新,将现有的多种媒体形式进行筛选和组合,从而最大限度地发挥出各种媒体的影响力,最终确保广告传播目标的实现。如果仅凭单一的媒体向消费者诉求,不仅广告受众较少,而且容易淹没在各种媒体的相互干扰中,很难引起消费者的注意。因此,为了使得广告信息可以更容易地被消费者记忆,应该根据广告的主体和内容,做好广告媒体策划,通过对不同媒体的合理搭配,以有效的资金实现最佳的广告宣传效果。这主要是因为不同的媒体都拥有自己特定的受众群,单一的媒体形式不可能覆盖所有目标对象,而通过多种媒体形式相互组合的方式,则可以尽量扩大广告的覆盖范围,取得更高的宣传效果。

例如,在 2008 年名不见经传的候选人奥巴马成功打败希拉里赢得美国总统大选的例子中,我们可以清楚地看到奥巴马如何通过对数字媒体的整合应用建立起他的个人品牌。为竞选总统,奥巴马于 2006 年注册成为 MySpace、YouTube 用户,发布了近 2000 个视频;注册成为 Facebook 成员,更新了 1670 条状态,15 个相册。2007 年创办竞选官网 BarackObama. com、SNS 网站 MyBO。BarackObama. com 站点的主体内容除了网上捐款、政治纲领、政治主张、竞选活动、竞选新闻、演讲视频等外,右下角的"ObamaEvery-where"几乎整合了奥巴马位于所有 SNS 社区的个人主页的入口。MyBO 是奥巴马支持者们沟通、交流的平台,他们可以在 MyBO 上创建讨论小组、组织线下活动、商讨筹款事宜等。奥巴马还充分利用一些小规模的、没有知名度的 SNS 网站，比如，黑人社区、拉美裔社区、亚裔社区、基督教徒社区和同性/双性恋者社区。奥巴马把这些都当作与受众交流的平台，向所有的网民提供了各种可以接触到他的方式。网民可以在 SNS 上加他为好友、捐钱，在奥巴马官方网站上注册，把自己录制的宣传奥巴马的视频放 YouTube 上等。借助有效的新媒体传播整合营销手段，奥巴马一跃成为当红的政治之星。

## 四、广告投放时间策略

除了要确定广告信息内容以及投放渠道外，如何规划新媒体广告的投放时间也是要考虑的因素之一。确定投放时间的方法多种多样，总结概括为投放时机策略、时段策略以及发布时序策略。

时机策略就是抓住有利的时机来投放广告。通常选择抓住社会热点、突发事件和网络上的热点话题。由于新媒体的便捷性，广告的发布和修改比传统媒体要快，非常有利于抓住突然事件和社会热点来借势为自己宣传，取得良好的效果。

例如，自 2014 年初起热播的韩剧《来自星星的你》在中国掀起了一阵热潮。在淘宝上搜索“星星同款”“来自星星的你”等关键词，会发现嗅觉灵敏的淘宝店主们已经创造了一个消费热点，那就是围绕着热播的韩剧《来自星星的你》的一系列所谓“同款”商品。此后，剧中的男主角“都教授”金秀贤也成为广告界的新宠，成为众多商品，如德芙巧克力、可口可乐、哈根达斯等产品的形象代言人。

时段策略是指广告投放的时间段要尽量与目标受众接触媒体的时间段一致，这样可以最大化广告的传播效果。据 CNNIC 调查结果显示，用户在上网行为方面，平均每周上网时间 19 小时，一天中使用互联网时间的差异较大，凌晨 5 点达到最低点，用户上网比例为 2%；一天中上网时间出现三个峰值：第一个峰值时间为 10 点，用户上网比例为 32%，第二个峰值时间为 14 点，用户上网比例为 42%，20 点达到一天中的最高峰，用户上网比例为 62%。广告主除了意识到用户上网的高峰期，考虑在网络的黄金时段发布网络广告外，还要根据具体的广告对象、广告预算、所期望广告效果的强弱，来安排具体的时段，这样才能达到预期的效果。

时序策略就是指广告的发布和商品谁先进入市场的策略。根据不同的广告目的，可以分为提前策略、即时策略和延时策略。提前策略是指广告先于产品进入市场。这种策略的优势是可以事先制造声势，引起公众关注和好奇心，让公众翘首以盼，制造出一种产品一上市就会被抢购一空的局面，从而为产品进入市场做好了准备。这种策略适用于全新产品或者经过升级的产品。

例如，苹果公司每发布一款新产品前都会事先透露出该款产品的一些信息，如图 4-8，广泛引起社会公众的关注和好奇，达到很好的宣传效果。

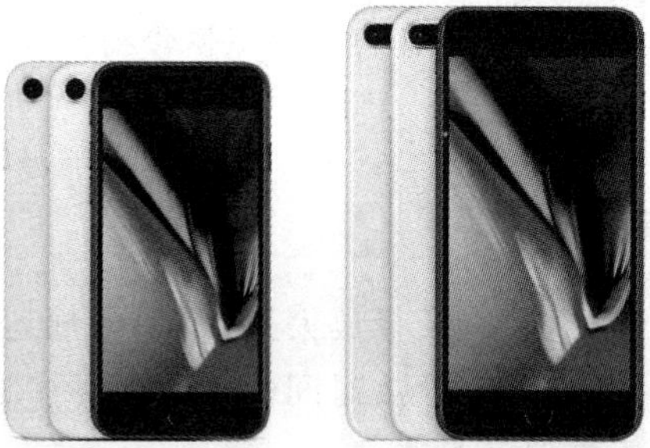


图 4-8　苹果 iPhone8 参数曝光

即时策略是指广告和产品同时进入市场。这种策略适用于已经被大家熟知的产品，消费者看到广告后如果想买可以立即去买。延时策略是指产品上市后再进行广告的投放，这种策略适用于没有把握的新商品，让商品先上市，试探市场，看情况再决定之后广告的投放。

## 五、互动广告策略

首先，互动广告策略指通过利用虚拟现实等技术，引导网民参与使用品牌（产品或服务），以预先获得消费体验，对该品牌（产品或服务）产生了解、认同和共鸣，从而达成广告目的。在网络广告中，这种“感受”是多感官立体式和即时的。体验式互动策略可以帮助消费者达成从知名到试用再到进一步被说服甚至到购买行动的多层次交互效果，并通常具有娱乐性。

其次，游戏式互动广告策略即以娱乐为诱因，以互动游戏为载体，在受众参与的过程中传播广告讯息，从而达到潜移默化的广告效果。网络互动、自主的传播特性，使受众可以只“点击”他们感兴趣的广告，这要求网络广告更加具备服务性或娱乐性，或者两者兼备，只有这样才能增强网络广告的黏合力和吸引力。

例如，麦当劳在瑞典市区安装了互动广告看板，参与者只要用自己的 iPhone 登陆麦当劳游戏网站，先选好自己喜爱的麦当劳小点心，然后就可以在街头和广告看板玩挡球小游戏，麦当劳的广告看板就是参与者的游戏屏幕，他们通过自己的 iPhone 控制挡板，只要让球在看板上维持 30 秒不掉落，就可以免费获得自己选择的麦当劳小点心。游戏用户在游戏过程中主动接触了麦当劳游戏网站这一广告载体，体会到了麦当劳“快乐、率性”的品牌个性，并促成了在麦当劳终端的消费行为。

另外，广告主可以通过提供利益式互动广告策略设置“奖励”，比如免费赠品、折扣等，来吸引消费者主动参与互动，从而获得“奖励”。从心理学的角度来看，行动源于需要而发于诱因，互动要有驱策力。“奖励”诱因是目标受众对行销活动产生行动的原动力。在网络上，用户“点击广告”其实是消耗成本，需要“奖励”作为回报，否则互动难以实现。比如在微博上，最常见的就是有奖转发的广告。假如一个活动的礼品是一部价值5000元左右的单反相机，转发次数已经超过了10万。我们可以粗略地计算一下，以每次转发需要@三名好友，每个参加转发的用户有100个粉丝为标准，那么10万次转发后就有30万次的精准传播，并且有至少超过1000万的用户可能看到该信息。这种提供“奖励”的方式用较低的成本获取了较高的广告效益。

# 第五章　新媒体环境下的口碑营销

在这一章，我们会讨论以下问题：
1. 口碑的建立过程，口碑传播的形式和特征
2. 新媒体环境下对口碑营销的影响
3. 新媒体环境下口碑营销的特点和影响
4. 在新媒体环境下，公司如何发挥口碑营销的作用

对传统营销人而言，这可能是最糟糕的时代。过去行之有效的品牌营销法则在当下已然失效，新的行业共识却仍待建立。随着消费者与品牌间的信息不对称减少，多元而又个性化的消费主义盛行，仅凭一套过去的模糊经验已无法打动消费者。

但对数字营销而言，这可能是最好的时代。别再高喊 4A 已死，无论广告公司、内容公司、媒体平台，甚至是技术公司，他们都是连接数字化时代下品牌与消费者的分母。不论是内容营销、包括影响者营销在内的社交媒体营销，物联网应用甚至 AI，消费需求的多维发展与数字化品牌的多种可能，也给予这个行业前所未有的发展机遇，当下的竞技赛场也比以往更强调适者生存。

站在数字营销变革的十字路口，唯一不变的大概只有改变。这是一个提醒，我们只有不断保持创新，做出改变，才能不断适应进而引领当今消费生活中的种种变化。

平台正在构建自己的营销生态，为品牌提供从前台的品牌曝光、营销活动、消费者互动、销售转化等以及后台的营销工具搭建、效果分析衡量等方面的营销服务。背靠腾讯社交大数据，腾讯先后开放 QQ、QQ 空间、微信等社交产品的商业空间，通过前台的广告产品和后台的数据技术等为品牌创造营销以及商业价值，以今年星巴克和腾讯的战略合作为例，在星巴克门店接入微信支付后，双方联袂打造了社交礼品体验“用星说”，微信用户可以随时随地在微信上赠送朋友饮品券，并附上定制祝福语、纪念照片和视频。以社交驱动数字化消费体验，星巴克撬动的是近 9 亿的微信用户。而“社交＋商业”的卡券新玩法也将成为微信后续提供给品牌的社交赋能方式之一。

社交媒体时代，品牌商们开始意识到，比起广告来说，消费者更相信自己信任的人所推荐的产品和服务。这些"信任的人"可以是朋友圈的好友、自媒体大V或者各种领域的网络草根红人。根据麦肯锡的一项研究显示，这些影响者造成的口碑传播效应是付费广告的两倍，而吸引来的顾客则比其他方式招徕的顾客拥有高出37%的留存率。影响者在"千禧一代"和"妈妈"们中间尤其流行。值得注意的是，由于社交媒体的作用，普通消费者同样有可能拥有强大的影响力。

# 第一节 口碑营销的建立与传播

## 一、口碑的内涵及发展

口碑，是人们口头上的赞颂、众人的议论、群众的口头传说、社会上流传的口头熟语等。中国古代的各家百年老店、老字号虽然与现代意义上的口碑有所差别，但仍可以看作是较早的口碑应用的实例。所谓"酒香不怕巷子深""皇帝的女儿不愁嫁"，这都是较为原始的口碑的传播。中国学者陈明亮将"口碑"定义为消费者与消费者之间关于产品或服务的特性、使用经验及提供商等的信息的交换与沟通。而传播学则将口碑定义成一种传播形式，是一种以口说语言为媒介的传播形式，因传播的持久与普遍而形成的一种定式定性的社会公众评价体系，形象生动为以口立碑。

最早的口碑研究开始于20世纪五六十年代，1956年，Asch第一次用科学实验揭示了以口头传播为基础的"三人成虎"的社会从众心理；1957年Brooks Jr.和Rorbert C.在权威的《Journal of Marketing》杂志上，发表了营销学第一篇强调口碑在新产品发售中作用的学术论文；1966年，Britt首次将口碑传播引入消费者行为学研究；1967年，Arndt第一次正式界定口碑的概念，认为口碑是非商业相关个人间关于产品和公司的面对面的交流。美国的营销学大师伊曼纽尔·罗森认为，口碑是关于某品牌的所有评述，是任何给定时间里关于某个特定产品，服务或公司的人与人之间所有交流的总和。现代营销学认为，传统意义上的口碑主要是指发生于亲戚朋友等强关系人群间的关于产品或服务的消费经验的分享，由于强关系人群之间较强的亲密关系和信任程度，因此他们的建议或意见能在更大程度上影响消费者的购买决策。

随着时代的发展，以计算机为载体的新媒体网络时代已被人们广泛地认知和使用，并逐渐占据了主导地位。信息的及时性、共享性使得一大波社群网站也应运而生，消费者可以借用多种社交平台收集与交流产品的信息以及通过互联网对产品进行经验和知识的分享，基于网络平台的这一特点而开展的新型的网络口碑营销对人们的影响越来越大，逐渐代替了传统的营销模式，成为新媒体环境下的营销新模式。

网络口碑，又称为电子口碑或在线口碑，是指网民通过论坛（BBS）、博客和视频分享等渠道和其他网民共同分享的关于公司、产品或服务的文字及各类多媒体信息。这些讨论相应的传播效力会影响到这个品牌、产品及服务的信誉度，也就是网络口碑，从而也会在某些方面对其经营造成一定的影响。交流的渠道包括聊天室、BBS公告栏、电子邮件、顾客评论以及即时通信工具等。如在智能手机市场上掀起一股强劲风潮的小米手机，其在生产、销售的过程中通过论坛、微博、微信等方式进行营销，与手机发烧友和消费者之间时刻进行紧密的互动，调动了无数粉丝的积极性，成功实现了口碑营销。

## 二、口碑的建立

网络口碑是开展新媒体下口碑营销的首要和关键步骤，因此，如何建立口碑也就成为企业所必须学会的重要技能。下面将介绍几种重要的方法。

### （一）超出顾客想象，创造更大价值

当消费者在购买产品，所获得的产品价值远远超出消费者所付出的价值，获得大量的额外利益时，消费者就会愿意购买此类产品，这就是消费者剩余价值理论。当消费者所能获得的剩余价值越大时，消费者也就会对品牌更加信赖，产品的好的口碑也就越容易建立。

例如，苹果iPhone5s在刚刚发布时，采用的广告标语是“You're more powerful than you think”（比你想的更为强大），强调了使用新款的iPhone5s人们既可以完成很多常见的任务，同时还有很多的功能是你无法想象的，但是你的iPhone5s却可以为你完成，带给你更多的惊喜与快乐，极好地凸显出了新款iPhone能给消费者带来更多的利益和价值。消费者在实际体验的过程中，也确实发现了5s与之前款手机相比，有了很大的软件和硬件方面的提升，超出了顾客的期望值，让顾客感到满意，如此一来，好的口碑也就自然形成。而“比你想的更为强大”，这也是乔布斯领导下的苹果能在无数IT竞争强者中脱颖而出的关键所在，时尚、超强、强大，顾客永远都会感到惊喜，那么消费者对苹果的痴迷和追求也就不难理解。

### （二）好的服务才能带来好的口碑

进入新世纪以来，中国的经济一直高速持续发展，其中以服务业为主导的第三产业的增速更是超过了之前一直“稳坐头把交椅”的第二产业，意味着中国正

在由原来的工业主导型经济向服务主导型经济转变。数据显示，2013 年三产占 GDP 的比重为 46.1%，第一次超过二产，2014 年上半年三产占 GDP 的比重是 46.6%，继续保持增速快于工业且占 GDP 比重继续提高的势头。同时，国务院发展研究中心报告显示，当前我国经济向新常态过渡的态势更加巩固，2017 年全年 GDP 增长 6.9%左右，服务业在国内生产总值比重达到 51.6%。也就是说，目前中国的经济增长速度与前几年相比是有所放缓的。在经济增长速度有所放缓，而第三产业在经济结构中占的比重上升至第一的整体经济大环境下，对各行各业的服务要求也就越来越高。企业或商家的服务怎么样，往往能决定你能够走多远。能够提供高质量的服务，让顾客感受到无微不至的关怀，这才是能够迅速建立良好的口碑的制胜法宝。

这是一个发生在顾客身上的真实例子。顾客家客厅里的电视是三星牌的液晶电视，之前可能是因为下雨打雷一类的原因导致电视只有声音，图像无法显示。在某天上午九点左右时，顾客找到了三星的客服电话并向客服说明了相关问题。客服了解信息之后询问了详细地址并告诉顾客会很快安排人员过来维修。而到了下午三点多钟时，就有一个三星的维修员来到了顾客家。一番询问之后，顾客才知道对方是从南京过来专程给他维修电视的。而顾客家离南京有六七十公里的距离，维修员坐车过来的话也要转乘两三次。在确认了顾客家中的电视还在保修期内之后，维修员免费为顾客更换了一个电视里较大的显像部件，解决了问题。顾客对三星这次的上门维修服务比较满意，在以后的时间里，也选购了更多的三星的其他商品。

作为一家 20 世纪 60 年代成立的电子工业企业，三星电子能在短短的五六十年里成为全球最大的家电巨头以及最大的电子技术企业，依靠的绝不仅仅是其不断学习和创新的能力。就像三星提出的服务理念所说的那样"与顾客保持最紧密的关系；为了满足顾客而竭尽全力；让顾客享受最完美的售后服务。"为了满足顾客而竭尽全力，好的服务带来了好的口碑，这也是三星能够迅速崛起所不可或缺的重要部分。

服务其实是每个企业都非常重视的核心战略，除了三星之外，像海尔提出"以用户为是，以自己为非"的是非理念；联想打出"让用户用得更好""为客户利益而努力创新"的口号；海信则有"顾客至上，公平服务"的服务宗旨和"一日承诺，立信百年"的服务承诺。而在这些企业中，最著名的恐怕还是要属在餐饮界刮起一股旋风的"海底捞"了。之所以"海底捞"能吸引如此多人的目光，用"海底捞"董事长张勇自己的话来说就是"海底捞提供了地球人拒绝不了的服务"。几乎所有到海底捞吃过饭的人都会对海底捞的服务称赞不绝，并且这些人中的大部分都成了回头客。可以想象，这是笔多么宝贵的口碑财富。也可以看到，好的服务所带来的价值是多么巨大。好服务，好口碑！

（三）时刻关注顾客需求，让顾客参与营销

要想建立好的口碑，就必须要了解顾客真正的需求是什么。只有了解到了顾客真正的需求之后，才能为客户提供有针对性或者说提供更好的“私人订制”式的服务。与此同时，如果在整个从生产到销售的过程中能够邀请到顾客实时地参与进来，凝聚每一位用户的智慧和创意，将企业的产品做成顾客自己的产品，如此一来，“王婆卖瓜，自卖自夸”，还何愁口碑不能迅速建立并传播开来。

众所周知，乔布斯对产品的极致追求到了无可挑剔的地步，苹果出品，必属精品，所以 iPhone、iPad 会风靡全球。而有着“中国乔布斯”之称的雷军，也像乔布斯一样，一直坚持实现产品的硬件、软件和服务的一体化。同时，小米更加注重的就是自己的“米粉”。雷军曾说过：相信米粉、依靠米粉，从米粉中来，到米粉中去，这就是互联网思维，也是小米最核心的竞争力。小米的联合创始人黎万强在接受采访时也谈道：第一是参与感！第二是参与感！第三还是参与感！小米只用了 3 年的时间，就让销售额从 0 元做到了 300 亿元，创造了中国的创业公司的奇迹，小米模式的核心就是用户参与。小米打造的是“粉丝效应”，在创业初期，小米通过从论坛寻找 100 位超级用户，参与系统的设计、研发和反馈，从而不花一分钱做到了 100 万的用户。后来在做小米手机时，小米同样是通过死磕新媒体的方法，利用微博、论坛一步步地向专业的手机发烧友渗透，再利用口碑效应不断扩散，层层迭代，开辟了一条以互联网方式做品牌的新路径。小米相信的是好产品会说话，而且用户会因为用到了好的产品而相互推荐小米。而事实证明，正是因为有了大量的粉丝参与，才使得小米能够第一手地了解到顾客的需求，并且通过粉丝参与，提高了顾客对小米的认同感和归属感，口口相传，将口碑营销的作用发挥得淋漓尽致。小米的内部有这样一句话，“因为米粉，所以小米”。是无数的米粉，创造了一个业界神话。（图 5-1）

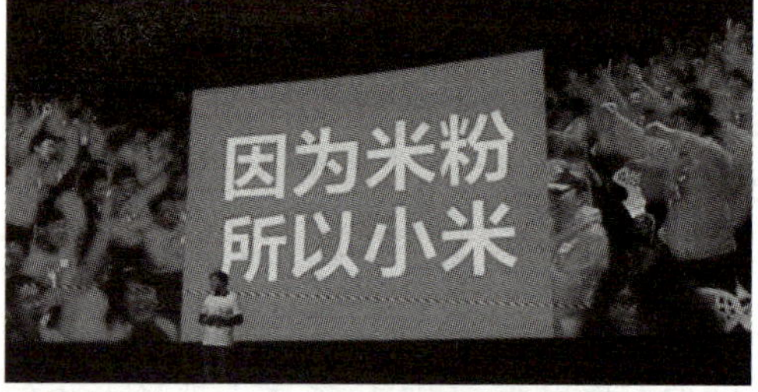


图 5-1　小米手机发布会现场

## 三、口碑的传播

早在 1955 年，Katona 和 Mueller 就研究发现，有超过一半的美国消费者在大多数耐用消费品的购买中曾经征求过他们朋友和亲属的意见，超过 1/3 的消费者在其他某个家庭中曾经看到或交流过有关这种品牌或类型的耐用消费品，而在新产品或服务的初次使用和购买中，口碑影响更为明显。于是，Dye(2000)声称："三分之二以上的美国经济是全部或部分由口碑驱动的"。而来自欧洲的调查显示，7000 个来自欧洲各国的消费者中有 60%承认他们曾在家人和朋友的影响下尝试购买新的品牌。在我国，据零点调查公司对北京、上海、广州等十个城市 4851 位 18～60 岁的普通居民进行的口碑传播专项调查显示，有 39.5%的受访者会在日常生活中经常和别人交流关于"购买及使用商品的经验"，经常交流"购买及使用商品的经验"的消费者还会相互"介绍购物场所(48.7%)""介绍购买和选择商品的经验(37.6%)""推荐品牌(37.4%)""交流价格信息(34.8%)""推荐打折促销活动(31.8%)""介绍产品性能(29.6%)""推荐具体的产品(18.0%)"。此外，根据国内旅游抽样调查资料，有 27.1%的国内旅游者从亲友介绍中获取旅游信息；有 27.2%的人从单位组织的旅游活动中获取信息。而在商品购买决策和购买过程中担当重要角色的女性、35 岁以下的年轻人中经验交流比例更高。可见，口碑作为现存的最重要的营销传播方式(Buyas，1985)，在现代营销组合中发挥着越来越重要的作用，星巴克、Google 等国际知名企业以及我国的一些汽车、房地产企业都把口碑传播作为最重要的营销方式而倍加重视，甚至有学者指出"口碑传播是 2007 年不可忽视的市场策略"。

### （一）口碑传播的内涵

口碑传播是指一个具有感知信息的非商业传播者和接收者关于一个产品、品牌、组织和服务的非正式的人际传播。Arndt(1967)认为，口碑传播是传播者和接收者之间口头的、人与人之间的交流，并且接收者认为传播者关于某个品牌、产品或服务的口碑是非商业性的。这个概念阐明了口碑传播的内在本质和基本特征，但却限制了口碑的传播方式。因此，在 1986 年，Anderson 提出口碑传播为个体之间关于产品和服务看法的非正式传播，包括正面的观点和负面的观点，但不同于向公司提出正式的抱怨或赞赏。大多数研究文献认为，口碑传播是市场中最强大的控制力之一。心理学家指出，家庭与朋友的影响、消费者直接的使用经验、大众媒介和企业的市场营销活动共同构成影响消费者态度的四大因素。由于在影响消费者态度和行为中所起的重要作用，口碑被誉为"零号媒介"。口碑被现代营销人士视为世界上最廉价的信息传播工具和高可信度的宣传媒介。

### （二）口碑的传播形式

在传统的营销环境下，口碑传播的常见形式是演讲、口头传播（包括面对面交谈、电话交谈），书面传播（书信、媒体上发表的文章）、大小字报传播、电子邮件传播、聊天工具传播、个人网站、论坛发帖。这些传播方式的特性见表 5-1。

**表 5-1　　传统口碑传播形式**

| 传播形式 | 难易程度 | 受众规模 | 口碑效果 |
|---|---|---|---|
| 演讲 | 困难，需要较专业的演讲水平和获得演讲机会 | 较大，通常在数十人到数百人 | 好，现场感强，说服力强。建立在专家形象基础上 |
| 当面交谈 | 容易，受众常为熟人 | 小，通常数人内 | 好，建立在信任的基础上 |
| 电话交谈 | 容易，受众常为熟人 | 小，通常 1 人 | 好，建立在信任的基础上 |
| 书信 | 较难，因为时间成本大 | 小，通常数人内 | 不好，时效性差。也容易被书信中其他内容干扰 |
| 媒体上发表的文章 | 较难，需要较好的写作功底，获得发表的机会 | 大，视乎媒体的发行量和影响力 | 较好，受众由于对媒体文章带有主动选择性，所以口碑效果不一 |
| 大小字报 | 容易，受众为路人。行为有可能触及法律法规，且内容保存不易 | 小 | 由于行为显得极端，受众接受口碑影响的程度相对较小 |
| 电子邮件 | 容易 | 可以很大，甚至不限制规模，但邮件群发行为也正受到监管和控制 | 如果是内部电子邮件，有较好的口碑传播效果，且传播速度快；匿名邮件是口碑效果最差的传播方式 |
| 聊天工具 | 容易 | 小 | 好，时效性最强，传播速度最快 |
| 个人网站 | 困难，需要有个人空间，掌握网站制作知识 | 大，最终影响力取决于这个网站的访问量 | 普通，但由于可以承载信息量大，也可以制造很强的口碑传播效果 |
| 论坛发帖 | 较容易，需要先注册成为论坛会员，并且按照论坛栏目要求内容发帖 | 大，最终影响力取决于该论坛的知名度、访问量和发帖的质量 | 有可能没有效果，也可能造成极大的轰动 |

而到了 Web 2.0 时代，新的口碑传播形式也有了不同的特性（表 5-2）。

表 5-2　　新的口碑传播形式

| 传播形式 | 传播者传播难易 | 受众规模 | 口碑效果 |
|---|---|---|---|
| 口碑类网站 | 容易 | 较大，由于网站设计具有很强的指南性，针对性强 | 好，经验分享的设计让口碑传播说服力强 |
| 博客 | 较容易，需要掌握一定的博客发布的知识 | 大 | 好，最终效果取决于内容是否激发访问者的共鸣和互动参与 |
| 播客 | 不易，制作加工视频信息都需要一定的专业知识 | 较大，由于对播放平台有一定要求，因此传播面弱于博客 | 好 |
| 群组观点/group | 极容易 | 受群组规模限制 | 很好 |

### （三）口碑传播的特性

1. 说服力

因为相对于更正式或有组织的信息来源比如广告而言，消费者在购买决策中经常更多地依靠非正式的或人际传播的信息来源。这些人群可能是自己的亲朋好友，可能是有着共同兴趣爱好的“同道中人”，因此从他们那里接收到的信息会对自己的决定有相当大的影响力。有关传播对消费者态度和行为影响的研究发现，口碑传播的影响力比媒介广告的影响力高七倍，比人员推销的影响力高四倍。消费者转换品牌更多是受口碑传播的影响，而非广告的影响，前者的影响力是后者的两倍。在促使消费者态度由否定、中立到肯定的转变过程中，口碑传播所起的作用则是广告的九倍。

2. 双向性

口碑的传播者本身也是信息的接收者，口碑的接收者在接收到信息之后也会再次向其他人继续传播，双方相互影响，口碑的传播在顾客之间形成了一个双向的互动过程。伴随着不断的互动传播过程，口碑传播的范围也就越来越广，所带来的知名度和影响力也就越来越大。

3. 可信性

相对于企业自己的广告或者推销员的推销带有明显的偏向性来说，由于口碑的传播者其本身也是产品的消费者，与企业没有任何本质上的联系，传播者在传播的过程中不会带有利益性，接收者相信口碑的传播者不会因为推荐产品而获得企业额外的实际利益，所以使得口碑的可信度提高。

4. 感染力更强

相信在现实生活中人们都会有这样的经历，走在大街上时，总会时不时地有人突然递上来一张张宣传彩页。不接，是对那些发传单者劳动的不尊重；接收，自己对宣传页上的内容丝毫没有兴趣而且往往还没地方处理，产生对这种宣传方式的一丝反感。而口碑传播由于常常发生在相近的群体之间，信息的传播者和接收者之间往往相互了解，知道彼此的兴趣喜好，即使彼此不熟识，也会对同一个话题或者事物感兴趣，有相同的兴趣点。此时口碑传播者所传播的信息的感染力就会大大增强，能够很容易地引起相近群体的关注而不会对产品或宣传产生怀疑甚至是厌烦。这也很大程度上提升了消费者对品牌的好感度。

5. 有利于企业培养忠诚客户

一个企业或产品拥有了好的口碑，会使得消费者对企业和产品情感上的认同度加深，好感加深，更加能够接受其品牌和产品，从而由对品牌的满意上升到对品牌的忠诚。20 世纪 90 年代，美国哈佛大学的两位教授根据服务性企业的数据，研究了企业的市场份额与利润的关系。在研究中，两位教授发现：顾客的忠诚度对企业的利润是一个不可忽视的重要因素。开发一个新客户的成本一般比维系一个老顾客的成本高出 5～10 倍；而维系一位老顾客给企业带来的价值比开发一个新顾客带来的价值却大得多。意大利经济学家和社会学家帕累托(Pareto)的 20/80 营销法则也表明，企业经营利润的最大来源是占企业顾客群体中 20%的忠诚顾客的重复购买。

顾客忠诚已成为影响企业长期利润高低的决定性因素，它能够降低营销成本，巩固现有市场，因此口碑传播对企业培养自己的忠诚客户有着良好的促进作用。

## 第二节　新媒体环境下的口碑营销

### 一、新媒体对口碑营销的影响

（一）传播手段的改变

传统的口碑营销手段主要是通过电视、广播、电影、报纸、杂志等媒介，企业通过传统的大众媒体将产品的信息传递给消费者，形成的口碑传播的途径也是主要集中在传统媒介以及电子邮件和网络论坛等方式上。而新媒体的出现，使得传统的口碑营销的传播手段发生了相应的改变。我们常常会听到这样一个时髦的新词:Web 2.0,到底 Web 2.0 是什么呢? Web 2.0 是相对于 Web 1.0 的新的时代,指的是一个利用 Web 的平台,由用户主导而生成的内容互联网产品模式,为了区别传统由网站雇员主导生成的内容而定义为第二代互联网,即 Web 2.0。Web 2.0 注重的是用户分享、开放和交互性。在 Web 2.0 时代下,口碑营销的主要传播方式转变成了以口碑类网站、博客、播客、微博、微信等方式营销。

1. 口碑类网站营销

如口碑网、口碑家电网、百度口碑等网站,这一类的传播方式有很强的针对性,对相关产品的信息有很强的指导作用,消费者在购物的过程中,所占的主导权比例大大增加,购物不再受过去营销人员的影响和制约,因此深受广大消费者的信赖和喜爱,受众的规模很大,口碑的传播效果较好。其中,口碑网还入选过"中国 Web 2.0 100 佳"和"2005 中国互联网十佳创业项目奖"的称号。也许对于我们来说,像口碑网这一类的网站使用的并不是很多,但如果一说起大众点评网,即使没有用过,也应该听说过。

例如,大众点评网是中国领先的本地生活信息及交易平台,也是全球最早建立的独立第三方消费点评网站,主要为用户提供商户信息、消费点评、在线交易等服务,其核心点就落脚在"点评"二字,也就是一个口碑传播的过程。大众点评网以点评的模式,借助互联网交流平台,充分利用互联网时代信息共享、互助共赢的特性,用最低的成本获取了大量的网民自发上传的餐饮信息资源。然后将每个网友的点评聚合起来,就变成了对消费者极有价值的口碑信息。大众点评网的运营理念就是所有的信息都来源于大众,服务于大众;每个人都可以自由发表对商家的评论,好则誉之,差则贬之;在这里,每个人都可以向大家分享自己的消费心得,同时分享大家集体的智慧。截止到 2014 年第四季度,大众点评月活跃用户数超过 1.9 亿,点评数量超过 6000 万条,收录商户数量超过 1200 万家,覆盖全国 2300 多个城市及美国、日本、法国、澳大利亚、韩国、新加坡、泰国、越南、马来西亚、印度尼西亚、柬埔寨、马尔代夫、毛里求斯等近百个热门旅游国家和地区。截止到 2014 年第四季度,大众点评月综合浏览量(网站及移动设备)超过 120 亿,其中移动客户端的浏览量超过 85%,移动客户端累计独立用户数超过 2 亿。

2. 博客营销

博客的定义在上文有所介绍,博客营销就是利用博客这种网络应用形式开展网络营销的工具。公司、企业或者个人利用博客这种网络交互性平台,发布并更新企业、公司或个人的相关概况及信息,密切关注并及时回复平台上客户对于企业或个人的相关疑问以及咨询,并通过较强的博客平台帮助企业或公司零成本获得搜索引擎的较前排位，以达到宣传目的的营销手段。博客营销的常见形式主要有企业网站博客频道模式、第三方 BSP 公开平台模式、建立在第三方企业博客平台的博客营销模式、个人独立博客网站模式、博客营销外包模式、博客广告模式等六种形式。具体通过在博客网站上做广告来吸引众多关注；通过发表专业文章来和公众沟通并树立权威；通过公关公司来影响主流媒体的报道；通过监测博客网站及时发觉当前的热点话题。相比于其他的营销模式，博客营销具有细分程度高、广告定向准确，互动传播性强、信任程度高、口碑效应好，影响力大、引导网络舆论潮流以及传播成本低等特点。

例如，2008 年，在央视汶川地震的赈灾晚会上，加多宝集团以王老吉的品牌名义借势捐出了一亿元人民币，震撼了全国人民心灵的同时也让全国的亿万观众一下记住了这个名字。王老吉捐款一个亿的“壮举”在接下来的几天里迅速成了各个论坛、博客讨论的焦点话题，在很短的时间内，一篇“封杀王老吉”的热帖也不断被传播。“作为中国民营企业的王老吉，一下就捐款一个亿，真的太狠了。绝对不能再让王老吉的凉茶出现在超市的货架上，见一罐买一罐，坚决买空王老吉的凉茶，今年爸妈不收礼，收礼就收王老吉！支持国货，以后我就喝王老吉，让王老吉的凉茶不够卖！”这个“追杀令”一下子就把网友追捧王老吉的热情推向了高潮。2009 年 3 月，在由国家统计局中国行业企业信息发布中心主办的第十三届全国市场销量领先品牌信息发布会上，加多宝集团生产的罐装王老吉获得“2008 年度全国罐装饮料市场销量第一名”。2008 年罐装王老吉继续保持着 60%以上的增长速度。中国行业企业信息发布中心副主任王海峰称：“以王老吉为代表的民族饮料企业的异军突起，已经开始改变中国饮料行业的竞争格局。中国饮料行业将会出现更多的像王老吉这样的本土行业巨头，与外资饮料巨头抗衡。”王老吉的这次博客营销无疑是获得了巨大的成功的，它的成功之处在于抓住了最好的时机，借用了 CCTV、汶川地震晚会等多个绝佳的平台制造了轰动性的效果，顺势通过博客、论坛等新媒体传播媒介成功策划出一个经典的营销案例，体现出加多宝的营销团队利用新媒体进行口碑营销的高超能力。

3. 播客营销

播客营销则与博客营销不尽相同。博客是指自己的思想以图片或者文字的方式在互联网上传播，而播客则主要是以音频或者视频的方式来传播信息。由于播客具有平民性、草根性、社群性、多变性等特点，播客即将成为下一个“杀手级”媒体营销应用策略。

经常收看 CCTV6 电影频道的人应该知道有一档节目叫《光影星播客》，而 vivo 则与电影频道合作制作了这档节目的花絮节目《闪爆星播客》，以轻松、欢乐和时尚的风格全程记录了明星参与《光影星播客》录制过程中所发生的点点滴滴。通过播客，用一种轻松幽默的方式宣扬了 vivo 一直主张的“乐享极致”的理念，从而达到宣传 vivo 这个品牌的目的。

4. 微博营销

微博营销，顾名思义，就是以微博作为营销平台，每一个听众(粉丝)都是潜在营销对象，企业利用更新自己的微博向网友传播企业信息、产品信息，树立良好的企业形象和产品形象。每天更新内容就可以跟大家交流互动，或者发布大家感兴趣的话题，这样来达到营销的目的，这样的方式就是新兴推出的微博营销。该营销方式注重价值的传递、内容的互动、系统的布局、准确的定位，微博的火热发展也使得其营销效果尤为显著。微博营销涉及的范围包括认证、有效粉丝、话题、名博、开放平台、整体运营等。微博营销是以传播学理论为基础，营销学经典理论与案例为指导，集成以往网络媒介营销手段的一种营销途径。微博营销依然表现出个性的特征：

① 注册简单，操作便捷，运营成本较低，方便实现“自营销”；

② 微博营销的“品牌拟人化”特征更易受到用户的关注；

③ 多账号组成的微博矩阵，在保持整体协作的企业文化同时，便于针对不同的产品受众进行精准营销；

④ 微博造星，可以借助知名微博主的影响力进行营销。

姜文导演在电影《让子弹飞》后四年磨一剑的新片《一步之遥》打开了 2015 年电影贺岁档的大门，让无数观众怀着一颗对“姜文”期待的心走进了电影院。然而结果却是一小部分人喜欢的不行，大部分人却认为电影不怎么样或者是没看懂，甚至有人直接骂其为烂片，这其中就包括拥有 900 多万粉丝的微博红人，有着“国民老公”之称的王思聪。据传，万达此次为姜文的《一步之遥》花了 10 亿元做保底发行。然而电影才刚刚上映没几天，王思聪就首先站了出来向电影开炮，在微博上写道：“没看过《一步之遥》的童鞋们，恭喜你们……躲过了这一劫。”这条评论很快得到了十多万条的转发、评论和点赞，并且一下点燃了和电影的发行方及主创人员之间的战火。双方你来我往，吵得不可开交，制造了热烈的讨论话题，而无数围观的网友们则看得不亦乐乎。看过电影的网友纷纷站队，加入骂战；而更多的没有看多电影的网友们看到有名人以及无数粉丝都在围绕着这部电影而争论不休，且不论电影的口碑是好是坏，也都想赶紧买票走进电影院，看看他们的“土豪朋友”口中的电影到底“烂”到了什么程度。在不经意之间，为电影的宣传制作了大量的口碑效应，从这一点来说，这场微博事件也为电影的票房贡献了一分力量。

5. 微信营销

说起新媒体营销，最为我们所熟知的恐怕就是微信营销了，这也是我们使用最多的新媒介，微信如今已经成为一种生活的方式。

微信营销则是伴随着微信的火热而兴起的一种网络营销方式。微信不存在距离的限制，用户注册微信后，可与周围同样注册的“朋友”形成一种联系，订阅自己所需的信息，商家通过提供用户需要的信息推广自己的产品，从而实现点对点的精准营销。马化腾说过：“让自己的产品进入消费者的手机，就是未来最好的营销！”而微信多达7亿的庞大用户群就为企业和商家提供了一个无比广阔的新市场，只要拥有移动终端，就能将自己需要发布的信息准确地推送到每一个个体，从而实现精准化营销。比起其他的营销方式，微信营销拥有更强的及时性和互动性的特点，传播准确，形式多样，用户使用群庞大，能够产生更大的影响力。

以上文提到过的小米为例，小米公司有一个“9：100万”的粉丝管理模式。小米手机的微信账号后台客服人员有9名，这9名员工工作量最大时每天要回复100万粉丝的留言。虽然小米自己开发的微信后台可以自动抓取关键词回复，但小米微信的客服人员还是会进行一对一的回复。通过这样的方式大大地提升了用户的品牌忠诚度，同时也缩减了小米的营销、CRM成本。过去小米做活动通常会群发短信，100万条短信发出去，就是4万块钱的成本。而通过微信营销的方式，现在的成本已经是少之又少。

（二）企业营销理念的转变

在传统的营销模式下，企业主要是采用“以产品为导向”的营销模式。企业以自己已有的产品为中心，简单地通过大众媒体对其进行包装宣传产品的价值，从而将产品推向消费者和市场。在过去的环境下，这种方式或许可行。然而在新媒体的环境下，再单纯地用过去的思维进行产品、企业的宣传已经无法适应现如今的时代要求。新媒体时代，凡事围绕的是顾客，是以消费者为中心，企业需要的是顾客口中的“满意”二字，也就是现在所说的口碑。在新的时代背景下，企业要紧紧地跟住时代发展的潮流，时时刻刻地关注消费者的需求是什么，改变自己的营销理念和手段，提高顾客的满意度，建立企业和产品的良好口碑，这样才能使企业不断发展，不被顾客所抛弃。

中华民族是一个以酒文化而著称的民族，酒文化随着中华民族发展前行的脚步而沉淀了上千年，据统计，目前中国的白酒企业有上万家，近400万千升的年产量，有数以十万计的白酒品牌，有3亿之众的白酒消费人群，有1000多亿元的年销售额。然而由于市场竞争加剧、现代人安全养身意识加强等众多因素，使得大多数酒企营业额均有不同程度地下降，整个市场呈现出一种疲软的态势。

然而就在这样的背景下，厚工坊却能敏锐地洞察出白酒行业的发展趋势，改变白酒品牌传统的营销套路，在 2014 年巴西世界杯期间紧贴世界杯的热门话题，以巴西世界杯热门球队及球星为设计元素和营销主题，打造首款“世界杯型男”系列白酒。2014 年 5 月 19 日，“世界杯型男”通过国内最大的白酒互联网销售平台全球限量首发，短短半天内，16 万瓶全部售罄，创造了白酒行业互联网热销奇迹。厚工坊开发的世界杯系列白酒，既具有传统酱香酒高品质行业标准和实力强大的品牌效应，同时掌握了现代消费者的特点和心理，兼顾产品的个性化打造、系统性的网络化推广策略、饥饿营销的销售理念。厚工坊选择网络销售平台首发，以电子商务直销的模式取代传统的营销模式；配合微博、微信、论坛等新媒体和自媒体传播和口碑营销等方式取代传统传播推广模式；以更年轻化、时尚化的独特的用户群定位和维护用户群的方式创造了白酒的“粉丝经济”模式，打破了互联网思维与传统销售模式对立局限，在白酒行业传统淡季的世界杯期间，创下了半天热销 16 万瓶的销售纪录，成为真正意义上的“互联网白酒”。在当今白酒行业几家独大的现状下，厚工坊却能推陈出新，转变自己的营销思路，紧紧地围绕新媒体，通过网络的带动和传播另辟蹊径，从而大获成功。

### （三）口碑的传播者和接收者角色的改变

在传统的口碑传播模式中，信息从传播者流向接收者这一过程是单向的，接收者只能被动地接受所获得的信息。而在新媒体环境下，传播者和接收者都具有双重身份。信息的传播者也是信息的接收者，信息的接收者在收到信息之后也会变成传播者向下一层传播信息。角色的改变使得信息的传播有了双向性和交互性，信息两端的人们有了更多更好的互动，同时他们可以接收并选择的信息也越来越多，选择性的加强也会使得口碑往更好的方向传播。在传统的口碑传播过程中，接受方只是被动地接受口碑信息；而在网上口碑的传播过程中，接受方可以通过互联网主动搜寻自己所需要的口碑信息，并据以做出消费决策。网上口碑传播的互动性特点允许消费者主动、实时地参与到营销活动之中，这种参与可以是有意识的询问，也可以是随机的、无意识的点击。

## 二、新媒体环境下口碑营销的特点

由于现在所说的口碑营销与传统的口碑营销所搭载的平台有所变化，所以，在新媒体环境下的口碑营销也有了自己的新特点：

### （一）传播快

海量信息，超快传播。这是借助新媒体进行口碑营销最显著的特点。由于新媒体的特性，使得信息的传播速度快、信息量大，对口碑的传播极其有利。

（二）针对性强

新媒体的主要使用者和参与者是中青年，这部分人群是社会的中坚力量，与其他人群相比他们的购买力也最强。同时，他们也是信息交流和传递最多的人群。可以说，利用新媒体来进行口碑营销正对他们的胃口。因此，这部分人群也最容易成为口碑传播者。

（三）可信度高

新媒体环境下进行的口碑营销的效果是可以用数据来直观表现的。以微博为例，微博中的信息的转发量是实实在在的可以看见的数据，而这还不包括那些虽然没有转发但是已经有看到或参与到其中的网络用户。信息一层层的转发，也就形成了一个"病毒式"的扩散过程。最重要的是，信息在传播的过程中要表达的内容很明确，人们可以很容易接受。与传统媒体的电视收视率、报刊发行量等笼统、受众宽泛的数据相比，数据也就更加真实和具有价值。

（四）成本更低

网络营销需要的成本非常低，它所依托的就是信息在网络间传播的过程中所形成的口碑效应，成本非常低廉，甚至如小米，不花一分钱也能做到上百万的拥护者。而借助传统媒介进行的口碑营销所要花费的成本自然要高出许多。

（五）不受限

信息有形化，无时空限制。在网络间传播的文字、图片、视频短片等信息易于被保存，更加便于人们随时随地进行查阅和反复领会，打破了传统模式下时空的局限性。

（六）匿名性和无门槛性

因为信息的传递全部都在网络间进行，网络本身的特点使得口碑的传播也具有了匿名性和无门槛的特点。传播双方都不用表明出自己的真实身份，避免了不必要的麻烦。网络的高度匿名性打破了传统的社会身份对于沟通传播的限制，这使得本来在现实环境中无法进行的沟通在互联网上轻易得以实现。

（七）交互性

互动性、消费者自主性强。过去媒体的营销工作，是依靠集中的广告宣传攻势，通过"填鸭式"的媒体轰炸使消费者在最短的时间内建立起对企业的信任，这一过程是单方面的，企业不了解受众在想些什么，也无法即时了解媒体宣传的效果，受众也完全被动地接受了企业的宣传。信息时代，沟通是双向的，互联网的网站、论坛、微博、微信成为新的营销方式，企业通过与目标受众的时时沟通，第一时间掌握目标受众的心理，了解自己企业宣传的效果，可以及时根据目标受众的反馈调整自己的媒体营销策略。而这一媒体宣传过程，受众从被动的接受者变为主动的参与者，消费者的自主性增强，积极性显著提高，自然而然地成为企业媒体宣传的一部分，不仅节省了媒体宣传的成本，而且能够起到事半功倍的效果。

（八）传播效率极高

网上口碑的传播主要以文字交流为主，同时包括图片、多媒体信息、搜索引擎信息等。这些口碑信息出现在互联网上时，本身已经是数字化的了，通过TCP、IP、E-mail 等方式可以直接作为信号来传输，不需要编码和译码的过程，减少了信息传递的中间环节。这样一来网上口碑信息的传递变得更为直接，口碑信息的接受者和发送者之间甚至可以进行直接的交流。而且，借助互联网络，人与人之间的交流已经突破了空间的限制，身在异地同样可以进行面对面的沟通，这使得网上口碑的传递效率大为提高。

## 三、新媒体环境下的口碑营销策略

（一）政府在新媒体环境下需要采取的应对措施

无论采取什么样的营销方式，我们都应该知道一点，那就是必须要在法律许可的范围下。对于政府部门来说，由于新媒体的匿名性和无门槛等特性的存在，所以在新的媒体环境下国家的相关部门更要健全法律法规、加强道德法律约束、制定相关的新标准、做好思想教育、净化网络空间，从制度上要给予企业和个人一个明确的行事准则。从 2000 年起，国家就颁布了维护互联网安全的相关法律文件。在 2013 年，针对新媒体环境下出现的网络虚假信息传播肆虐的情况，国家司法机关表示：“同一诽谤信息实际被点击、浏览次数达到五千次以上，或者被转发次数达到五百次以上的”，应当认定为诽谤行为情节严重，可以入罪。中国政法大学教授洪道德表示，司法解释界定了网络上谣言与正当言论的界限，有了具体的违法犯罪标准，对正常的言论实际上是一种保障。对于“转发 500，点击 5000”这一界定标准，洪道德认为转发的转发也应计入 500 次之内，如此才能让谣言制造者对谣言不可控，达到遏制谣言产生的目的。

相信对于每一个网民来说，在网上看到那些谣言或者虚假消息是习以为常的事情，有的看着新奇还会顺手转发一下。国家出台法律明令禁止这种行为，就是要从传播路径上扼制住虚假、不良信息的传播，保证每一个网民都能享用到一个干净、可信的网络空间。对于口碑传播来说，所传播的信息就一定要真实，否则必定会受到法律的惩治。

例如，2015 年春节期间，微信朋友圈在一夜之间被一个“Duang”字刷屏，成为网络上最热门的词语。不知道怎么回事的人通过各种方式来了解“Duang”的含义，众多网友以及公众号都开始引用“Duang”来跟风。其实这是一部由成龙代言的、曾被工商部门打假的广告被网友们挖出来进行的新一轮恶搞。成龙在2004年代言霸王洗发水时有一句广告词是“拍这洗头水广告的时候，其实我是拒绝的。”虽然开始“拒绝”，但成龙还是用自己的明星身份为这个真实性受到质疑的广告代言了。对于这个虚假广告事件，我们不予深究，只是希望名人在今后的广告代言中一定要认真了解代言产品的真实性，珍惜自己的名人效应，从而为广大的消费者提供一个积极的、正面的口碑传播向导。

（二）企业在新媒体环境下采取的营销策略

1. 转变营销传播理念

对于企业来说，首要的任务就是先要转变自己的营销传播理念。在传统的传播方式下、企业更多的是依靠媒体广告和企业人员推销的方式来实施营销。然而现如今的市场竞争加剧，既需要企业投入更多的资金和资源来维持，同时传统营销模式所带来的效果也不如过去那样的明显。在这样的一种环境背景下，就要求企业打破自己过去的传统营销模式，摆脱对传统思维的依赖性，尽快地适应新的竞争环境，采用新兴的营销传播方式。只有从思想上彻底转变过来，才能从上而下、一以贯之地执行下去。但同时要明确一点，改变营销理念并不是一味地否定传统的营销模式，传统的营销方式依然在企业的营销中起着无可替代的作用。改变是要去其糟粕、取其精华，将传统的营销理念与新媒体营销相结合，相辅相成，形成更好的竞争力。

2. 提升品牌形象

改善产品质量，提升品牌形象。说一千道一万，无论采用何种营销模式，只有产品好才是真正的硬道理。所以对于企业来说，最重要的还是要提升自己产品的功能和质量，提供最好的产品和最好的服务，这样才能提升自己的品牌形象，形成客户对品牌的好感，自然而然地吸引大量的消费者。

3. 增强与消费者的互动

加强与消费者的互动，发挥消费者的主动性。传统的营销策略是企业为了向消费者传播产品信息而采取的强势营销，通过媒体轰炸让消费者接受大量信息，然而往往采用这样的方式所取得的效果并不是很理想。在新媒体的环境下，企业应该密切关注消费者的真实需求，加强和消费者的互动交流，尊重消费者的意愿和个性，调动消费者的积极性和主观能动性，让消费者能够感受到自己被尊重以及自己所发挥的作用，拉近了双方的距离。这样就能保持消费者高度的认同感，能够及时地了解到客户的反应，从而迅速地调整自己的策略，获得更好的营销效果。

例如，中粮集团在2009年5月为了力推其新品牌“悦活”，向消费者传递其打造全产业链的理念，与“开心网”的应用“开心农场”联手推出“悦活种植大赛”。在活动开始两天后，参与此次种植大赛的人数就达到了3676464人。在短短的一周内就吸引了284202位“悦活粉丝”，取得了良好的传播效果。

4. 开发意见领袖

意见领袖是指在人际传播网络中经常为他人提供信息，同时对他人施加影响的“活跃分子”，他们在大众传播效果的形成过程中起着重要的中介或过滤的作用，由他们将信息扩散给受众，形成信息传递的两级传播。由于网络上的意见领袖本身就是网民，在和网民交流的过程中，意见领袖所提供的意见也就更加容易被网民接受，会对网民形成较大的影响力。比起企业营销人员的自说自话来说，意见领袖具有其独特的优势。所以企业应该尽其所能开发各方面的意见领袖，通过意见领袖来创造好的口碑传播。

说到意见领袖，就不能不提到拥有1723万微博粉丝的SOHO中国董事长潘石屹。作为最早上微博的房地产开发商，他在微博上创造了很多“第一”。他是第一批开通微博的开发商，他的企业第一批开通官微，他是最早做“微访谈”的，也是第一个在微博上进行房子拍卖的。当他不仅是企业首席营销人员，更成为意见领袖的时候，省下营销费用不说，也因为企业公众形象的人格化而达成互联网营销中最高境界口碑营销。

5. 开展口碑营销活动

企业要紧密地关注口碑的传播，积极引导口碑向好的方向传播，开展网络口碑营销活动。向消费者传播真实、清楚、具体的信息是打造良好品牌形象、成功实施有效口碑营销的保证。由于网上口碑信息的传播速度极快，传播的随意性很强，信息被扭曲的可能性很大，所以企业通过互联网进行口碑营销活动时必须从一开始就向消费者传播真实、清楚、具体的信息，避免抽象。实践证明，清晰、具体的品牌形象更容易成为消费者谈论的对象，而模糊的品牌形象则容易使消费者产生误解，不利于品牌的口碑传播。因此，企业向消费者提供的营销信息要做到清晰、具体，避免抽象和模糊。此外，将品牌形象与典型故事或典型事件相联系也是通过口碑树立品牌形象的一条捷径。

例如，蒙牛集团成功地将其品牌形象与“神六发射”和“超级女声”等事件联系起来，成为网上讨论的热点，大大提升了蒙牛品牌的知名度。

### （三）消费者个人在新媒体环境下的转变

消费者是新媒体环境下口碑营销的关键，由于新媒体时代的到来，消费者的购买方式和习惯都发生了巨大的改变。首先，从使用新媒体的消费者人数上来看，近年来中国互联网的普及率提高、网民规模的增长进入了平台期。截至2017年12月，我国网民规模达7.72亿，普及率达到55.8%，超过全球平均水平(51.7%)4.1个百分点，超过亚洲平均水平(46.7%)9.1个百分点。我国网民规模继续保持平稳增长，互联网模式不断创新、线上线下服务融合加速以及公共服务线上化步伐加快，成为网民规模增长推动力。

手机网民规模达7.53亿，网民中使用手机上网人群的占比由2016年的95.1%提升至97.5%；与此同时，使用电视上网的网民比例也提高3.2个百分点，达28.2%；台式电脑、笔记本电脑、平板电脑的使用率均出现下降，手机不断挤占其他个人上网设备的使用。以手机为中心的智能设备，成为"万物互联"的基础，车联网、智能家电促进"住行"体验升级，构筑个性化、智能化应用场景。

移动互联网服务场景不断丰富、移动终端规模加速提升、移动数据量持续扩大，为移动互联网产业创造更多价值挖掘空间。网络娱乐类应用用户规模均保持了高速增长，强烈的市场需求、政策的鼓励引导、企业的资源支持共同推动网络文化娱乐产业进入全面繁荣期。网络娱乐应用中网络直播用户规模年增长率最高，达到22.6%，其中游戏直播用户规模增速达53.1%，真人秀直播用户规模增速达51.9%。与此同时，网络文化娱乐内容进一步规范，以网络游戏和网络视频为代表的网络娱乐行业营收进一步提升。

其次，从消费者的行为特点上来看，在购买前上网查询相关的网络口碑已经成了消费者的习惯之一。根据CIC的调查显示，约有81.2%的BBS、博客用户在实际购买产品前会上网查询网络口碑；约有71.5%的消费者关注网络口碑的动因是为了降低购买决策风险，而对于一些社会化媒体重度使用人群来说，关注特定的网络口碑并不意味着一定要产生购买行为，其动机在于表达自己对产品和品牌的热情和结交志同道合的朋友；在产生购买行为之后，约有47.5%的消费者仍然会持续关注相关网络口碑，这个阶段的消费者更加乐于分享自己的使用心得以及表达新的衍生需求。

再次，从网络口碑对消费者态度的影响上来看，网络口碑对受众态度的影响是比较复杂的，主要表现在以下几个方面。一是与网络广告相比，从新媒体上获取的关于产品和品牌的网络口碑对消费者态度的影响更大。二是对于线下使用经验较少的消费者来说，网络口碑的影响力比较大，反之，则很难改变其基于线下使用经验的对于产品或品牌的态度。三是网络口碑的传播者与接收者之间关系强度越大，则网络口碑对消费者的影响力越大。四是网络"水军"的存在大大影响了消费者的判断能力,使得虚假的网络口碑对消费者仍然存在一定的影响力。

由此可以看出,随着新媒体的广泛普及,消费者在互联网上的沟通和交流方式发生明显变化,使用新媒体的消费者对网络口碑的接受度也比较高,也更乐于在互联网上分享自己的使用感受。

# 第六章 移动(新媒体)营销

在这一章,我们会讨论以下问题:
1. 移动(新媒体)营销的发展和概念
2. 新媒体环境下移动营销的方式
3. 新媒体环境下不同营销方式的优势和劣势
4. 公司如何利用这些营销方式的潜力

## 案例导入

### Macy's 通过天猫在纽约做了一场直播,为国内粉丝提供"边看边买"

品牌携手天猫发起线上互动已不是什么新鲜事,但借助有特色的时事热点邀请天猫超级会员共赴海外,并同关键意见领袖(KOL)一起参与品牌天猫直播的尚不多见。

2017 年 7 月,美国百年百货零售品牌 Macy's 梅西百货便联合阿里巴巴集团旗下天猫国际和 APASS 会员,带领了 4 位天猫高端 APASS 会员玩转纽约。除此之外,他们还在位于纽约的 Macy's 旗舰店内上演了"要闪耀要 Macy's"时尚穿搭购物秀在天猫直播,为国内粉丝提供"边看边买"的"海外直购"体验。

这场活动打破了单一电商节假日促销模式,整合了多维度多媒体资源并结合线下纽约之旅,从多渠道触达消费者。前期预热阶段,Macy's 通过 3 条意见领袖拍摄的态度短视频在社交网络上积累话题声量。纽约活动期间,4 位阿里会员与 3 位时尚博主被随机分为三组,在 Macy's 中国提供的服装及家居用品中,根据所抽到的关键词精心搭配出最符合关键词的服饰,向观众们传递他们心中的美式风尚。直播最后,Macy's 资深副总裁——品牌互动 Jim Reath 先生还为 4 位阿里会员特别颁发了"Macy's2017 闪耀之星奖",鼓励他们将美式风尚传递给更多热衷时尚的消费者。Macy's 中国也将其执着于呈现优质商品和服务的形象充分传递给阿里受邀会员,而此次与天猫国际合作的直播活动,也让在线观看的中国观众仿佛亲临现场,与阿里会员一起解读美式时尚流行趋势,感受 Macy's 旗下不同品牌的风尚魅力。

以 Macy's 每年赞助的美国独立日烟花秀和店内天猫直播为亮点不断在社交平台吸引粉丝互动，这些手段不仅让天猫直播当日 Macy's 天猫国际海外旗舰店销量达到近期峰值；直播前后 3 条 KOL 美式生活态度短视频、纽约行 KOL 拍摄的时尚大片等的持续传播，也让活动期间的品牌微信指数比平日高出 10 倍。

移动营销(mobile marketing)指面向移动终端(手机或平板电脑)用户，在移动终端上直接向受众目标定向和精确地传递个性化即时信息，通过与消费者的信息互动达到市场营销目标的行为。

# 第一节　移动营销概述

## 一、移动营销的发展历程

移动营销已经是一种重要的营销渠道，在未来的 10 年里会很快地成为商家连接客户的首要途径。这是因为人们已经逐渐对数字通信方式熟悉并依赖，这其中也包括手机、平板等移动设备。截至 2012 年上半年，全球手机用户达到 75 亿，与全球人口总数持平，并远远超过固定电话用户，其中智能手机用户 19 亿，手机已经成为最重要的通信工具，而中国手机用户数量已超 13 亿。

而每个月 3500 亿条短信横跨全世界，15%与商业和市场营销息息相关，更使得短信成为移动营销的主角。

移动广告的发展可追溯至第一台便携式手机的诞生，并随着移动终端的迭代、广告技术的革新，移动广告也经历了三个发展阶段。(图 6-1)

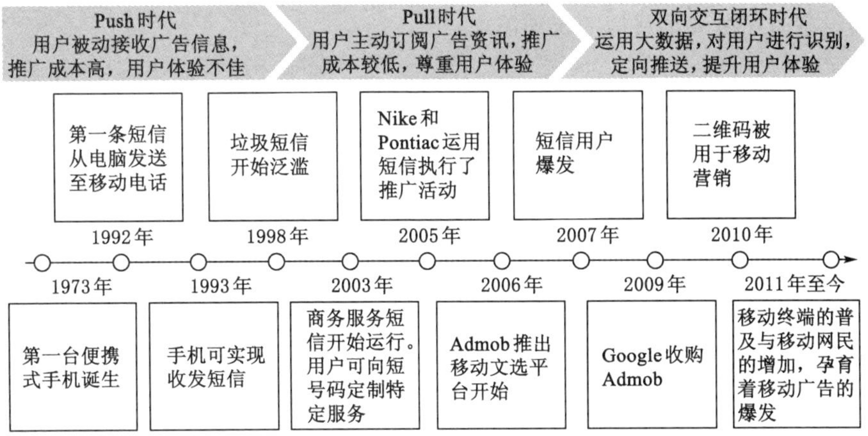


图 6-1　移动广告的板展阶段

(1) Push 时代(1992～2002 年),用户被动接收广告信息,推广成本高,用户体验不佳。

(2) Pull 时代(2003 年至今),用户主动订阅广告资讯,推广成本较低,广告形态较尊重用户体验。

(3) 双向交互闭环时代(未来):在用户许可情况下对用户行为数据进行收集,运用大数据技术对用户的基本属性、社会属性、消费属性进行识别,打通线上、线下的"认知→兴趣→搜索→决策→购买→分享"的消费行为闭环,精准找到潜在用户,实现定向推送,提升用户体验。

说到新型的移动营销,想必大家都会想到 APP。智能手机和平板电脑出货量的增长,带来了移动应用快速和多样化的发展。来自国际数据公司(International Data Corporation,IDC)的数据,截至 2015 年 3 月,我国手机、平板的应用(ios 以及 Android 系统)下载量超过美国,这也表明国内 4G 市场正在迎来新的临界点。它代表着 APP 在移动互联网发展过程中举重若轻的位置,也从另一个层面显示着 APP 在移动营销中的闪亮价值。APP 是移动互联网的活跃因子,是移动互联网产业的新鲜血液,更是移动整合营销服务中的核心要素。新型的整合了各种移动互联网先进技术和推广手段的移动营销方案,首先离不开的即是 APP 的牵线搭桥。

随着新媒体技术的发展,手机成为人们生活中重要的信息传递工具,成了人类的"影子媒体"。其传递信息的快捷、便利、准确超越了以往的任何媒体,并实现了精确的分众化传播——到达每个受众点,同时每个受众都可以成为信息的传递者。在新媒体的研究中,受众研究处于中心位置。

移动服务就必须能够满足消费者个人的媒体目标,也就是满足个人在使用移动设备时对所追求目标的认知需求。

## 二、移动营销的概念与分类

移动营销(mobile marketing)指面向移动终端(手机或平板电脑)用户,在移动终端上直接向受众目标精确地传递个性化即时信息,通过与消费者的信息互动达到市场营销目标的行为。移动营销是在强大的云端服务支持下,利用移动终端获取云端营销内容,实现把个性化即时信息精确有效地传递给消费者个人,达到"一对一"的互动营销目的。移动营销是互联网营销的一部分,它融合了现代网络经济中的"网络营销"(online marketing)和"数据库营销"(database marketing)理论,亦为经典市场营销的派生,为各种营销方法中最具潜力的部分。

移动营销包括多种形式,有移动广告营销、短信营销、微博营销、微信营销、企业 APP 营销和 WAP 网站营销等。目前,移动营销正处于快速发展阶段,营销的类型、展现形式、交互形式等都伴随着无线技术与移动设备的发展，正经历着不断地创新与变革。

移动营销的模式，可以用“4I 模型”来概括，即：Individual Identification（分众识别）、Instant Message（即时信息）、Interactive Communication（互动沟通）和 I（我的个性化）。

（1）Individual Identification（分众识别）——移动营销基于手机进行一对一的沟通。由于每一部手机及其使用者的身份都具有唯一对应的关系，并且可以利用技术手段进行识别，所以能与消费者建立确切的互动关系，能够确认消费者是谁、在哪里等问题。

（2）Instant Message（即时信息）——移动营销传递信息的即时性，为企业获得动态反馈和互动跟踪提供了可能。当企业对消费者的消费习惯有所觉察时，可以在消费者最有可能产生购买行为的时间发布产品信息。

（3）Interactive Communication（互动沟通）——移动营销“一对一”的互动特性，可以使企业与消费者形成一种互动、互求、互需的关系。这种互动特性可以甄别关系营销的深度和层次，针对不同需求识别出不同的分众，使企业的营销资源有的放矢。

（4）I（我的个性化）——手机的属性是个性化、私人化、功能复合化和时尚化的，人们对于个性化的需求比以往任何时候都更加强烈。利用手机进行移动营销也具有强烈的个性化色彩，所传递的信息也具有鲜明的个性化。

## 第二节　移动广告营销

### 一、移动广告的概念与分类

移动广告是指基于无线通信技术，以移动设备为载体的一种广告形式，是移动营销的重要组成部分。

移动广告行业的主体参与者主要为广告主、移动媒体以及服务于两者的中间机构。在广告主端主要涉及移动广告的投放方式（即选择何种媒体进行投放、如何投放）、购买方式（即采用非程序化还是程序化的手段进行广告购买），在媒体端主要涉及移动广告的展现方式（即广告以何种形式展现、在何种设备上展现等）和计费方式，由此可将移动广告从不同的视角分为多种类别。目前，移动广告正处于快速发展阶段，广告的类型、展现形式、交互形式等都伴随着广告技术与移动设备的发展，正经历着不断地创新与变革。

根据不同的分类依据，移动广告可以被分成多种类别。如按广告形式分，移动广告可大致分为展示类与搜索类；按是否有激励，可分为激励广告与无激励广告；按移动媒体，可分为移动网页广告和应用内广告(图 6-2)。

| | 分类依据 | 分类 | | 举例 |
|---|---|---|---|---|
| 展现方式 | 按广告形式分 | 展示类 | 文字链 | |
| | | | 图片广告 | 如横幅、插屏、全屏等 |
| | | | 视频广告 | 如前贴片、后贴片等 |
| | | | 应用发现 | 如应用墙、应用商店等 |
| | | | 社交媒体类 | 如原生广告 |
| | | 搜索类 | | 如在手机百度、淘宝无线客户端搜索之后呈现的广告 |
| | 按是否有激励分 | 激励广告 | | 如积分墙 |
| | | 无激励广告 | | |
| | 按移动媒体属性分 | 移动网页广告 | | |
| | | 应用内广告 | | |
| | 按投放设备分 | 手机、平板 | | |
| | 按计费方式分 | CPM、CPV、CPC、CPI、CPA、CPE、CPS | | |
| | 按购买方式分 | 传统购买 | | |
| | | 程序化购买 | | |
| | 按投放方式分 | 直投 | | |
| | | 代理商 | | |

图 6-2　移动广告类型

## 二、移动广告计费模式

(1) Cost Per Mille(CPM)。按每千次展示计价。CPM 适用于新产品暴露的场景，适合在产品生命周期早期采用，是 CPT(Cost Per Time)和 CPD(Cost Per Day)方式的演化，广告形式如轮播等。

(2) Cost Per View(CPV)。按观看计费。这种计费模式适用于视频广告。广告主仅为完整看完广告视频的用户付费。在移动端，这种方式较有可能受到视频加载错误、缓冲失败的影响。

(3) Cost Per Click(CPC)。按点击计价。易于被广告主接受，适用于测试不同流量来源的点击率情况。与 CPM 的计费方式可相互转化。CPM＝CTR(点击率)×CPC×1000。

(4) Cost Per Install(CPI)按实际安装计价。主要被用于应用推广，是前期获取用户的有效方式。在没有激励的情况下，下载率难以保证。但在激励条件下获得的用户，忠诚度难以评估。

(5) Cost Per Action(CPA)。按行为计价。行为可以是注册、提交表单等，类似的计费方式有 CPE(Cost Per Engagement，即按互动计价，互动可以是转发、加关注等)、CPS(Cost Per Sales，按销售量计费)，这是获得高质量、忠诚用户的较好方式。

### 三、移动广告可呈现展现形态与交互形式的多样化组合

移动广告的不同展现形式与计费模式相互组合形成了多种不同的广告产品与服务。同时由于对移动终端感应器、GPS 定位等技术的应用,移动广告在不同的展现形式下又能具备多种交互形式,如电话直拨、预约登记、优惠券下载、地图导航、重力感应、SNS 分享、应用下载、视频播放、音乐播放、摇一摇/吹一吹/刮一刮、增强现实等。艾瑞分析认为,移动广告的展现形式与交互形式相互组合可形成多种广告产品与体验,这一方面说明不同的展现形态能呈现不同的广告创意,给广告主带来更多丰富的选择,另一方面,移动广告形式的多样化也说明行业仍处于发展阶段,远未达到成熟。相对成熟的横幅广告、积分墙广告面临着形态的创新与变化,新颖的广告形态还未得到广告主的认可与大量使用。移动广告行业的产品形态标准未确立,使得行业市场规模化增长难度增大。

### 四、发展趋势

#### (一)移动广告受众的增加为行业持续发展提供保障

移动网民持续增加,移动网民在移动端花费时间的增多,从根本上保证了移动流量的快速增长,广告需求的增加为移动广告行业的持续发展提供保障。

#### (二)广告主对移动广告的认知提升,广告投放向移动端转移

广告主,特别是有品牌类需求的广告主对移动广告的认知不断提升,广告预算向移动倾斜将促进移动广告领域的进一步繁荣。

#### (三)互联网巨头大幅进入与布局,推升行业发展的速度

2013 年,百度与阿里都对其移动广告产品进行了界定,面向各自的广告主群体,提出了围绕自身核心业务的移动广告解决方案。2014 年将是互联网广告巨头对各自旗下移动广告产品进一步规模化的一年。百度移动搜索营收规模的提升、移动联盟产品的流量价值提升、轻应用和 LBS 产品的商业化路径、阿里的无线淘宝直通车在电商垂直搜索的发展,电商墙等其他产品的吸金能力等都引人遐想。尽管巨头对行业影响的悬念很多,但可以确定的是移动行业更多参与者的进入与发展将推升行业的发展速度。

#### (四)第三方移动广告服务商业务调整与聚焦

2013 年是移动应用广告平台整合、调整、发展的一年。而 2014 年,伴随着第三方移动广告服务商对行业发展的理解日趋深刻,其在业务领域将呈现调整与聚焦。他们将审时度势,对自身业务做出必要的调整,将更多的精力投放在自身的优势产品和服务上,并力争在市场上提供差异化的服务,在各自领域占有一

定的地位和影响力。

（五）移动广告价格将进一步提升

随着移动互联网的发展，广告模式和用户付费模式一直进行着力量的角逐。2014 年，移动端用户付费模式可能被进一步激化和增强。而在头部移动媒体的数量依然有限的情况下，尽管移动网民增多将提升移动端整体流量的增加，但广告模式的弱化，可能使得流量在一定程度上变得稀缺。同时随着广告主的进入，对流量的竞争将变得激烈。移动广告价格的提升在所难免。

（六）广告产品形态的创新与演进

移动广告产品形态仍将继续演进与变化，横幅广告可能受创意限制，逐渐不被广告主采纳，插屏、全屏和视频广告将有较大幅度增长，墙类广告将有一定变化与创新。社交媒体广告的提量与增长等，以及伴随着移动程序化购买的技术推进，将使移动广告行业呈现高效、多样、格局各异、百花齐放的发展势头。

**【企业案例】**

Ocean Spray 饮料推广：摇一摇 GO，开启全民 Shake 狂潮

推广目标：提升 Ocean Spray 无糖果汁饮料的产品认知和品牌知名度。

投放效果：点击率远超平均点击率，用户平均观看广告的时间为 13 秒。

执行亮点：① 智能定向对无糖饮料、健康生活方式和对有机食品有兴趣的用户；② 以富媒体插屏广告的形式展现，并采用“刮一刮”展现产品信息的互动形式；③ 投放以女性用户为主的移动媒体或烹饪频道。

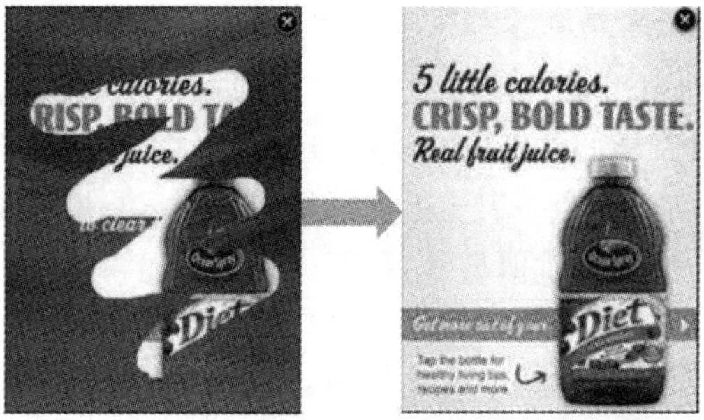


Adidas 新款球鞋推广：奔跑的手指

推广目标：配合 Adidas 在 2013 年推出的具有新型缓冲设计的球鞋，在手机端进行新产品推广，提升菲律宾用户对产品的认知。

投放效果：用户在广告页面停留超过 60 秒，平均点击率 1.27%，日最高点击率达 2.02%。

执行亮点:① 运用 HTML5 技术,用户通过手指在手机屏幕交叠滑动控制球鞋向前奔跑;② 运用定位技术,用户可与附近的人进行比赛,增加互动的趣味性,比赛结果可通过社交网络进行传播;③ 定向投放运动爱好者,投放的移动媒体包括 ios、Android 的移动网页和移动应用。

横幅广告　登录页　互动游戏　互动游戏　结束页

# 第三节　微博营销

## 一、含义

微博营销是指通过微博平台为商家、个人等创造价值而执行的一种营销方式,也是指商家或个人通过微博平台发现并满足用户的各类需求的商业行为方式。微博营销以微博作为营销平台,每一个听众(粉丝)都是潜在的营销对象,企业利用更新自己的微型博客向网友传播企业信息、产品信息,树立良好的企业形象和产品形象。每天更新内容就可以跟大家交流互动,或者发布大家感兴趣的话题,这样来达到营销的目的,这样的方式就是新兴推出的微博营销。

该营销方式注重价值的传递、内容的互动、系统的布局、准确的定位,微博的火热发展也使得其营销效果尤为显著。微博营销涉及的范围包括认证、有效粉丝、朋友、话题、名博、开放平台、整体运营等。

## 二、特点

### (一) 成本

发布门槛低,成本远小于广告,效果却不差。140 个字发布信息,远比博客发布容易,对于同样效果的广告则更加经济。与传统的大众媒体(报纸,流媒体,电视等)相比受众同样广泛,前期一次投入,后期维护成本低廉。

### (二) 传播范围

传播效果好,速度快,覆盖广。微博信息支持各种平台,包括手机、平板等移动媒介和电脑及其他传统媒体。同时传播方式多样性，转发非常方便。利用名人效应能够使事件的传播量呈几何级放大。

（三）效果

针对性强，有效利用后期维护及反馈。微博营销是投资少见效快的一种新型的网络营销模式，其营销方式和模式可以在短期内获得最大的收益。

（四）手段使用上——多样化，人性化

从技术上，微博营销可以同时方便地利用文字、图片、视频等多种展现形式。从人性化角度上，企业品牌的微博本身就可以将自己拟人化，更具亲和力。

（五）开放性

微博几乎是什么话题都可以进行探讨，而且没有什么拘束的，微博就是要最大化地开放给客户。

（六）互动性

在微博上面，美国总统可以和平民点对点交谈，政府可以和民众一起探讨，明星可以和粉丝们互动，微博其实就是在拉近距离，及时获得对方或者客户的反馈。

（七）即时性

微博最显著的特征之一就是其传播迅速。一条微博在触发微博引爆点后短时间内互动性转发就可以抵达微博世界的每一个角落，达到短时间内最多的目击人数。

（八）便捷性

信息发布便捷。一条微博，最多 140 个字，只需要简单的构思，就可以完成一条信息的发布。这点就要比博客要方便得多。毕竟构思一篇好博文，需要花费很多的时间与精力。

## 三、主要形式

（一）借助微博平台的营销活动

通过微博平台投放硬性广告，如网页横幅广告、推荐类广告、热门话题榜、基于搜索引擎的关联类广告等；或相对隐蔽地植入传播，如模板植入、APP 植入、微博链接植入等。这种方式主要是利用微博平台庞大的用户群体和强大的精准掌控能力，实现其良好的营销传播效果。

（二）企业或品牌官方微博传播

开通官方微博，在微博上展示自己的产品、品牌，这是最为简单、基础、直接的营销方式,同时又具营销传播系统性和深入性的操作方法。DCCI 发布的《2012 中国微博蓝皮书》提出,80%以上微博用户对企业官方微博进行了关注,平均每个用户关注 7.96 个。

企业微博定位专一很重要,但是专业更重要。同场竞技,只有专业才可能超越对手,持续吸引关注目光,专业是一个企业微博重要的竞争力指标。微博不是企业的装饰品,如果不能做到专业,只是流于平庸,倒不如不去建设企业微博,因为,作为一个“零距离”接触的交流平台,负面的信息与不良的用户体验很容易迅速传播开,并为企业带来不利的影响。

(三) 第三方个人微博传播

微博圈中不乏拥有庞大粉丝团的草根微博红人、明星、名人或行业专家等,他们在特定领域掌握着强大话语权,时刻在潜意识中影响着数以万计的围观群众,通过他们的一个微博就可能产生巨大的蝴蝶效应。因此,借力微博圈中的意见领袖是企业实现微博营销的主要方式之一。

## 四、技巧

(一) 注重价值的传递

企业博客经营者首先要改变观念——企业微博的“索取”与“给予”之分,企业微博是一个给予平台。截至 2011 年,微博数量已经以亿计算,只有那些能对浏览者创造价值的微博自身才有价值,此时企业微博才可能达到期望的商业目的。企业只有认清了这个因果关系,才可能从企业微博中受益。

(二) 注重微博个性化

微博的特点是“关系”“互动”,因此,虽然是企业微博,但也切忌仅是一个官方发布消息的窗口那种冷冰冰的模式。要给人感觉像一个人,有感情,有思考,有回应,有自己的特点与个性。

一个浏览者觉得你的微博和其他微博差不多,或是别的微博可以替代你,都是不成功的。这和品牌与商品的定位一样,必须塑造个性。这样的微博具有很高的黏性,可以持续积累粉丝与专注,因为此时的你有了不可替代性与独特的魅力。

(三) 注重发布的连续性

微博就像一本随时更新的电子杂志,要注重定时、定量、定向发布内容,让大家养成观看习惯。当其登录微博后,能够想着看看你的微博有什么新动态,这无疑是成功的最高境界,虽很难达到,但我们需要尽可能出现在他们面前,先成为他们思想中的一个习惯。

（四）注重互动性加强

微博的魅力在于互动，拥有一群不说话的粉丝是很危险的，因为他们慢慢会变成不看你内容的粉丝，最后更可能是离开。因此，互动性是使微博持续发展的关键。第一个应该注意的问题就是，企业宣传信息不能超过微博信息的10%，最佳比例是3%～5%。更多的信息应该融入粉丝感兴趣的内容之中。

“活动内容＋奖品＋关注（转发/评论）”的活动形式一直是微博互动的主要方式，但实质上奖品比你那个企业所想宣传的内容更吸引粉丝的眼球，相较赠送奖品，你的微博能认真回复留言，用心感受粉丝的思想，才能换取情感的认同。如果情感与“利益”（奖品）共存，那就更完美了。

（五）注重系统性布局

任何一个营销活动，想要取得持续而巨大的成功，都不能脱离了系统性，单纯当作一个点子来运作，很难持续取得成功。微博营销虽然看起来很简单，对大多企业来说效果也很有限，从而被很多企业当作可有可无的网络营销小玩意儿。其实，微博这种全新形态的互动形式，它的潜力又有多少人能看清，发挥出的作用很小的原因是你本身投入的精力与重视程度本就不高。

企业想要微博发挥更大的效果就要将其纳入整体营销规划中来，这样微博才有机会发挥更多的作用。

（六）注重准确的定位

微博粉丝众多当然是好事儿，但是，对于企业微博来说，粉丝质量更重要。因为企业微博最终的商业价值，或许就需要这些有价值的粉丝。这涉及微博定位的问题，很多企业抱怨：微博人数都过万了，可转载、留言的人很少，宣传效果不明显。这其中一个很重要的原因就是定位不准确。假设自己为玩具行业，那么就围绕一些产品目标顾客关注的相关信息来发布，吸引目标顾客的关注，而非是只考虑吸引眼球，导致吸引来的都不是潜在消费群体。在起步阶段很多企业博客陷入这个误区当中，完全以吸引大量粉丝为目的，却忽视了粉丝是否是目标消费群体这个重要问题。

（七）企业微博专业化

企业微博定位专一很重要，但是专业更重要。同场竞技，只有专业才可能超越对手，持续吸引关注目光，专业是一个企业微博重要的竞争力指标。

微博不是企业的装饰品，如果不能做到专业，只是流于平庸，倒不如不去建设企业微博，因为，作为一个“零距离”接触的交流平台，负面的信息与不良的用户体验很容易迅速传播开，并为企业带来不利的影响。

（八）注重控制的有效性

微博不会飞，但是速度却快得惊人，当极高的传播速度结合传递规模，所创造出惊人的力量有可能是正面的，也可能是负面的。因此，必须有效管控企业微博这把双刃剑。

（九）注重方法与技巧

很多把微博定位成短信，然后随笔、唠嗑。的确如此，但是对于一个企业微博来说，就不能如此。企业不是明星大牌，也不是普通百姓，企业开设微博不是为了消遣娱乐，创造企业的价值是己任。

想把企业微博变得有声有色，持续发展，单纯在内容上传递价值还不够，必须讲求一些技巧与方法。比如，微博话题的设定，表达方法就很重要。如果你的博文是提问性的，或是带有悬念的，引导粉丝思考与参与，那么浏览和回复的人自然就多，也容易给人留下印象。反之带来新闻稿一样的博文，会让粉丝想参与都无从下手。

**【企业案例】**

红牛：五环变四环，“神文案”的正能量

红牛围绕“能量”诉求深入人心，俄罗斯索契冬奥会是一次全球性体育盛会，吸引了全球目光，而在2月8日凌晨开幕式却出现了戏剧性一幕，奥运五环有一个环没有打开，敏感的企业开始抓住机会进行借势营销，红牛也借势推广其“能量“诉求，吸引体育爱好者目光。

清华、北大网络营销总裁班创始专家刘东明老师表示，“五环变四环，打开的是能量，未打开的是潜能”，五环变四环是一次失误，是不完美和瑕疵，社交媒体上对此出现了很多的“负能量”话语。翻转网友“负能量”认知，从“能量”“潜能”正能量的角度出发，对这次事件给出正面、积极的看法，并把产品功能进行了很好的传播。

海底捞

成功模式：口碑传播。

“昨天在海底捞，无意中跟朋友抱怨京东抢的奈良美智大画册怎么还没到货，结果服务员结账的时候问了我京东会员账户，今天一早三本大画册都送来了！”

这条微博转发了35000多次。可能是一个无心之举，也有可能是推手为之。不过很明显的是，海底捞抓住了这个机遇，在一定程度的传播后，看到机会，迅速的有更专业的公司介入到了传播。甚至打造了“人类已经无法阻挡海底捞”的广告语；乃至出现了海底捞体。

“海底捞体”的基本模板是：某天我在某海底捞吃火锅，席间我无意间说了一句……（包括但不限于愿望，情绪，抱怨，看法），在我结账时……（愿望成真，安抚情绪，例如送亲制玉米饼，送贺卡文字祝福，送礼物，免单等）。

网民的自发参与制造段子，在更多程度上传播了海底捞的品牌，这恐怕是海底捞没有想到的。与此相仿的是凡客当年创造的凡客体，也是极大地点燃了用户的创作热情，从而带来了极大的品牌传播效应。

案例点评：口碑式营销是一种有效的适合私媒体传播的网络营销模式，微博、SNS等媒体的亲密性能够拉近商家和用户的距离。

后续发展：在海底捞体的盛行下，海底捞的品牌知名度得到极大的扩散。不过海底捞也遇到了一些名不副实的困境。如骨头汤并没有现熬，而是勾兑。最后海底捞在官网上向消费者致歉。这也证明了，过度营销也可能有反面作用。往往爬得越高，摔得越重；有时候期望越高，失望越大。

产品和服务优秀才是王道。好口碑自然会传播。总体来说，海底捞的服务依旧是超出绝大部分同行的水准。从这点上来讲，海底捞依旧是非常成功的。

## 第四节 微信营销

微信营销是网络经济时代企业或个人营销模式的一种，是伴随着微信的火热而兴起的一种网络营销方式。微信不存在距离的限制，用户注册微信后，可与周围同样注册的“朋友”形成一种联系，订阅自己所需的信息，商家通过提供用户需要的信息，推广自己的产品，从而实现点对点的营销。

微信营销主要体现在以安卓系统、苹果系统的手机或者平板电脑中的移动客户端进行的区域定位营销。商家通过微信公众平台,结合转介率微信会员管理系统展示商家微官网、微会员、微推送、微支付、微活动,已经形成了一种主流的线上线下微信互动营销方式。

## 一、含义

微信营销,一个新型的互联网方式应运而生,并且不少的企业和个人都从中尝到了不少的甜头,发展前景也非常值得期待,那么相对于一些传统的互联网,微信营销又有着哪些优势呢。

庞大的腾讯用户基数,据可靠的数据资料显示,在微信营销后的一年多时间内,微信的用户数量就达到了庞大的一亿,发展空间堪称恐怖。毫无疑问,微信已经成了当下最火热的互联网聊天工具,而且根据腾讯 QQ 的发展轨迹看,我们有理由相信微信的用户量并不仅仅限于一亿这个数量,发展空间仍然很广阔。

随着智能手机越来越普及,微信已经慢慢从高收入群体走向大众化,几年之后,或许会出现这样的一个场景,中国智能手机软件市场上微信已然成了霸主,就类似于如今电脑聊天工具中 QQ 的地位一样,无法撼动。

信息交流的互动性更加突出,虽然前些年火热的博客营销也有和粉丝的互动,但是并不及时,除非你能天天守在电脑面前,而微信就不一样了,微信具有很强的互动及时性,无论在哪里,只要带着手机,就能够很轻松同未来客户进行很好的互动。

能够获取更加真实的客户群,博客的粉丝中存在着太多的无关粉丝,并不能够真真实实地带来几个客户,但是微信就不一样了,微信的用户却一定是真实的、私密的、有价值的,也难怪有的媒体会这样比喻"微信 1 万个听众相当于新浪微博的 100 万粉丝",虽然有夸张成分,但却有一定的依据性。

很多企业把微信当作移动微博,总是一味地在向客户传达信息,而没有认真关注客户的反馈。有互动功能的,也只是在微信后台设置好一些快捷回复的方案,但这种缺乏人性化的沟通方式,极大地损害了用户体验,就如同风靡一时的电子宠物无法长久流行的原因一样。当客户的咨询无法得到满意回复后,他们唯一的选择就是取消关注。而人工微信客服的核心优势,就在于实现了人与人的实时沟通,此时客户所面对的是一个个专业、服务质量优秀的客服人员,对于客户的咨询可以给出满意的回复。

## 二、特点

(1) 点对点精准营销:微信拥有庞大的用户群,借助移动终端、天然的社交和位置定位等优势，每个信息都是可以推送的，能够让每个个体都有机会接收到这个信息，继而帮助商家实现点对点精准化营销。

（2）形式灵活多样漂流瓶：用户可以发布语音或者文字然后投入大海中，如果有其他用户“捞”到则可以展开对话，如：招商银行的“爱心漂流瓶”用户互动活动就是个典型案例。

（3）位置签名：商家可以利用“用户签名档”这个免费的广告位为自己做宣传，附近的微信用户就能看到商家的信息，如：饿的神、K5便利店等就采用了微信签名档的营销方式。

（4）二维码：用户可以通过扫描识别二维码身份来添加朋友、关注企业账号；企业则可以设定自己品牌的二维码，用折扣和优惠来吸引用户关注，开拓O2O的营销模式。

（5）开放平台：通过微信开放平台，应用开发者可以接入第三方应用，还可以将应用的LOGO放入微信附件栏，使用户可以方便地在会话中调用第三方应用进行内容选择与分享。如，美丽说的用户可以将自己在美丽说中的内容分享到微信中，可以使一件美丽说的商品得到不断的传播，进而实现口碑营销。

（6）公众平台：在微信公众平台上，每个人都可以用一个QQ号码，打造自己的微信公众账号，并在微信平台上实现和特定群体的文字、图片、语音的全方位沟通和互动。

（7）强关系的机遇：微信的点对点产品形态注定了其能够通过互动的形式将普通关系发展成强关系，从而产生更大的价值。通过互动的形式与用户建立联系，互动就是聊天，可以解答疑惑、可以讲故事甚至可以“卖萌”，用一切形式让企业与消费者形成朋友的关系。

## 三、运作

### （一）模式分析

#### 1. 草根广告式——查看附近的人

产品描述：微信中基于LBS的功能插件“查看附近的人”便可以使更多陌生人看到这种强制性广告。

功能模式：用户点击“查看附近的人”后，可以根据自己的地理位置查找到周围的微信用户。在这些附近的微信用户中，除了显示用户姓名等基本信息外，还会显示用户签名档的内容。所以用户可以利用这个免费的广告位为自己的产品打广告。

营销方式：营销人员在人流最旺盛的地方后台24小时运行微信，如果“查看附近的人”使用者足够多,这个广告效果也会随着微信用户数量的上升,可能这个简单的签名栏也许会变成移动的“黄金广告位”。

2. 品牌活动式——漂流瓶

产品描述:移植到微信上后,漂流瓶的功能基本保留了原始简单易上手的风格。

功能模式:漂流瓶有两个简单功能:① “扔一个”,用户可以选择发布语音或者文字然后投入大海中;② “捡一个”,“捞”大海中无数个用户投放的漂流瓶,“捞”到后也可以和对方展开对话但每个用户每天只有 20 次机会。

营销方式:微信官方可以对漂流瓶的参数进行更改,使得合作商家推广的活动在某一时间段内抛出的“漂流瓶”数量大增,普通用户“捞”到的频率也会增加。加上“漂流瓶”模式本身可以发送不同的文字内容甚至语音小游戏等,如果营销得当,也能产生不错的营销效果。而这种语音的模式,也让用户觉得更加真实。但是如果只是纯粹的广告语,是会引起用户反感的。

3. O2O 折扣式——扫一扫

产品描述:二维码发展至今其商业用途越来越多,所以微信也就顺应潮流结合 O2O 展开商业活动。

功能模式:将二维码图案置于取景框内,就可以获得成员折扣、商家优惠抑或是一些新闻资讯。

营销方式:移动应用中加入二维码扫描这种 O2O 方式早已普及开来,坐拥上亿用户且活跃度足够高的微信,价值不言而喻。

4. 互动营销式——微信公众平台

产品描述:对于大众化媒体、明星以及企业而言,如果微信开放平台＋朋友圈的社交分享功能的开放,已经使得微信作为一种移动互联网上不可忽视的营销渠道,那么微信公众平台的上线,则使这种营销渠道更加细化和直接。

5. 微信开店

这里的微信开店(微信商城)并非微信“精选商品”频道升级后的腾讯自营平台,而是由商户申请获得微信支付权限并开设微信店铺的平台,截至 2013 年底公众号要申请微信支付权限需要具备两个条件:第一必须是服务号;第二还需要申请微信认证,以获得微信高级接口权限。商户申请了微信支付后,才能进一步利用微信的开放资源搭建微信店铺。下面以餐饮店为例进行介绍。

(1) 大小号助推加粉

很多商家在尝试做微信营销的时候都是采用小号,修改签名为广告语,然后再寻找附近的人进行推广的方式。作为一种新兴的营销方式,商家完全可以借用微信打造自己的品牌和CRM。因此建议采用注册公众账号，在粉丝达到500之后申请认证的方式进行营销更有利于商家品牌的建设，也方便商家推送信息和解答消费者的疑问，更重要的是可以借此免费搭建一个订餐平台。小号则可以通过主动寻找附近的消费者来推送大号的引粉信息，以此将粉丝导入到大号中统一管理。

（2）打造品牌公众账号

注册公众账号时首先得有一个QQ号码，然后登录公众平台网站注册即可。申请了公众账号之后在设置页面对公众账号的头像进行更换，建议更换为店铺的招牌或者LOGO，大小以不变形可正常辨认为准。此外，微信用户信息填写店铺的相关介绍。回复设置的添加分为添加自动回复、用户消息回复、自定义回复三种，商家可以根据自身的需要进行添加。同时建议商家需要对每天群发的信息做一个安排表，准备好文字素材和图片素材。一般推送的信息可以是最新的菜式推荐、饮食文化、优惠打折方面的内容。粉丝的分类管理可以针对新老顾客推送不同的信息，同时也方便回复新老顾客的提问。一旦这种人性化的贴心服务受到顾客的欢迎，触发顾客使用微信分享自己的就餐体验进而形成口碑效应，对提升商家 品牌的知名度和美誉度效果极佳。

（3）实体店面同步营销

店面也是充分发挥微信营销优势的重要场地。在菜单的设计中添加二维码并采用会员制或者优惠的方式，鼓励到店消费的顾客使用手机扫描。一来可以为公众账号增加精准的粉丝，二来也积累了一大批实际消费群体，对后期微信营销的顺利开展至关重要。店面能够使用到的宣传推广材料都可以附上二维码，当然也可以独立制作展架、海报、DM传单等材料进行宣传。

（4）签到打折活动

微信营销比较常用的就是以活动的方式吸引目标消费者参与，从而达到预期的推广目的。如何根据自身情况策划一场成功的活动，前提在于商家愿不愿意为此投入一定的经费。当然，餐饮类商家借助线下店面的平台优势开展活动，所需的广告耗材成本和人力成本相对来说并不是达到不可接受的地步，相反有了缜密的计划和预算之后完全可以以小成本打造一场效果显著的活动。以签到打折活动为例，商家只需制作附有二维码和微信号的宣传海报和展架，配置专门的营销人员现场指导到店消费者使用手机扫描二维码。消费者扫描二维码并关注商家公众账号即可收到一条确认信息，在此之前商家需要提前设置好被添加自动回复。凭借信息在埋单的时候享受优惠。为防止顾客消费之后就取消关注的情况出现，商家还可以在第一条确认信息中说明后续的优惠活动，使得顾客能够持续关注并且经常光顾。

（二）销售平台

1. 背景

微信营销离不开微信公众的平台支持。微信作为时下最热门的社交信息平台,也是移动端的一大入口,正在演变成为一大商业交易平台,其对营销行业带来的颠覆性变化开始显现。工业和信息化部2015年上半年统计数据显示,中国微信用户已经超过了4亿人次,电商规模达到了5.4万亿元。消费者只要通过微信公众平台对接微信会员云营销系统,就可以实现微会员、微推送、微官网、微储值、会员推荐提成、商品查询、选购、体验、互动、订购与支付的线上线下一体化服务模式。

2. 功能

（1）商品管理,商城后台具备商品上传、分类管理、订单处理等与网上店铺都具有的设置功能。

（2）自动智能答复,卖家可以在系统自定义设置回复内容,当用户首次关注你的商城时,可自动发送此消息给客户,还可设置关键词回复;当用户回复指定关键词的时候,系统将自动回复相应设置好的内容,让客户第一时间收到想要的消息。

（3）支付功能,支持支付宝,还支持财付通及货到汇款的传统支付方式。

（4）促销功能,积分赠送、会员优惠等。

3. 成功因素

第一条因素:赠送其有价值有特色的服务或产品。在所有的广告当中,最强大的词就是免费,当年的360、Hotmail都是这么做起来的。

第二条因素:如何让传播更加方便快捷。在当今社会化媒体的时代,百度分享、移动网络的分享通通要用上。必须要精简营销信息,让用户便于传播,一定要是文本格式的,才能像火一样迅速燃烧起来。

第三条因素:找到共同的动机。一定要搞清楚别人为什么要复制自己的信息,传播自己的信息能带动他人的什么欲望?一定要把营销策略搞清楚,并建立在共同的动机上面!

第四条因素:利用现有的人脉和圈子。据研究资料表明,每个人都有50个高质量的人脉可以利用,只要你喜欢社交,你的50个人脉当中又能延伸出很多个有效人脉。所以说世界是很小的。要学会把信息传播给亲朋好友,就能加快信息传播的速度。

第五条因素:提前准备相当的服务器,因为病毒营销式的背后会给你带来很多的流量,可能将挤垮你的服务器,那时候流量就白白丢失了。

第六条因素:病毒式营销要学会借刀杀人,利用别人的资源达到自己的目的。写一些新闻投稿到大型的网站上,一则新闻就能引起数百家媒体和网站的转载,并造就成千上万的读者。

### (三)公众平台

#### 1. 简介

微信公众平台是腾讯公司在微信的基础上新增的功能模块,通过这一平台,个人和企业都可以打造一个微信的公众号,并实现和特定群体的文字、图片、语音的全方位沟通、互动。

不同于微博的微信,作为纯粹的沟通工具,商家、媒体和明星与用户之间的对话是私密性的,不需要公之于众的,所以亲密度更高,完全可以做一些真正满足需求和个性化的内容推送。

随着腾讯推出微信公众平台,那么微信的营销又将怎样变化呢?

在具体说明之前,我们应该看看微信营销到底有怎样的逻辑基础。

不建议企业将微信作为销售平台,不缺渠道,开个网店再容易不过了。企业缺的是品牌,缺的是信任,如果用户不接受你的品牌,不信任你,你的销售只会让用户反感。

企业应该将微信作为品牌的根据地,要吸引更多人成为关注你的普通粉丝,再通过内容和沟通将普通粉丝转化为忠实粉丝,当粉丝认可品牌,建立信任,他自然会成为你的顾客。

营销上有一个著名的"鱼塘理论",微信公众平台就相当于这个鱼塘。

#### 2. 活体广告板

微信中基于 LBS 的功能插件"查看附近的人"可以使更多陌生人看到这种强制性广告。

那么,我们可以假设,如果营销人员在人流最旺盛的地方后台 24 小时运行微信,随着微信用户数量的上升,可能这个简单的签名栏会也许变成不错的移动广告位,让腾讯帮你打广告,貌似是一个不错的选择。

#### 3. 细化营销渠道

通过一对一的关注和推送,公众平台方可以向"粉丝"推送包括新闻资讯、产品消息、最新活动等消息,甚至能够完成包括咨询、客服等功能。

可以肯定的是微信,在信息的用户推送与粉丝的 CRM 管理方面要优于微博。尤其是微信立足于移动互联网,更使得微信成为尤为重要的营销渠道。微信公众平台的 CRM 特点明显,管理上可以借鉴传统的 CRM 管理,每天实时收集反馈和回复,整理登记。

虽然有人称微信为营销利器，但是精细化、个性化、一对一的营销无疑是在增加成功率的同时也会增加成本，至于何去何从，那就要看企业的选择了。

4. 延伸的行业应用：公众账号的接口应用

随着微信的不断发展，未来延伸的地方还有很多。比如医院的微信营销。有条件的医院可以开发一个微信的接口应用，比如自助挂号、查阅电子病例等功能，把公众账号打造成工具。先让部分用户体验，养成使用习惯，最终推广开来，达到取代病患使用电话和到场办理业务的目的。

（四）人工客服

1. 介绍

当越来越多的企业开始微信营销的同时，企业会在微信账号后台设置好一些快捷回复，而人工微信客服则是实现了真正的人与人在线实时沟通、传送活动、优惠信息等。而就微信自身的特点而言，微信是一个维系老客户的重要渠道，因此微信的咨询受理成为重点。

2. 需求

微信作为一个点对点沟通的平台，是很好的客户关系维护渠道，但是很多商家只是把微信简单地当作信息推送群发工具，而消费者其实并不希望收到传单。

人工微信客服的核心优势，就在于实现了人与人的实时沟通，此时客户所面对的是专业、服务质量优秀的客服人员，对于客户的咨询可以给出满意的回复。

（五）注意事项

1. 独特的语音优势

在大街上、餐厅、公园等公众地方看见有人把手机当成对讲机用的时候，你却不知道那是微信，那么你绝对 out 了。微信不仅支持文字、图片、表情符号的传达，还支持语音发送。如果你疲惫于打字发信息，那么就可以直接通过微信发语音信息。每一个人都可以用一个手机号打造本人的一个微信的大众号，并在微信平台上完成和特定集体的文字、图片、语音的全方位交流、互动。

但同时，如果把微信当成一种营销方式的话，直接的语音信息的传达既是优势也有可能成为一大失误的地方。因为语音的发送既要求传达者声音甜美，也要求有特定知识的积累。

2. 定位功能

微信也加载了 LBS 功能，在微信的“查看附近的人”的插件中，用户可以查找本人地点地理方位邻近的微信用户。体系除了显现邻近用户的名字等基本信息外，还会显现用户签名档的内容。商家也可以运用这个免费的广告位为本人做宣传，乃至打广告。当你在某餐厅用餐的时候，突然传来朋友的微信，说附近某某商场在促销，或者附近有什么好活动正在进行，是不是感觉很好呢。

同时，微信便利的定位系统也暴露了你的具体位置，很有可能使一些不法分子有机可乘。

3. 高端用户

根据2016年微信团队宣布的官方数据，在5000万的用户中有活跃用户2000万，而25～30岁用户估计超50%；主要分布在一线大城市，多为年轻人、白领阶层、高端商务人士、时尚的iPhone一族。这一强大的优势使很多企业的营销有了更好的方向，特别是针对白领的产品。

4. 稳定的人际关系

“有这样一种说法。微信1万个听众相当于新浪微博的100万粉丝。这种说法有点夸大，但仍然有一定代表性。在新浪微博中，僵尸粉丝和无关粉丝很多，而微信的用户却一定是真实的、私密的、有价值的。”《创业家》新媒体业务负责人表示：微信关注的是人，人与人之间的交流才是这个平台的价值所在。微信基于朋友圈的营销，能够使营销转化率更高。

但微信基于隐私的保护，会使你看不见朋友的朋友与他的谈话，而“查看附近的人”这个功能会使自己的相册暴露在任何一个陌生人面前，因为没有取消可见这个功能。熟人社区和陌生人交友，这两个极端的关系链混合在一起，让朋友圈这个产品的定位变成一个艰难的决定。

5. 移动客户端

用微信的用户主要集中在安卓系统和苹果系统，都属于智能系统。美国Zerith最新研究报告显示，2018年中国智能手机用户数将达到13亿人次。与此同时，腾讯2017年第三季度财报显示，Weilat和微信的合并月活跃数达到9.8亿，同比增长15.8%，将仍会有上升空间的巨大潜力，为此，以转介率科技为首的软件研发机构推出基于移动客户端安卓系统和苹果系统安装的微信营销软件，可以全国任意位置附近人自动打招呼、添加好友、添加通讯录、通讯录群发广告信息、摇一摇等智能营销功能，大大提升了企业移动营销的能力。微信从诞生的第一天起，就只有移动互联这一个方向，腾讯的技术平台能力以及腾讯在电商、团购等领域的经验也有助于其快速整合。

6. 方便的信息推送

微信大众账号可以经过后台的用户分组和地域操控，完成精准的音讯推送。一般大众账号，可以群发文字、图片、语音三个类别的内容。认证的账号则有更高的权限，不仅能推送单条图文信息，还能推送专题信息。目前，在推送的打扰方面，最新版别的推送已经悉数撤销声响提示，以便把私家信息和内容音讯区别。

值得注意的是，微信的信息推送服务难免会步微博的后尘，使用户反感繁多的垃圾信息。

## 四、评价

### (一) 优势

微信一对一的互动交流方式具有良好的互动性，精准推送信息的同时更能形成一种朋友关系。基于微信的种种优势，借助微信平台开展客户服务营销也成为继微博之后的又一新兴营销渠道。

微博的天然特性更适合品牌传播，作为一个自媒体平台，微博的传播广度和速度惊人，但是传播深度及互动深度不及微信。

1. 高到达率

营销效果很大程度上取决于信息的到达率，这也是所有营销工具最关注的地方。与手机短信群发和邮件群发被大量过滤不同，微信公众账号所群发的每一条信息都能完整无误地发送到终端手机，到达率高达 100%。

2. 高曝光率

曝光率是衡量信息发布效果的另外一个指标，信息曝光率和到达率完全是两码事，与微博相比，微信信息拥有更高的曝光率。在微博营销过程中，除了少数一些技巧性非常强的文案和关注度比较高的事件被大量转发后获得较高曝光率之外，直接发布的广告微博很快就淹没在了微博滚动的动态中了，除非你是刷屏发广告或者用户刷屏看微博。

而微信是由移动即时通信工具衍生而来，天生具有很强的提醒力度，比如铃声、通知中心消息停驻、角标等，随时提醒用户收到未阅读的信息，曝光率高达 100%。

3. 高接受率

正如上文提到的，微信用户已达 3 亿之众，微信已经成为或者超过类似手机短信和电子邮件的主流信息接收工具，其广泛和普及性成为营销的基础。君不见那些微信大号动辄数万甚至十数万粉丝？除此之外，由于公众账号的粉丝都是主动订阅而来，信息也是主动获取，完全不存在垃圾信息招致抵触的情况。

4. 高精准度

事实上，那些粉丝数量庞大且用户群体高度集中的垂直行业微信账号，才是真正炙手可热的营销资源和推广渠道。比如酒类行业知名媒体佳酿网旗下的酒水招商公众账号，拥有近万名由酒厂、酒类营销机构和酒类经销商构成的粉丝团，这些精准用户粉丝相当于一个盛大的在线糖酒会，每一个粉丝都是潜在客户。

5. 高便利性

移动终端的便利性再次增加了微信营销的高效性。相对于PC电脑而言，未来的智能手机不仅能够拥有PC电脑所能拥有的任何功能，而且携带方便，用户可以随时随地获取信息，而这会给商家的营销带来极大的方便。

（二）缺点

微信营销所基于的强关系网络，如果不顾用户的感受，强行推送各种不吸引人的广告信息，会引来用户的反感。凡事理性而为，善用微信这一时下最流行的互动工具，让商家与客户回归最真诚的人际沟通，才是微信营销真正的王道。

## 五、营销模式

（一）草根广告式——查看附近的人

产品描述：微信中基于LBS的功能插件“查看附近的人”便可以使更多陌生人看到这种强制性广告。

功能模式：用户点击“查看附近的人”后，可以根据自己的地理位置查找到周围的微信用户。在这些附近的微信用户中，除了显示用户姓名等基本信息外，还会显示用户签名档的内容。所以用户可以利用这个免费的广告位为自己的产品打广告。

营销方式：营销人员在人流最旺盛的地方后台24小时运行微信，如果“查看附近的人”使用者足够多，这个广告效果也会随着微信用户数量的上升，可能这个简单的签名栏也许会变成移动的“黄金广告位”。

（二）品牌活动式——漂流瓶

产品描述：移植到微信上后，漂流瓶的功能基本保留了原始简单易上手的风格。

功能模式：漂流瓶有两个简单功能：①“扔一个”，用户可以选择发布语音或者文字然后投入大海中；②“捡一个”，“捞”大海中无数个用户投放的漂流瓶，“捞”到后也可以和对方展开对话但每个用户每天只有20次机会。

营销方式：微信官方可以对漂流瓶的参数进行更改，使得合作商家推广的活动在某一时间段内抛出的“漂流瓶”数量大增，普通用户“捞”到的频率也会增加。加上“漂流瓶”模式本身可以发送不同的文字内容甚至语音小游戏等，如果营销得当,也能产生不错的营销效果。而这种语音的模式,也让用户觉得更加真实。但是如果只是纯粹的广告语,是会引起用户反感的。

(三) O2O 折扣式——扫一扫

产品描述:二维码发展至今其商业用途越来越多,所以微信也就顺应潮流结合 O2O 展开商业活动。

功能模式:将二维码图案置于取景框内,然后你将可以获得成员折扣、商家优惠抑或是一些新闻资讯。

营销方式:移动应用中加入二维码扫描这种 O2O 方式早已普及开来,坐拥上亿用户切活跃度足够高的微信,价值不言而喻。

(四) 互动营销式——微信公众平台

产品描述:对于大众化媒体、明星以及企业而言,如果微信开放平台+朋友圈的社交分享功能的开放,已经使得微信作为一种移动互联网上不可忽视的营销渠道,那么微信公众平台的上线,则使这种营销渠道更加细化和直接。

数据显示,在微信各功能服务模块中,朋友圈高居第一。76.4%的用户会使用朋友圈来查看朋友动态或进行分享。也就是说,朋友圈已经成为我们接受信息和情感分享的重要平台。虽然任性如你,也才在最近几天收到宝马、可口可乐的推送,但其实早在 2014 年,微信营销"大决斗"就已经在朋友圈悄然展开,而其中又以 HTML5(简称 H5)页面游戏最受欢迎,凭着无须下载、即点即用的优良基因,H5 轻松击败曾经叱咤风云的 APP 党,一跃变成当红炸子鸡。

**【企业案例】**

### 可口可乐——我们在乎

前段时间,可口可乐"我们在乎"席卷朋友圈,它的真身本是一份肩负企业 CSR 重任的"可持续发展报告",内容虽然力求形象,但依然难掩厚重。为了在社交时代更接地气,可口可乐尝试用 H5 为报告"瘦身美容":选取报告中的部分核心数据,用十五页的画面,直观展现可口可乐的努力,变成适应网络传播特点、特别是移动端观看及分享需求的形式。

营销启示:杂糅图片、文字和视音频等多媒体是 H5 的又一大优势。而当这种生动的形式与一些严肃的内容相遇,往往发生出人意料的化学反应。

(五) 微信开店

这里的微信开店(微信商城)并非微信"精选商品"频道升级后的腾讯自营平台,而是由商户申请获得微信支付权限并开设微信店铺的平台,截至 2013 年底公众号要申请微信支付权限需要申请微信认证,以获得微信高级接口权限。商户申请了微信支付后，才能进一步利用微信的开放资源搭建微信店铺 。

## 第五节 APP 营销

### 一、含义

APP 营销指的是应用程序营销，这里的 APP 就是应用程序（application）的意思。APP 营销是通过特制手机、社区、SNS 等平台上运行的应用程序来开展营销活动。

APP 是英文 application 的简称，由于 iPhone 等智能手机的流行，APP 指智能手机的第三方应用程序。比较著名的 APP 商店有 APPle 的 iTunes 商店，Android 的 Android Market，诺基亚的 Ovi store，还有 Blackberry 用户的 BlackBerry APP World，以及微软的应用商城。

苹果的 ios 系统，APP 格式有 ipa，pxl，deb；Google 的 Android 系统 APP 格式为 apk；诺基亚的 S60 系统格式有 sis，sisx，微软的 WindowsPhone7、WindowsPhone8 系统，APP 格式为 xap。

一开始 APP 只是作为一种第三方应用的合作形式参与到互联网商业活动中去的，随着互联网越来越开放化，APP 作为一种萌生于 iPhone 的盈利模式开始被更多的互联网商业大亨看重，如淘宝开放平台、腾讯的微博开发平台、百度的百度应用平台都是 APP 思想的具体表现，一方面可以积聚各种不同类型的网络受众，另一方面借助 APP 平台获取流量，其中包括大众流量和定向流量。

### 二、特点

#### （一）成本低

APP 营销的模式，费用相对于电视、报纸甚至是网络都要低得很多，只要开发一个适合于本品牌的应用就可以了，可能还会有一点的推广费用，而且这种营销模式和营销效果是电视、报纸和网络所不能代替的。

#### （二）信息全面

全面展示信息，能够刺激用户的购买欲望，移动应用能够全面展现产品的信息，让用户在没有购买产品之前就已经感受到了产品的魅力了，降低了对产品的抵抗情绪，通过对产品信息的了解刺激用户的购买欲望。

#### （三）品牌建设

提升品牌实力，形成竞争优势，移动应用可以提高企业的品牌形象，让用户了解品牌,进而提升品牌实力。良好的品牌实力是企业的无形资产,为企业形成竞争优势。

(四) 即时性

用户可以网上订购,通过移动应用对产品信息进了解,可以及时在移动应用上下单或者是链接移动网站进行下单。顾客交流和反馈,利用手机和网络,易于开展由制造商与个别客人之间的交流。客人的喜爱与厌恶的样式、格调和品位,也容易被品牌一一掌握。这对产品大小、样式设计、定价、推广方式、服务安排等,均有重要意义.

(五) 跨时空

营销的最终目的是占有市场份额。互联网具有超越时间约束和空间限制进行信息交换的特点,使得脱离时空限制达成交易成为可能,企业能有更多的时间和更多的空间进行营销,可每周 7 天每天 24 小时随时随地提供全球的营销服务。

(六) 精准营销

通过可量化的精确的市场定位技术突破传统营销定位只能定性的局限,借助先进的数据库技术、网络通信技术及现代高度分散物流等手段保障和顾客的长期个性化沟通,使营销达到可度量、可调控等精准要求。摆脱了传统广告沟通的高成本束缚,使企业低成本快速增长成为可能,保持了企业和客户的密切互动沟通,从而不断满足客户个性需求,建立稳定的企业忠实顾客群,实现客户链式反应增殖,从而达到企业的长期稳定高速发展的需求。移动应用本身具有很强的实用价值,手机应用程序本身就是一种实用性很强工具,用户通过应用程序可以帮助手机用户提供生活、学习、工作,是手机的必备功能,每一款手机都或多或少有一些应用。

(七) 互动性强

这种营销效果是电视、报纸和网络所不能代替的。将时下最受年轻人欢迎的手机位置化“签到”与 APP 互动小游戏相结合,融入各种营销活动。例如目前流行的签到类游戏,消费者接受“签到玩游戏”等任务后,通过手机在活动现场和户外广告投放地点签到,就可获得相应的勋章并赢得抽奖机会。

(八) 用户黏性

APP 本身具有很强的实用价值,用户通过应用程序可以帮助让手机成为一个生活、学习、工作上的好帮手,是手机的必备功能,每一款手机都或多或少的有一些应用。APP 营销的黏性在于一旦用户将应用下载到手机,应用中的各类任务和趣味性的竞猜会吸引用户，形成用户黏性。

## 三、营销模式

不同的应用类别需要不同的模式，主要的营销模式有广告模式、APP 植入模式、用户营销模式、移植营销模式和内容营销模式。

### （一）广告营销

在众多的功能性应用和游戏应用中，植入广告是最基本的模式。广告主通过植入动态广告栏链接进行广告植入，当用户点击广告栏的时候就会进入指定的界面或链接，可以了解广告主详情或者是参与活动，这种模式操作简单，适用范围广，只要将广告投放到那些热门的、与自己产品受众相关的应用上就能达到良好的传播效果。

(1) 推广目标：提高品牌知名度和吸引更多用户注册。

(2) 流程：

① 获取受众，采用“铺面”+“打点”的形式，通过内容定向“铺面”和机型定向“打点”来进行受众定位。

② 吸引受众，手机上的“震撼”，高冲击动态广告栏，吸引受众眼球，引起受众好奇心理。

③ 转化受众，“即点击，即注册”，用户点击广告栏，进入 WAP 网站了解详情，注册参与活动，广告主实时手机用户数据。

### （二）APP 植入

#### 1. APP 植入之内容植入

现流行的“疯狂猜图”就是很好的内容植入的成功案例。该游戏融入广告品牌营销，把 Nike，IKEA 之类的品牌的作为关键词，既达到了广告宣传效果，又不影响用户玩游戏的乐趣，而且因为融入了用户的互动，广告效果更好。所以企业最好是接与自己应用用户群贴近的广告主，这样广告既能给用户创造价值，不会引起用户反感，而且点击率会比较高，因此能获得较高的收益。

#### 2. APP 植入之道具植入

比如在人人网开发的人人餐厅这款 APP 游戏中，将伊利舒化奶作为游戏的一个道具植入其中，让消费者在游戏的同时对伊利舒化奶产品产生独特诉求认知与记忆，提升品牌或产品知名度，在消费者心中树立企业的品牌形象。同时 APP 的受众群体较多，这样的直接的道具植入有利于提升企业品牌的偏好度。

#### 3. APP 植入之背景植入——奖励广告

在这款抢车位游戏中，一眼看去，最突出的就是 MOTO 手机广告，将 MO-

TO的手机广告作为停车位的一个背景图标,给消费者无形中植入了MOTO的品牌形象。游戏中还提到"用MOTO手机车位背景,每天可得100金钱",这样的奖励广告,驱使游戏玩家使用该背景,这些奖励当然是真的,但这确实是企业的广告。

(三)用户营销

用户模式的主要应用类型是网站移植类和品牌应用类,企业把符合自己定位的应用发布到应用商店内,供智能手机用户下载,用户利用这种应用可以很直观地了解企业的信息,用户是应用的使用者,手机应用成为用户的一种工具,能够为用户的生活提供便利性。这种营销模式具有很强的实验价值,让用户了解产品,增强产品信心,提升品牌美誉度。不断强化对品牌的印象,商家也可以通过该APP发布信息给精准的潜在客户。

相比植入广告模式,具有软性广告效应,客户在满足自己需要的同时,获取品牌信息,商品资讯。如《潮州玩家》,在给目标客户提供有用的资讯的同时,渗透自身的商品信息,并且提供订购。

从费用的角度来说,植入广告模式采用按次收费的模式,而用户参与模式则主要由客户自己投资制作APP实现,相比之下,首次投资较大,但无后续费用。而营销效果取决APP内容的策划,而非投资额的大小。

(四)移植营销

商家开发自己的产品的APP,然后将其投放到各大应用商店以及网站上,供用户免费下载实用。该模式基本上是基于互联网上购物网站,将购物网站移植到手机上面去,用户可以随时随地浏览网站获取所需商品信息、促销信息,进行下单。这种模式相对于手机购物网站的优势是快速便捷,内容丰富,而且这类应用一般具有很多优惠措施。

(五)内容营销

通过优质的内容,吸引到精准的客户和潜在客户,从而实现营销的目的。如"汇搭"通过为消费者提供实实在在的搭配技巧,吸引有服饰搭配需求的用户,并向其推荐合适的商品,这不失为一种商家、消费者双赢的营销模式。

## 四、营销策略

互联网时代的迅猛发展使移动终端用户数量剧增,智能手机平板电脑已经变成了人们工作、生活随身携带的重要物件之一,而移动APP应用程序以移动终端为载体,给人们的衣、食、住、行提供了极大的便利,人们已经渐渐离不开APP,因此利用APP营销已经成为当下最主流的营销手段,只有合理利用相关资源才能使移动 APP 的应用得到长远的发展。APP 的营销策略主要分为以下几个方面。

(一) 关注用户体验

移动 APP 营销的开展,需要围绕着用户的需求,时刻关注用户体验。企业开展 APP 营销活动,需要对企业的目标客户进行细分与定位,确定 APP 营销的目标。企业应当及时更新用户体验,对 APP 功能进行整合,提升用户黏度。由于当前 APP 营销活动传播速度快,企业开展 APP 营销需要不断地创新,丰富用户体验,及时更新 APP 营销推广的内容。

(二) 注重提高与维护用户的黏度

企业利用 APP 营销,不仅仅是通过 APP 进行品牌、产品的宣传推广,更重要的是利用移动 APP 互动的优势,维护客户关系,建立企业与客户之间的信任机制,及时沟通与传达。这种方式,可以减少用户的流失,并且维护用户对 APP 的依赖感,提高用户的黏度。

(三) 选择关联度和热门高的 APP 互推

如果企业开展 APP 营销,单枪匹马在当前庞大的移动互联网中打拼,难以受到用户的关注。企业应当考虑在手机应用软件中,与企业关联度较强的 APP 或者是热门度高的 APP 中进行互推。关联度高的软件容易吸引目标客户,而热门度高的 APP 能够获得较高的点击率。企业在 APP 营销中,要考虑到用户的体验,综合考虑关联度与热门的 APP 互推。

(四) 个性化精准投放

由于移动 APP 营销方式受到用户偏好的影响因素较为深远,因此,企业推出 APP 营销,需要做到个性化、精准投放。个性化体现了企业的品牌、产品优势,精准体现了营销理念准确传达到 APP 营销对象。如,当前使用地图定位与 APP 关联的软件越来越多,大众消费习惯也越来越依赖这种方式,假设用户到达陌生城市,只需要通过位置定位,即可获得餐饮、住宿、购物等信息提示,企业抓住用户需求的时机,就能够做到个性化精准投放。

(五) 增强 APP 广告的创意和互动

移动 APP 具有较强的互动性,企业增强 APP 广告的创意与感染力,吸引用户对广告的关注与认同。当前,互联网信息泛滥,单一的、直白的广告宣传,反而遭到用户的反感。APP 营销的广告互动性强,能够将用户拉近企业交流,更多融入产品、品牌的宣传。

（六）将产品体验做出互动游戏

很多 APP 产品都可以将体验形式开发成小游戏，如服装可以试衣服大小和搭配颜色，饮料可以自己酿造，家居 APP 可以自定义家居布局并分享。对线下实体店来说，APP 往往不是最好的销售工具，但是能弥补线下体验的短板，通过 APP 能打通会员营销、体验与服务体系。

（七）线上线下联动

通过 APP 的二维码扫描功能可以实现与线下的活动、广告、促销等形成联动，往往是线下活动、展示，线上抽奖、派送等。这种形式可以解决线下活跃度不足的问题，吸引力也是相当大的。

# 第七章　微信营销

> 在这一章，我们会讨论以下问题：
> 1. 微信是什么，了解微信的功能
> 2. 微信营销的功能和特点
> 3. 微信营销的运作模式

## 第一节　微信创业时代

腾讯在微信的布局已初具雏形，微信创业时代已经来了。

第一，零租金，门槛低。微信在很大程度上改变了如今的商业形态，它的发展加快了“自商业”时代的到来。在传统创业时代，创业必须要有办公场地，有团队，有资金。但微信的到来完全改变了这些规则，让一些勤于努力，忠于拼搏的人看到了希望。你不需要有几百万，也不需要多么宽敞的办公楼，更不需要花大笔的钱来养一个团队。

微信鼓吹的“再小的个体，也有自己的品牌”，这让创业变得更加简单。一台电脑，一部手机，随时随地，利用好平台，维护好粉丝，财富就会随之而来。目前不少自媒体已经尝到了“自商业”带来的甜头。

第二，第三方创业进入深水区。我们经常会看到“朋友圈卖面膜，月入10万”“微信卖水果，月卖3000斤”，这样的案例在朋友圈疯狂被转载，出于用户体验的考虑，虽然微信不得不对这些恶意的营销者说“不”，但并没有真正把这些个体创业者之路堵死。相反，反而给了更多想借助微信创业的个体更多的机会。微信小店的横空出世，让很多在淘宝上摸滚带爬的小店家们看到了曙光。虽然只是提供了一些基础的货架、购买、订单管理等功能，但毕竟窗口已打开。

相信随着后期的优化这一功能将会逐渐走向完善。据腾讯微信事业群开放平台基础部助理总经理曾鸣表示，自5月底微信小店上线，符合资质的商家已有95%开通微信小店。

与此同时，除了依靠微信小店本身创业之外，微信还为众多的第三方开发者提供了创业机遇。以"微商城＋微粉丝"为主的口袋通，以"微商圈＋微营销"为主的微客来，以垂直微应用SCRM(社会化客户关系管理)的车商通……微信带动了越来越多的第三方闯入移动商务市场，目前微信平台已聚集10万开发者(包括个人开发者和公司开发者)，第三方创业也已进入了深水区，垂直化、深度化、专业化将会是未来发展方向。

第三，创业领域多，市场前景广。很多人看好微信除了它有众多的用户之外，还有着不错的广阔前景。笔者将市场前景主要分三大方面：刚性市场，服务性市场以及电商市场(其实都可统筹服务性市场)。刚性市场目前竞争非常激烈，主要有餐饮类、婚庆类、地产类、服装类、家电类等，在餐饮类微信已接入大众点评，第三方也开始蠢蠢欲动，甚至有些已经捷足先登了。

服务性市场主要有：旅游类、教育类、政务类、交通类、医疗类等，这类市场虽然不是刚需，但是蕴藏着巨大的商业价值，整合起来并不容易。电商市场是微信的必争之地，无论是为京东开放的一级购物入口还是自身的微信小店，无不昭示着微信在电商方面"雄霸天下"的野心。不过也有一些第三方在做电商，笔者估计最后这些做电商的第三方要么被腾讯收编，要么被微信作死。在三大市场中，笔者比较看好的是服务市场中的旅游、教育和医疗。旅游，涵盖居多产业链；而教育和医疗尤其是移动医疗，移动教育目前还没有巨头出现。如果在这些方面深入开发研究，定会有所收获。

远见者先行。微信创业在部分人看来很不靠谱，最大的原因在于流量不能立即变现，很多企业商家缺乏耐性。但在笔者看来，这些都只是时间的问题，微信还只是一个三岁多的孩子，淘宝也不是一天建成的，给理想一点时间。经得起打磨的产品，才有美好的未来。

随着移动互联网的发展，企业营销向移动端转移，根植于移动端的即时通信工具微信成为流量的超级入口。据腾讯第三季度综合业绩报告显示，微信和WeChat(微信海外版)的合并月活跃数量达到8.46亿，比去年同期增长30%，微信成为社交营销的重要阵地，其强大的社交属性和移动属性，为企业营销提供了更多的可能。目前，微信公众号总数已逾千万，微信公众号成为众多企业营销宣传的标配。据2016年3月企鹅智酷发布的《微信数据化报告》显示，高达64%的运营者对公众平台有投资，这个比例往年是53%。很多企业投入人力、物力、财力希望通过公众号吸引粉丝，可是究竟该如何吸引、维护与管理粉丝，大多数企业的运营管理仍然十分粗放。

# 第二节　微信的功能与特点

## 一、微信简介

微信是腾讯公司于 2011 年 1 月 21 日推出的一个为智能终端提供即时通讯服务的免费应用程序，微信支持跨通信运营商、跨操作系统平台通过网络快速发送免费(需消耗少量网络流量)语音短信、视频、图片和文字，同时，也可以使用通过共享流媒体内容的资料和基于位置的社交插件“摇一摇”“漂流瓶”“朋友圈”“公众平台”“语音记事本”等服务插件。

微信提供公众平台、朋友圈、消息推送等功能，用户可以通过“摇一摇”“搜索号码”“附近的人”、扫二维码方式添加好友和关注公众平台，同时微信将内容分享给好友以及将用户看到的精彩内容分享到微信朋友圈。

截至 2014 年 8 月注册用户量已经突破 8 亿，是亚洲地区最大用户群体的移动即时通讯软件。微信月活跃用户接近 4 亿，公众账号达 580 万个，每日新增数为 1.5 万，6.7 万个移动应用接入，微信带动了越来越多的第三方闯入移动商务市场。

## 二、微信的功能

### (一) 微信的基本功能

(1) 聊天。支持发送语音信息、视频、图片和文字，支持多人群聊。

(2) 添加好友。微信支持查找微信号、QQ 好友添加好友、查看 QQ 号添加好友、查看手机通信录和分享微信号添加好友、摇一摇添加好友、二维码查找添加好友 6 种方式。

(3) 实时对讲通话功能。用户可以通过语音聊天室和一群人语音对讲，但与在群里发语音不同的是，这个聊天室的消息几乎是实时的，并且不会留下任何记录，在手机屏幕关闭的情况下也仍然可以进行实时聊天。

(4) 流量查询。微信自身带有流量统计的功能，可以在设置里随时查看微信的流量动态。

### (二) 微信的主要功能

微信是一款手机通信软件，支持通过手机网络发送语音短信、视频、图片和文字，支持视频聊天，还能根据地理位置找到附近的人，以及通过朋友圈分享自己的生活，带给朋友们全新的移动沟通体验。可以显示简体中文、繁体中文、英文、泰语、印尼语、越南语、葡萄牙语等语言界面。可以发语音、文字消息、表情、图片、视频。主要功能包括：

朋友圈，跟朋友们分享生活点滴。

摇一摇，查找附近的人，世界不再有陌生人。

扫一扫，可以扫描二维码。

公众账号，用微信关注明星、看新闻、设提醒。

将正在听的歌曲摇到手机里。

群聊也有二维码，扫一扫就能加入。

搜索聊天记录，方便迅速翻阅历史聊天。

聊天记录可以迁移到另外的手机上。

可以设置语音提醒，重要事项不再错过。

聊天可以一次发送多张图片。

语音可以撤销发送。

可以给自己发消息。

可以回复陌生人打的招呼，还能加备注。

朋友发消息的位置可以导航。

刚截的图，点“＋”可以快速发送。

## 三、微信营销的功能与特点

### （一）微信营销的功能

微信营销是网络经济时代企业对营销模式的创新，是伴随着微信的产生所形成的一种网络营销方式，微信不存在距离的限制，用户注册微信后，可与周围同样注册的“朋友”形成一种联系，用户订阅自己所需的信息，商家通过点对点营销的方式向用户提供需要的信息。

接入大众点评、入股滴滴打车、牵手京东购物、联姻 58 同城，随着微信商业化步伐的不断加剧，微信连接一切的野心也在疯狂滋长。2013 年 11 月，马化腾在腾讯“WE 大会”上向科技界抛售了一个这样的观点，未来互联网的趋势与机会，第一个就是“连接一切”。并解释说，移动互联网将会让手机成为人体器官的延伸，通过互联网连在一起。微信在移动互联网的舞台上可谓光彩夺目，每一次的华丽转身都会成为业界关注的焦点。

“微信连接一切”必须跨越“三重门”：第一重门连接人与人；第二重门连接人与商业；第三重门连接物与物。目前，“微信连接一切”还处于第二重门。

微信连接第一重门，通过摇一摇保护用户严密隐私和完善的用户体验连接人与人。

微信真正走向用户视野的并不是它的发文字、传图片、语音对讲的功能，而是充满趣味的摇一摇。张小龙在点评摇一摇时这样说："微信的摇一摇是个以'自然'为目标的设计。整个界面没有菜单和按钮，几乎没有比它更简单的交互体验了，从自然而来到自然中去。"

微信的摇一摇颠覆了所有的移动社交设备，而朋友圈的私密性又很好地保护了用户的隐私，完善的社交功能更是将微信的用户体验做到了极致。以至于在上线后不久，用户量海量剧增，很快就达到每天一亿次以上的摇一摇使用次数。

微信连接第二重门，依靠强大的流量导入和第三方开发者全面开启商业化之旅。

早在2013年的时候，微信就开始培养生态市场，同年6月和2014年年初，腾讯分别以1500万和3000万美元的巨资投资嘀嘀打车，以此来引导用户在微信上的支付习惯。凭借其强大的流量入口和独一无二的社交优势微信又先后联手"大众点评""京东购物""58同城"共同布局移动商业生态圈。与此同时，微信的飞跃发展，也造就了一批第三方开发者的崛起，微盟、点点客、微客来、口袋通等，这些第三方利用自身的技术优势和平台优势借力微信为各大行业提供解决方案，迅速为微信积累了一批企业用户。

尽管微信目前通过微信支付在零售、O2O服务和游戏等领域实现了商业上的闭环，但用户在移动端的购物习惯和支付习惯并未完全形成，这给微信流量变现造成了很大的瓶颈。若微信商业化落地的问题不解决，前面的种种也终究是镜花水月。

微信连接的第三重门，微信将通过大数据和信息化智能化的管理实现物和物的无缝连接。

微信官方团队认为，未来移动互联网是一个全新的社会形态，大数据、云计算、智能终端，第四代移动通信，这些将会为微信构建新的移动互联新形态。虽然微信每天都会产生海量的数据，但是在笔者看来，这些数据并不是垃圾。只要对这些数据进行深入挖掘和分析，也许就会创造出难以估量的社会价值和经济价值。

比如从海量的数据中对每位用户的购物习性和购物特点进行挖掘，可以判定他的消费行为，在下次购物时就可快速精准地为其提供相关产品和服务；从平时的消费场景也可分析出用户的喜好……这些都是实现人与物、物与物连接的基础。

### （二）微信营销的特点

微博的天然特性更适合品牌传播，作为一个自媒体平台，微博的传播广度和速度惊人，但是传播深度及互动深度不及微信。把微博想象成一个人下面几万人的听众的演讲场合，而把微信想象成两个好友冬日下午在茶楼泡上一壶普洱茶席地而坐倾心交谈。因此，微博和微博在传播特点上也存在较大的差异。

1. 点对点精准营销

微信拥有庞大的用户群，借助移动终端、天然的社交和位置定位等优势，每个信息都是可以推送的，能够让每个个体都有机会接收到这个信息，继而帮助商家实现点对点精准化营销。

2. 形式灵活多样漂流瓶

用户可以发布语音或者文字然后投入大海中，如果有其他用户“捞到”则可以展开对话。

(1) 位置签名：商家可以利用“用户签名档”这个免费的广告位为自己做宣传，附近的微信用户就能看到商家的信息。

(2) 二维码：用户可以通过扫描识别二维码身份来添加朋友、关注企业账号；企业则可以设定自己品牌的二维码，用折扣和优惠来吸引用户关注，开拓 O2O 的营销模式。

(3) 开放平台：通过微信开放平台，应用开发者可以接入第三方应用，还可以将应用的 LOGO 放入微信附件栏，使用户可以方便地在会话中调用第三方应用进行内容选择和分享。

(4) 公众平台：在微信公众平台上，每个人都可以用一个 QQ 号码、打造自己的微信公众账号，并在微信平台上实现和特定群体的文字、图片、语音的全方位沟通和互动。

3. 强关系的机遇

微信的点对点产品形态决定了其能够通过互动的形式将普通关系发展成强关系，从而产生更大的价值。通过互动的形式与用户建立联系，互动就是聊天，可以解答疑惑，可以讲故事甚至可以“卖萌”，用一切形式让企业与消费者形成朋友的关系，你不会相信陌生人，但是会信任你的“朋友”。

近日，海关总署新规对通过电商渠道交易的进口商品实施重点监管，超过规定限额携带化妆品、奶粉、纸尿裤等行为或将被视为“走私”，采取蚂蚁搬家式走私的水客将面临严厉打击。而对于朋友圈代购，由于有一定难度，如何监管还不明确。

## 第三节　假货泛滥的微信朋友圈

在微信上，不少人通过微信圈发布名牌包、鞋子、视频、手表、钢笔等图片，都是卡地亚、PRADA 等国际品牌。还有各类海外代购，他们提供的单据足以以假乱真，商品本身为高仿的 A 货。

用户的微信朋友圈常常被各种代购刷屏了，有的卖化妆品、有的卖女装童装、有的卖高仿包和表，有些人都生活工作在三四线城市，怎么可能整来那么多俏十岁，那么多 MK，那么多华伦天奴，甚至连雅诗兰黛都 9 块 9 包邮了。

从微信的朋友圈营销繁衍到如今，几乎每个月都能看到无数人被朋友圈代购所骗，假货太泛滥，有些人随便整个牌子，动不动就全球领先科技，著名品牌，如何大卖，仓库告急。如果是好的产品，质量保证，价格实惠，朋友圈发发赚点小钱可以理解，但很多人根本就不知对方供货商的资质，实力，安全性，就每天刷屏，赚朋友的钱更加要慎之又慎，万一真用出问题怎么办？

对于朋友圈逐渐变成“社交商圈”，不少微友不胜其烦。而且卖假货、做代购的是自己圈子里的朋友，在大大影响用户体验的同时，也影响了朋友之间的情谊，不少微友表示，自己受不了广告轰炸，只好把朋友“拉黑”。

这对于腾讯来说，也是不小的打击。

微信朋友圈必须要进行监管。

流行于朋友圈的代购，有的是假货，其他则是由售卖者从境外邮寄，被理解为自用物品，仅需缴纳小额税款。但实际上，这些货品被以商品形式进行销售，累积一定数量就需经过海关，缴纳其他税款，否则就涉嫌走私，遭举报后或将受处罚。

海关总署的一纸规则出来，这也就意味着之前带有部分私人代购甚至朋友帮忙性质的海外代购将被列入监管范畴，很多网上专营海外代购的“海淘”商户也将受到影响。

微信朋友圈的代购现象，被诸多质疑诟病，甚至曾让微信官方出台相关“限量”措施，一度更有说法称或被取缔。海关总署实施相关条例，对从事跨境电子商务的企业和个人进行监管，朋友圈代购也在监管范围。在电子商务广泛渗透生活的今天，与其取缔一个培养起的“市场”，不如让其有法可依。

解决好友圈变成生意圈的难题，除了法律法规方面禁止，还需要技术方面的支持。微信管理方有技术能力解决代购方面的问题，所以，微信管理方应该做相关的技术屏蔽，让好友圈不能发布代购方面的信息。

不管什么形式的载体，有交易就要有监管，否则一旦出现纠纷就很难取证调节。与其堵不如疏，建议相关网站发个声明，好友圈不应成为生意圈，违者接受相关处罚。

## 第四节　微信营销的运作模式

在日益开放包容的媒体环境下，微信营销的方式也呈现出多样化的趋势，由原来的硬广告形式逐渐转变为加强用户体验的营销方式。

### 一、定向广告的推送

这类营销方式主要包括查看附近的人（签名档做免费广告）、朋友圈图文分享、商家公众号等形式。查看附近的人是基于 LBS 的广告植入式的营销方式，微信用户通过查找附近的人可以看到商家信息，如果是自己感兴趣的商家，则可以添加好友。麦当劳、肯德基等快餐店及咖啡店经常选择这种营销方式。主动性较强的用户倾向于这种营销方式，它具有一定的针对性，传播效率较高。朋友圈分享是一种口碑式的营销方式，这种营销方式信息流通比较私密，多为好友关系，信息的发送者和接收者处于对等的关系，信息的接受率较高，很容易做商品的推广。公众号是一种精准的营销方式，营销主体通过建立自己的微信公众号，定期向用户推送图文消息，关注公众号的用户都是对内容感兴趣的主体，用户在微信客户端就可以收到，这种营销方式最大的特点就是精准性，达到率高，但是缺少一定的互动性和反馈性。

### 二、多元媒体的应用

富媒体是指内容形式多样的媒介表现形式，包括声音、图片、影像等，它可以增强信息的表达效果。在微信营销中，众多商家借助丰富的媒体表现形式，如漂流瓶、O2O(online to offline)折扣扫描二维码、优惠券下载、H5 页面、微信广告群和红包群等，这些多媒体形式新颖，对用户有很大的吸引力。漂流瓶作为一种品牌式营销，营销主体主要将相关信息放在瓶子里，用户主动打捞。它采用随机推送的方式，没有固定的用户群体，信息的流动性较大，但是转化率不高，无法很好地实现变现，适合一些大的商家进行品牌的宣传和推广。O2O 折扣扫描二维码是用户通过扫描微信营销主体的二维码并进行关注，从而获得一定优惠折扣的营销方式。这种营销手段主要是利用消费者心理引导其消费，用户通常主动扫描二维码，表明他对该产品是感兴趣的，这种营销方式可以获得忠实的或者贪图小便宜的用户，适合即将开业或者正在做活动的商家。H5 页面采用了一种新鲜活泼的宣传形式，它基于一种动态的页面，并且可以添加背景音乐和视频，达到吸引用户眼球的目的。微信广告群红包群采取一种吸引用户加群的方式，达到活跃用户的目的。众多营销主体建立广告群和红包群，定期在群里发放广告，进行品牌的宣传，红包的发放吸引了更多用户的加入，从而扩大产品推广。

## 三、线上线下的结合

这类营销方式主要采取线上发起活动与线下组织活动相结合的方式。这种方式最大的特点就是可以通过用户的亲身体验，加深用户对产品的印象，从而培养忠实用户。比较典型的有旅游商家、电影院等发起的线上活动，线下参与体验等一系列活动，很多微信公众平台开通了后台回复的功能，用户在后台可以回复报名信息，从而获得参加活动的资格，一方面吸引商家购买商品，另一方面也可以做到品牌的宣传和推广。不同的营销方式具有不同的优缺点及适用范围。

### （一）草根广告式的“查看附近的人”

签名栏是腾讯产品的一大特色，用户可以随时在签名栏更新自己的状态，自然也可以打入强制性广告，但只有用户的联系人或者好友才能看到。而微信中基于 LBS 的功能插件“查看附近的人”便可以使更多陌生人看到这种强制性广告。用户点击“查看附近的人”后，可以根据自己的地理位置查找到周围的微信用户。在这些附近的微信用户中，除了显示用户姓名等基本信息外，还会显示用户签名档的内容。所以用户可以利用这个免费的广告位为自己的产品打广告。

所以一种草根营销的营销方式是，营销人员在人流最旺盛的地方后台 24 小时运行微信，如果“查看附近的人”使用者足够多，这个广告效果也会不错。随着微信用户数量的上升，这个简单的签名栏也许会变成不错的移动广告位。

### （二）品牌活动式的“漂流瓶”

漂流瓶是移植于 QQ 邮箱的一款应用，该应用在电脑上广受好评，许多用户喜欢这种和陌生人简单互动的方式。移植到微信上后，漂流瓶基本保留了原始、简单、易上手的风格和功能。实际营销中，微信官方可以对漂流瓶的参数进行修改，使得合作商家推广的活动在某一时间内抛出的“漂流瓶”数量大增，普通用户“捞到”的频率也会因此增加。加上“漂流瓶”模式本身可以发送不同的文字内容甚至语音小游戏等，如果营销得当，也能产生不错的营销效果。

### （三）O2O 折扣式的“二维码扫描”

“参考”自国外社交工具“LINE”的“扫描 QRCode”功能，原本是用来扫描识别另一位用户的二维码身份从而添加朋友。但是二维码发展至今，其商业用户越来越多，所以微信也就顺应潮流结合 O2O 展开商业活动。用户将二维码图案置于取景框内，微信会帮其找到好友企业的二维码，然后用户可以享受活动成员折扣和商家优惠。

移动应用中加入二维码扫描，然后给用户提供商家折扣和优惠，这种O2O方式早已普及开来。而类似的APP在应用商店中也非常多，微信一出手，结果不言而喻。

（四）社交分享式的“开放平台”+“朋友圈”

微信开放平台是微信4.0版本推出的新功能，应用开发者可通过微信开放接口接入第三方应用。还可以将应用的Logo放入微信附件栏中，让微信用户方便地在会话中调用第三方应用进行内容选择与分享。社交分享在电商中一直是热门话题。在移动互联网上，以之前腾讯公布的合作伙伴美丽说为例，用户通过微信把一件美丽说上面的商品传播开去，达到社会化媒体最直接的口碑营销。

从这点看，微信除了异步通信的功能，4.0版本中的新功能“朋友圈”分享功能的开放，为分享式的口碑营销提供了最好的渠道。微信用户可以将手机应用、PC客户端、网站中的精彩内容快速分享到朋友圈中，并支持网页链接方式打开。

（五）新上线的互动营销式的“微信公众平台”

对于大众化媒体、明星以及企业而言，如果微信开放平台+朋友圈的社交分享功能的开放，已经使得微信作为一种移动互联网上不可忽视的营销渠道，那么微信公众平台的上线，则使这种营销渠道更加细化和直接。通过一对一的关注和推送，公众平台方可以向“粉丝”推送包括新闻资讯、产品消息、最新活动等消息，甚至能够完成包括咨询、客服等功能，形成自己的客户数据库，使微信成为一个称职的CRM系统。可以说，微信公众平台的上线，直指微博的认证账号，提供了一个基于过亿微信用户的移动网站。

目前商家和媒体等可以通过发布公众号二维码，让微信用户随手订阅公众平台账号，然后通过用户分组和地域控制，平台方可以实现精准的消息推送，直指目标用户，再借助个人关注页和朋友圈，实现品牌的病毒式传播。不过，腾讯天生有重隐私的血统，微信也允许用户对关注品牌轻松实现公开和不显示。

## 第五节 微信营销的问题及策略

### 一、微信营销存在的问题

微信营销作为当下一种非常受欢迎的互联网营销方式，表现出了强劲的发展势头，但是也出现了众多不足。从微信用户的需求角度，问题主要表现在以下几个方面：

（一）内容夸张和形式乏味

事实证明，用户的微信朋友圈常常会充斥着一些充满噱头、蛊惑人心、毫无营养的夸张信息，尤其是微商的出现，污染了朋友圈，对人际关系造成恶劣的影响。夸张的内容虽然会给营销者带来一定流量，但是，用户对纯粹的广告形式没有兴趣，对毫无新意的资讯也没有兴趣，对长篇大论的所谓“经典名言”“心灵鸡汤”更没有兴趣，所以，有价值有创意的材料才是营销成功的基础。除了夸张的内容，乏味的文案格式和宣传形式也颇受用户反感。调查发现，在内容和形式方面，最受用户欢迎的是优质独创的内容以及有创意和新鲜活泼的语言风格，一些呆板无趣的信息会自动被用户过滤。

（二）传播过度

微信营销传播过度是当下比较突出的一个问题，很多营销主体不顾用户的感受，一天多次通过公众号或者朋友圈强行向用户发送消息，给用户带来了干扰。尤其是以微商为代表的微信营销主体，夸张的产品广告语，连续多条长广告以及频繁的信息推送，不适当的宣传会使用户反感，从而屏蔽相关信息或者删除微信好友。在推送时间和频率方面，微信用户一天中微信点击率最高的时间段主要集中在18点～24点。无论是朋友圈还是微信公众号，绝大部分用户只能接受一天一次的推送频率，但是营销主体在营销的过程中，往往容易忽视这一点，他们无视用户的感受，无时无刻不在强行向用户转发推送营销信息，对用户造成了严重的干扰。这就要求微信营销主体在把握好内容形式的同时，要充分利用时间段进行营销，注重推送频率。

事实证明，每天推送一次的公号更容易取得成功。微信作为当下最流行的互动工具，在信息的传播过程中，微信营销的主体应该把握一个传播度的问题，只有掌握了传播频率和力度，提高传播效率和用户到达率，才不会引起用户的厌恶，才能够与用户达到互动的平衡状态。

（三）营销方式单一

在营销渠道方面，与微信刚刚推出阶段不同的是，目前用户接触微信营销主要来自朋友圈和微信公众平台两种渠道，用户比较能够接受营销主体在朋友圈和公众号里营销。调查发现，很多营销主体仍将人力和财力投入在传统的LBS和漂流瓶营销中，事实证明，基于LBS定位的便利店营销以及漂流瓶等营销形式已经越来越不受到用户的欢迎，这就使得营销主体的营销效果不显著。

新的传播渠道下，充分借助朋友圈和微信公众号渠道已经成为一种趋势，二者的结合或许能够产生意想不到的效果。在微信营销中，用户会由于对营销主体开展的活动感兴趣而参与进去，比如，参加线下观影活动，集赞免费参加活动，享受现金立减的优惠等。甚至，用户会因为微信上的促销信息而光临实体店或网店进行消费，参与微信营销主体推出的购物活动。但是，众多营销主体往往没有发现这一特征，只是一味向用户宣传自己的营销理念，而忽视了用户现实生活中的体验。因此，对众多营销主体来说，线上发布活动，将线下与线上结合起来，将流量吸引到线下，并通过优质的产品和服务来留住用户，不失为一条可行之路。

（四）隐私泄露和财产损失

微信平台为商家和个人进行微信营销提供了可能，但由于微信营销没有实名认证的要求，用户无法有效辨认营销主体所发布的广告信息的真实性，这就带来了一系列网络伦理问题。调查表明，绝大部分用户觉得微信支付很便捷，用户可以通过扫描二维码，发送红包或者转账进行支付交易，简单快捷。但是，事实证明，微信平台在带来便捷性的同时，也会出现财产损失、用户个人隐私被泄露等弊端，如果商家或个人发布了虚假广告或者虚假的产品信息，用户一旦上当受骗，无法追究营销主体的法律责任，这严重影响了微信用户的体验。用户如果缺乏自我保护意识，很容易陷入骗局，长此以往，微信用户会大大降低对微信营销的信任程度。所以，为了尽量减少此类事情的发生，微信营销主体在营销过程中，也必须在技术层面进行改善，如完善支付系统和监管系统，进行身份验证等，确保财产和信息的安全性，提高微信营销主体的准入门槛，加强传播者的自律能力，为广大用户提供一个安全干净的网络环境。

（五）传播覆盖率低

目前微信营销主要集中在手机客户端，PC 端营销得不到很好的利用，这就使得微信营销的传播覆盖率不够广泛，微信营销的传播范围有限。不同于传统的营销方式，微信营销是一种点对点的传播方式，这种一对一的对等的互动关系，实质上是一种去中心化的私密的朋友圈关系，营销者发布的信息只能被朋友圈的好友看到，传播受众较难获取。与微博不同，微信营销的沟通线路较为单一，只有信息的发布者才能看到用户的回复，导致无法分享其他陌生人的观点。调查发现，在微信营销过程中，用户最倾向于浏览的营销主体是熟识的微商，在这个过程中，微商扮演了意见领袖的角色，更容易取得用户的信赖。但是，几乎很少有营销主体会主动寻求意见领袖，更不用说发挥意见领袖的作用了。所以，微信营销主体要充分发挥意见领袖的作用，并且在不同媒介之间进行引流，扩大信息的传播范围。

## 二、微信营销的传播策略

### (一)微信公众号和微信朋友圈有效结合

微信公众号通过服务号、订阅号、企业号实现了将人与商品服务、资讯信息及企业的连接,它对微信"连接一切"的使命起着关键的支撑作用。《微信社会经济影响力研究报告》中指出,在所有的微信用户中,有79.3%的用户关注了微信公众号,微信公众号已经成为用户日常生活的一部分。但是,对于企业推送的消息,近8成的关注用户只有20%的用户主动挑选并进行阅读,剩下80%的用户则从朋友圈里寻找阅读内容,营销信息被阅读的次数与分享的次数息息相关。

微信用户关注微信号的主要原因是公众号是很实用的工具且符合个人兴趣,除此之外,受周围的同事朋友的影响,用户也会对公众号进行关注。2015年1月通过艾瑞iClick社交在线用户调研可知,38%的用户非常愿意向身边的人推荐公众号,50.9%的用户表示非常愿意,有99.4%的人表示,未来会增加对微信公众号的关注。基于庞大的用户规模和精准的用户定位使得微信营销能够取得良好的广告效果,众多企业要想在激烈的市场竞争中分得一杯羹,必须加大微信公众号的投入,同时可以在朋友圈推广灵活多样的广告,加强用户黏性。近年来,汽车广告频频出现在公众号和朋友圈中,吸引了大量的消费群体。为了聚集大量细分领域的受众,聚集更多的用户,奔驰不断加大在微信公众号的投放,奔驰SMART和视觉志公众号进行了广告合作,既包括品牌的"自媒体"冠名——封面图上LOGO,又包括了"阅读原文"的导流入口。其他汽车商家如英菲迪尼和宝马也在朋友圈进行大量的广告投入,通过大量用户的评论和转发带来巨大的曝光量。

### (二)明确定位,注重内容与形式的创新

20世纪70年代,美国营销专家阿尔·里斯和杰克·特劳特在《广告时代》上提出了"定位"的概念,他们认为定位对于营销具有重要的意义,这一举措引起了企业界对营销行为的关注,奠定了现代营销观念的基石。微信公众品牌的广告语是"再小的个体,也有自己的品牌"。如今在信息爆炸的时代里,企业如何选择、定位公众号并在不给用户带来干扰的情况下让用户对自己的公众号形成一种信赖感和忠诚感,显得尤为重要。在"内容为王"的时代,只有不断创新内容,用户才有可能成为企业的忠实粉丝。

根据美国传播学家M.E.麦库姆斯和D.L.肖提出的"议程设置理论"可知,大众传媒作为"大事"加以报道的问题,同样也会作为"大事"反映在公众的意识当中;传媒给予的强调越多,公众对该问题的重视程度也就越高。所以,对于微

信公众号来说，不断强化某种内容的出现，基于用户的需求设置某些议题，吸引用户的注意力是一条有效的途径。

对于微信内容，微信营销者在进行策划时，最重要的是要提供优质、靠谱、新颖的信息，抓住用户的需求。通过观察发现，微信营销分享率高的内容通常有四大类。有价值，并且能给自己或身边的朋友带来帮助，比如美食类、减肥魔法等等；专业性特别强，专家发表的权威观点，这种信息往往更容易被阅读和分享，比如微言教育；时效性强，能够准确把握社会的热门事件，这类消息往往会给人警示和启示，比如关于青岛大虾事件、天津爆炸案等作为用户关心的内容，很容易被分享传播；有吸引力，发表与众不同的观点，这类消息很容易吸引用户眼球，满足用户猎奇心理，使用户产生耳目一新的感觉。

微信营销内容必须坚持有用、好用、有趣三个原则，哈佛大学心理学家米勒在研究中提出，一个人的脑海无法同时容纳 7 个单位以上的事物。因此越简单易懂的内容越能吸引用户，再加上用户的时间精力有限，且只会选择自己感兴趣的内容进行阅读，因此，企业要想在微信营销中发挥作用，必须制定符合自身特点、能够促进自身发展的微信公众号。比如"罗辑思维"微信公众号定位就非常准确清晰，能够积极引导用户与其进行互动和沟通。"罗辑思维"作为一个个性有创意的自媒体公众号，凭借着优质的内容和独特的形式，吸引了大量的粉丝。它充分考虑了产品的特点，量体裁衣，能够充分聚焦目标市场，一切以用户为中心，提供服务而非骚扰。与大多数推送图文消息的公众号不同，"罗辑思维"公众号每天 6:30 向用户发送一条 60 秒的语音消息，罗振宇的每条语音都是以"关键词是……"在 60 秒的时间内向用户讲述一个故事或者观点，用户只有回复了关键词才能收到文章推送。与用户走马关花查看文章类的公众号不同，这是一种用户主动点击的营销方式，如果用户不点击收听就无法得知推送内容，从而引起用户的好奇心，长此以往，"罗辑思维"培养出来的都是它的忠实粉丝。除了形式新颖之外，优质的内容才是"罗辑思维"成功的关键。"罗辑思维"将自己定位于知识的运营商，高度个性化的选题、新颖独特的思想观点以及倡导独立、理性的互联网思维极大地满足了快节奏生活下的人们的需求黑洞。

在信息超载的时代背景下，人们的注意力容易被淹没在碎片化的信息海洋中，人们不愿花更多时间去看厚厚的一本书，"罗辑思维"恰好找准了用户需求，在短时间内让用户了解一本书的精髓，"罗辑思维"的主要营销对象是高层次的读书人。"罗辑思维"为用户提供了良好的阅读和情感体验，用户回复关键词后，公众号会推送四篇文章，既有与主题相关的文章，也包括了各种广告及活动公告，甚至招聘广告，总之，推送的内容与"罗辑思维"的梦想、激情、才华、创业等理念息息相关。如"古典音乐的打开方式""与漓江的一千零一夜"等等，这些信息能够促使“罗辑思维”的忠实粉丝真真实实地参与进去。文字与视音频的结合能够很好地提升用户的情感体验，从而促使用户支付一定的费用。

在公众号里卖独家销售的书籍，是“罗辑思维”营利的主要方式。它开辟了一种新颖灵活的授课方式，可以使得更多用户直接选择自己感兴趣的内容，它抓住了用户的消费心理，先免费推送相关信息，再吸引用户去订阅，这样的用户往往更具有黏性和忠诚度。在公众号里，设置了“本周推荐”“商城主页”“用户服务”三个菜单，用户可以基于自身需求到商城里购买行业大咖的书籍，这些书籍大部分都是独家的，出版社暂时未能出版发行的。这就保证了“罗辑思维”的独一无二性，用户要想看到某本书，便只能在“罗辑思维”的平台上购买。比如，2015 年 11 月“罗辑思维”拿到了凯文·凯利《必然》这本书在全球的首发权，首发期 2 个月在其商城销售了 20 万册，开放购买第一天就卖掉了 2 万册。除此之外，“罗辑思维”还开发了“得到”APP，延伸产业链，“得到”为用户提供了一种全新的阅读体验，学习者可以更加便捷高效地获取知识。

“一条”微信公众号由原《外滩画报》主编徐沪生在 2014 年 9 月 8 日创办，在它开张第 15 天，粉丝就已经突破了 100 万。目前在新榜平台排名前十。“一条”坚持每天一条原创短视频，每天讲述一个动人的故事，每天精选人间美物。“一条”的很多视频点击量都在 10 万以上，预估活跃粉丝近百万，粉丝满意度非常高，可以说，“一条”的成功之处归因于它优质的原创内容和新颖的推送形式。

媒介丰富度理论认为，不同的媒介形式对信息量和内容的传播能力也不同。媒介分为高丰富度媒介、中丰富度媒介和低丰富度媒介，“一条”采用了高丰富度的视频媒介作为载体，每晚发布一个 2～5 分钟的短视频，符合受众的观看方式和碎片化的特点。视频涵盖生活、美物、茶饮、建筑、室内、酒店、读书、摄影、艺术、话题、时尚、型格等多个方面，能够满足不同需求的用户。视频能够结合听觉和视觉元素，传达文字、图片所无法媲美的内容，再加上特殊的拍摄手段和后期制作，采用原创视频来构建内容可谓是成功之举。除了个性化的形式，最关键的是“一条”坚持原创，坚持一贯的风格与水准，始终打造优质内容。在移动互联网时代，人们获取信息的途径内容都更加丰富。事实证明，只有那些在某个领域做到专业化的，能为用户提供有价值的内容才更受欢迎。“一条”将奢侈品和生活方式的传播作为自己的使命，致力于打造生活、潮流、文艺三大理念，充分体现了它的内容定位。其次，优秀的制作团队是确保精细优良的制作水平的保障。他们的团队常常为了一个几分钟的短视频，亲自到欧洲、北美等世界各地采访各个领域的大咖，力求获得第一手的资料，几分钟的视频拍摄素材长达十几个小时，在审美和品质上有严苛的要求，只为打造最极致的原创内容。从内容到形式，“罗辑思维”和“一条”都可以称得上是成功的微信营销的案例。作为微信营销者，首先要给自身确立一个明确的定位，其次用优质的内容去吸引用户并采取各种方式留住用户，本着“用户至上”的理念，让用户主动成为你的消费者，而不是强制用户购买产品，优质的产品内容是根本，只有坚守这一原则，企业才能走得更长久。

（三）线上互动与线下活动相结合

微信营销主体无论是出于品牌宣传还是刺激购买的目的，最后的落脚点都是用户本身，黏合用户并且与用户进行良好的线上线下互动，是营销者的有效手段之一。微信作为一种碎片化的营销，每天推送的消息是有限的，因此在公众平台中，与粉丝进行互动显得尤为重要。每天的上午 9 点到 10 点，中午 1 点，下午 5 点，晚上 8 点到 11 点是微信用户上网的高峰期，微信营销者可以在此期间与粉丝以游戏、投票等新鲜有趣的方式进行互动。很多微信公众号，沿袭了微博中大 V 只发布不互动的操作模式，结果导致粉丝遭遇了滑铁卢。如何利用好微信用户使用微信频率最好的时间段，对企业能否吸引到众多潜在用户至关重要。

除了线上互动，线下活动也有利于将潜在用户发展为忠实粉丝。线下活动可以将有共同兴趣的用户聚集到一起，增强交流，加深对品牌的认知与感受。它可以提高微信公众号的黏性、活跃度和转化率，与用户形成深层次的稳定信任关系。

“刺猬实习”作为一个最懂大学生的实习平台，为大学生提供了优质的实习机会，丰富的趣味体验以及有价值的求职培训。趣味体验可以说是“刺猬实习”开展线下活动的一大阵地，它充分把握了当代年轻大学生活泼好动的特点，定期推送一些有趣有意义的线下活动，比如“东南亚国际志愿者招募”“云南深度旅行体验官招募”“大熊猫铲屎体验官”等等，通过报名选拔优秀的小伙伴免费参与这些活动，这些免费活动能够极大地吸引大学生报名，为他们提供丰富的户外体验机会，从而在大学生群体中引起广泛影响。这些线下活动可以让运营者和粉丝直接面对面交流，这种交流所带来的彼此关系的提升是任何线上活动都无法比拟的。

运营者和粉丝之间的关系可以从“关注与被关注”上升到朋友的层次，形成牢固的关系。通过线下活动，粉丝之间也可以相互交流，甚至形成一个团队，增加他们的归属感和组织感，从而形成一个更加具有战斗力的整体，推动公众号自身的发展。

（四）跨媒介发挥意见领袖的作用

1955 年，拉扎斯菲尔德和卡兹提出了意见领袖的理论。他们认为“意见领袖”就是在人际传播网络中，经常为他人提供信息、观点或建议并对他人施加个人影响的人物。意见领袖作为媒介信息和影响的中间过滤环节，对信息的传播效果发挥着重要的影响。他们首先发现政治领域意见领袖的存在，后来又证明在时尚、购物以及其他各种社会生活领域，都活跃着一大批意见领袖。意见领袖分布在社会上任何群体和阶层，也可能是亲友、邻居和同事，只要是某个特定领域很精通或者是周围人中享有一定的声誉的人，就可以扮演意见领袖的作用。在一定程度上，意见领袖社交范围广，拥有较多的信息渠道，对大众传播的接触频率高、接触量大，往往会取得良好的传播效果。

意见领袖理论对微信营销提供了重要的启示，即微信营销者要充分发挥意见领袖的作用，获取优质用户的关注，依靠优质用户进行导流。这些优质用户可以是粉丝量巨大的微博大V，在某一行业有一定声望的大咖等等，从而将信息传播达到最大化。

“王大厨的美食日记”微信公众号由著名鲁菜烹饪大师王晓刚创办，作为一个美食领域的专家，他利用自身优势进行微信营销。微博粉丝119万，品牌美食“王大酱”一经推出就受到用户追捧，销量不断，同时还进行微博众筹来吸引粉丝数量。为了更好地宣传推广，王大厨作为一个“意见领袖”，借助微信平台创办了公众号“王大厨的美食日记”，每天都会推出一篇文章，详细介绍一道菜的具体做法，有效地将微博粉丝导入到微信平台，微信用户作为受众，将信息在朋友圈一级级传播，一传十十传百，由此进行信息的扩散。越来越多的用户开始关注王大厨微博号，这样就形成了微博微信的跨媒介传播。公众号“王大厨的美食日记”的不足之处是没有开通支付接口，没有及时将潜在用户的需求马上变现，当用户对某一品牌产生兴趣，产生了购买欲望时，却无法在微信平台进行购买，消费需求得不到满足。因此，对企业来说，除了借助意见领袖进行信息的传播扩散，也要为用户提供有效便捷的购买接口，这样才能切切实实地将潜在用户发展为忠实的消费者，而不仅仅只是进行单纯的宣传推广。

对于刚刚成立的微信公众号来说，意见领袖发挥着重要的作用。微信虽然是基于移动互联网的一个社交工具，但它的特性在很多方面往往也会受到移动互联网本身的限制。在互联网上，网站之间是相通的，可以从一个网站迅速转到另一个网站，信息搜索十分便捷，形成一张彼此连接的“大网”。但微信却不同，公众号之间是孤立的，并不存在一条通道，对用户来说，不可能搜索到公众号所有的信息。虽然最近微信推出了搜索公众号及公众号文章的功能，但也都是最简单的搜索，和互联网上的搜索引擎有着本质的不同。要解决微信公众号“孤岛效应”，必须充分发挥意见领袖的作用，利用现有资源进行转化，第一时间通知这批用户，培养成为忠实的种子用户，引导他们进行关注。比如之前已经拥有了和公众号主体相吻合的网站，很多用户进行了注册，那这批用户应该是公众号开通后第一批挖掘的用户。除了现有资源,可以进行转化的资源还有很多,比如微博大V,他们具有很强的影响力。一个典型的案例就是新浪微博的大号"冷笑话精选",他在微博上积累了大量的粉丝,通过宣传,便在短时间内吸引了大量的微信公众号关注者。

(五)品牌营销应该坚守底线

2016年11月30日,一篇《罗一笑,你给我站住》的文章刷爆了朋友圈,文章讲述的是5岁小女孩罗一笑突患白血病,父亲罗尔在网上求助。然而不到中午,事件便发生了反转——这是深圳市一家金融服务公司(小铜人)策划的一场带血的P2P营销。事实证明,罗尔在深圳有三套房,完全不是苦苦挣扎在生存线上的媒体人。虽然罗一笑每日治疗的费用上万元,但是完全有治疗费用的支付实力。通过营销,罗家得到了救治钱款,小铜人得到了宣传。其实,营销本不是原罪,献爱心的人却觉得受到了伤害。献爱心的人觉得,文字信息与真实情况不相符,受到了欺骗,才会有这场舆论大反转。在这一事件中,营销者用道德激起民众的情绪,用不透明的信息诱导吃瓜群众,虽然营销成功了,但是却招来骂声一片。其实,每个人心中都有一杆关于社会规范和道德论的秤,一旦营销打破了这个平衡,对品牌的影响可能是致命的。信息的病毒式传播,一方面印证了营销的成功,另一方面也蕴含了潜在的危机。好的品牌营销,不会利用信息不透明来诱导群众,而是用真正有传播力、有正能量的事件征服消费者,且绝对不能触碰道德的底线。这个事件与其说是个人求助,倒不如说是恶意营销,小铜人和P2P观察通过谣言,采用了不正当的手段进行竞争和宣传,有计划地利用造谣、不透明信息来进行公关活动,最后达到宣传自己的目的。这一事件带给企业的启示是:微信营销应该坚守底线,切忌利用公众的同情心进行恶意营销,所有违背事实的微信营销都会遭到公众的唾弃。作为公众,也要擦亮双眼,增强自己辨别是非的能力,不做恶意营销的帮凶。

## 三、微信营销的技术策略

(一)完善在线支付系统,确保信息真实性和安全性

微信为用户搭建了一个在线购物的平台,安全对微信用户来说无疑是最重要的。安全既包括商品方面也包括资金方面的,由于微信营销是在网络平台上完成的,信息的真假和商品的质量很难保证。很多企业为了获得用户的关注,经常发布不实或夸张性信息,再加上图片处理软件对商品进行修饰,使得商品以假乱真,用户无法对商品做出客观评价,信息一旦发布而商家无法兑现承诺时,便伤害了用户感情,因此,微信平台要加强对产品的监管力度,打击假冒伪劣产品,

为用户提供一个安全干净的平台。目前很多开通了在线支付的商家并没有设置相应的监督机构，这就会导致支付漏洞的出现。在“我的钱包”中，用户可以选择二维码付款，也可以选择零钱或者银行卡。但是随着骗子的骗术不断升级，在线支付时用户经常会遇到诈骗的情况，给用户带来一定经济损失。因此，微信营销者在刺激微信用户进行线上消费的时候，既要照顾用户心理，也要完善相关支付体系，加强系统的功能，也可以与支付宝合作，达到共赢的局面。

（二）建立强大的CRM客户管理系统，增强客户黏度

微信营销的核心是稳定和留住客户流量，从而进行后续转化。CRM是一套实施客户关系管理的强大系统。CRM客户管理系统由客户信息管理、销售过程自动化（SFA）、营销自动化（MA）、客户服务与支持（CSS）管理、客户分析（CA）系统5大主要功能模块组成，每一个模块承担了不同的功能。这一概念最早产生于美国，由Gartner Group最先提出，伴随着互联网大潮，在20世纪90年代得到了迅速发展。CRM通过“以客户为中心”的理念进行设计，目的就在于提高客户忠诚度，从而降低营销成本，拓宽市场。

CRM系统致力于将个性化服务做到极致。借助CRM系统可以通过微信的分组、LBS功能等把企业会员或者潜在的消费者按照地域、性别、需求、消费档次等进行分类，然后匹配相应的产品和服务，定期进行精准营销。微信的诞生，让客户和产品、服务实现了“零距离”。在微信营销中，营销者可以用最快的速度圈住潜在的消费群体，使用户自发进行宣传，从而降低营销成本，摆脱推广难的尴尬境地。

当前，微信与一些企业进行了自定义接口功能的测评，这个自定义接口能够与各家企业的CRM系统有效结合，使公众账号的功能更加完善，从而方便快捷地为用户提供服务。比如一个名为“Giveme5”的微信公众号，多次掀起了用户与其互动的风潮。它利用微信的自定义接口开展绑定用户ID开展抽奖活动，进行数据的收集，取得了显著效果。因此，向第三方接口发展，实现微信与企业CRM系统地对接无疑成为微信公众号进行营销的一大选择。对于微信营销者来说，利用大数据进行用户行为分析至关重要。通过一台电脑来控制一批手机，电脑画面和手机屏幕实时同步操作，达到实时群控的目的，比如可以根据用户使用微信的具体时间，来确定每天具体的推送时间，从而避免对用户造成干扰或者消息无法有效抵达用户。可以利用CRM系统根据年龄、性别、地域等属性对用户进行分组，针对不同的消费群体进行不同内容的推送，从而实现精准推送。开发自动营销的功能，通过电脑实现对多部手机自动加粉、自动发朋友圈等常用的微营销功能。完善后台服务，提高工作效率，与传统人工客服一一回复用户不同，开发的系统会将所有手机对话集中到一个窗口，客服就像聊QQ一样在电脑

端直接和微信用户进行实时对话，解答用户的疑难问题，从而节省人工和时间成本。

（三）利用微社区等外部工具促进微信营销

尽管微信公众平台发展到现在，功能已经非常丰富，但还是存在一定的弊端。公众号的关注者之间无法进行沟通交流，粉丝可以查看推送的文章，并且留言发表自己的看法，但是彼此之间无法进行互动。面对有不同需求的用户，微信官方也不可能无限添加功能，如果开设网络论坛的话，又和公众号本身割裂了，这时候微信营销者可以借助外部工具来达到自己的营销目的。

微社区是由盛康公司开发的一种新兴形态的交流平台，可以说是一个移动版的论坛。在微社区，可以浏览本地信息，与志趣相投的人组成不同的圈子，零距离接触自己的偶像……微信营销者可以通过设置公众号的自定义菜单，与微社区进行接口。这样就可以使有一致特点的用户汇聚到一起，营造良好的交流氛围，进一步提升用户对公众号的归属感和黏性。

微信公众号和微社区的结合往往可以爆发出巨大的威力，一个典型的例子就是贵州卫视的《非常完美》，它作为一档非常受观众喜爱的约会节目，通过二者的结合，将微信公众号的粉丝汇聚到微社区进行交流互动，公众号推送的文章大多和微社区有一定联系，而微社区上也随时普及公众号的信息，5 个月便超过了 8000 多万的访问量，缔造了一个互联网神话。

除此之外，H5 页面也非常适合在朋友圈迅速传播，它的实质就是一个移动微场景应用，目前广泛应用于商业广告、企业招聘、活动发布、游戏等多个方面，其简单活泼的形式深受用户喜欢，它的诞生完善了新媒体营销体系，提升了营销转化率，能够取到良好的传播效果，满足企业个性化需求。《穿越故宫来看你》是 2016 年 7 月腾讯跟故宫合作的一个宣传片，它将传统历史与现代科技完美融合，在 H5 页面中内嵌视频，并且增加了交互功能，画风和说唱配乐极富感染力，一经推出便刷爆了朋友圈，超出了制作方预期的传播效果。

# 第八章　新媒体营销的未来发展展望

在这一章,我们会讨论以下问题:

1. 中国社交媒体的特色和创新

2. 社交媒体营销的发展趋势

3. 社交媒体下企业的沟通管理问题,包括社交媒体环境分析和社交媒体用户分析

4. 中国社交网络未来的发展趋势,企业如何应对

5. 社会媒体在未来运用的策略

## 案例导入

### 用一首歌的时间,听听这些留守儿童的心声

在中国偏远的农村,有超过6000多万因父母移居他乡为寻找工作而被留下的儿童与老年人生活在一起。其中一些家庭因为太穷负担不起电话费或者通信设备落后,而无法和家人保持联系。

为了帮助这些孩子,腾讯手机充值、腾讯公益、壹基金于2016年联合发起"回声计划",并在全国多个贫困村建立儿童服务站,提供亲情热线,让留守儿童能和远在千里之外的父母说上一句话。每当消费者选择使用微信手机充值功能时,腾讯都会将一部分收益捐赠给"回声计划"。

最近,智威汤逊就为此制作了一支广告片《请给我们一首歌的时间》,希望提升消费者对"回声计划"的认识,鼓励消费者通过微信或者QQ钱包充值而不是竞争服务来增加手机电话额度。

在此次影片中,贵州农村的孩子们在他们的父母离开后吟唱着"鲁冰花",一首从小就被父母教导的讲述了母子亲情的歌。一个小女孩说,她很希望她的妈妈能够教她一首新的歌。这部影片促使观众通过使用腾讯手机充值来为留守儿童实现和父母沟通的希望。

"为爱充值"广告"战役"于7月20日在社交媒体上发布,在第一周仅在腾讯视频就获得了近200万次浏览,腾讯公益的捐款数两日即达到30万。截至8月

4 日,该视频总浏览数已达 3000 万。

（来源:钛媒体 2017 年）

社会化网络中人人链接的状态,信息自由传播的现状告诉我们,社会化网络能够帮助我们的信息更快更有效地传递给更多的群体。很多人一开始也认为社会化网络的魅力就在于能够将信息插上翅膀,传播给更多的人。于是,这让很多人走上了追求声量的传播道路,却苦于看不到能够带给商业价值。

如何从困局中走出？从商业价值的角度出发,社会化网络的价值并不仅仅是制造了多大的传播声量,更是在于融入社区后的一对一的交流和沟通。

(1) 重视社交网络价值

让我们从个人的角度来看社交网络的价值,通过接触更多的人,我们能够接触到更多的信息,更多的事实和关系。通过更多与他人的直接对话,我们能够很容易融入某个社区,从而得到更多的有价值的关系和信息。久而久之,建立起自我在社会化网络中独特的符号,构建起自身在社交网络中的影响力。

然而,很多品牌商急急忙忙地着落在社交网络中后,却发现这块土地有点陌生。凭借着品牌商线下的影响力,品牌商很快在社交网络中聚集起自己的粉丝部落,但就在此时,很多品牌商困扰于如何在社交网络的一次次发声传播中转变成能够数字化的盈利数据,如何去衡量品牌在社会化媒体投入的投资回报率(ROI)。

得益于社会化网络的神奇,品牌商现如今能够站在和消费者最近的地方,开始能够看到一个个生动的消费者,他们有什么喜好,他们正在参与什么样的对话,然而,很多品牌商却在苦苦追求声量,苦苦挣扎于 ROI 的衡量。问题难道就是我们不知道如何跟踪和衡量品牌在社会化媒体中的传播互动？也许问题的本身就出现了偏差。

(2) 一对一沟通的魅力

通过和公司团队在影响者营销的研究和项目实践,我们发现社交媒体的真正魅力不仅仅在于向大众的传播沟通,而更是在于和一个特定的消费者之间的对话交流和建立信任。这种一对一的二元关系,才是社会化网络的核心。

大众互动沟通与一对一、在特定情形下的沟通是不同的。很多线上大众互动和沟通,通过突出主题,引发讨论,更多的是让大众了解时下流行的话题,更多的是帮助品牌建立初步认知(awareness)。然而一旦是两个建立起特定关系的人(可能是家人,同时,朋友等)就某一个产品或者话题(可能是电脑,智能手机等),又在消费者产品购买周期的一个关键时间点(awareness,consideration,decision)时刻产生对话,这样的对话就能够驱动消费者的实际行为。

不否认好的营销创意内容,整合传播是建立品牌广泛认知的一部分,但是到能够帮助消费者真正采取行动，转变成企业的收入利润时，这些活动变得渐苍白无力。

(3) 信任的力量

毫无疑问，现在的消费者是最精明的消费者，消费者不再相信广告，不再相信代言人，他们更相信的是身边一个个平凡而又普通的"影响者"。这种信任不同于我们因为听到群体发声中产生的信任。

举个例子来说，集体的智慧告诉我们苹果是世界上最好的手机，但是小米、三星的手机仍然在市场中火热。可能你会说小米在这里不具有代表性，小米自身就是一个社会化网络中的传播的典范。没错，小米在社会化媒体中的确有着很好的表现，但是发烧友们狂热追捧的背后更是有着品牌的透明和共享，品牌与影响者之间的信任建立，影响者与影响者之间的信任建立。

因而只有这种一对一的，个体与个体之间信任的建立，才能够产生影响力，才能够产生让消费者采取行动的影响力。如果我们仍然在追逐越来越多的听众，越来越大的声音，只见森林，不见树木，那么我们肯定还在社会化营销的迷宫里纠结于如何得到可以衡量的产出。趁势而行没错，但拔腿就跑未必就是智。

## 第一节　我国社交媒体的特色和创新

### 一、独特的防火墙国情

在我国，网络防火墙是社交媒体发展的独特环境。从 2003 年开始，以"金盾工程"为代表，有关部门不断对互联网安全加强控制，并通过了一系列法律法规规范社交媒体的发展，最新的一部是于 2014 年 8 月 7 日发布的《即时通信工具公众信息服务发展管理暂行规定》。2009 年 7 月，饭否、嘀咕、叽歪、做啥等国内第一批独立微博客网站被关闭。

### 二、C2C 模式(Copy to China)与创新

我国的互联网发展起步较晚，而且由于防火墙的存在，国外的社交媒体难以进入，因此造就了 C2C 的"山寨模式"。比如人人网和开心网都山寨 Facebook，新浪微博山寨 Twitter，优酷网山寨 YouTube，街旁网山寨 Foursquare，无秘网山寨 Secret 等等。

这些社交媒体不仅仅是山寨，更有结合国情的创新。一个例子是，新浪微博虽然基于 Twitter 的规则和框架设计，但是在细节上却有所创新。比如，新浪微博比 Twitter 增加了评论功能，很像微型博客。新浪微博可以显示图片、视频等

多媒体，而 Twitter 只能以短链接附加图片。这样，微博变成了“Twitter＋评论＋富媒体”。评论认为：“Twitter 被 SMS 捆住了手脚放弃了富媒体或融媒体的广阔世界。因为 Twitter 是小团队创业，没有资源，只能单点突破。以图片为例，一图胜过千言万语，第一时间看到缩小图，而不是点击短链接再看到图，更加直指人心。”“新浪微博不是简单的 Facebook 和 Twitter 杂交，而是胜过两者，理由是：嵌入多媒体和照片，用户可以直接在微博上播放和打开，无须跳转到视频网站；奖励系统；广场；线上经济。”

### 三、发展速度惊人，互联网一代崛起

我国社交媒体的另一大特点是发展速度惊人。原因主要有：

第一，人口流动性增大，城市里非城市户籍的人越来越多。他们远离父母和原来的生活圈子，借上网消除孤独感。

第二，宽带费用显著下降，智能手机快速普及，大多数人都能承担相关费用。

第三，20 世纪 70 年代末期以来推行的独生子女政策令整代年轻人缺乏伙伴，需要到网上寻找共鸣。

第四，主流媒体的报道权威性较强，但大众兴趣点开始发生转移。

在中国大陆地区已经出现了迅速崛起的互联网一代。互联网和这一代人的日常工作和家庭活动交织在一起。根据中国互联网络信息中心（CNNIC）发布的《第 41 次中国互联网络发展状况统计报告》，截至 2017 年 12 月，在中国的 7.72 亿网民中，即时通信使用率 93.3%，搜索引擎使用率 82.8%，网络新闻使用率 83.8%，网络视频使用率 75.0%，网络音乐使用率 71.0%，网上支付使用率 68.8%，微博使用率 40.9%，共享单车使用率 28.6%。2017 年，中国网民人均每周上网时长达 27 小时，Wi-Fi 和 4G 网络的快速发展，更好地满足了网民对各类应用的使用需求，尤其像视频等大流量应用的使用，从应用使用深度上提升了网民对各类应用的使用时长。

### 四、中国的社交媒体承载了更多的社会责任

由于中国缺乏信息自由发布的现实环境，社交媒体的匿名、公开和参与这样的特点使得在信息的管理上存在滞后，从而使得微博在中国环境下获得了罕见的自由信息交流的环境，这使得微博这样的社交媒体平台比起西方的社交媒体承载了更多的社会责任。微博实名举报、微博公益等都是中国特色。

以记者罗昌平微博实名举报国家发展和改革委员会副主任刘铁男为例。2012 年 12 月 6 日，《财经》杂志副主编罗昌平发布 3 条微博，实名举报刘铁男涉嫌伪造学历、与商人结成官商同盟等问题，引起广泛注意。中央纪检部门根据实

名举报的内容，进行立案调查。2013 年 5 月 12 日，“刘铁男涉嫌严重违纪，目前正接受组织调查”的微博又一次被广泛转载，这开创了微博实名举报、扳倒部级干部的纪录。

### 五、过度娱乐化和挥之不去的利益链条

从人人网到新浪微博再到现在的友秘、知乎等社交媒体，虽然功能各不相同，但是都有一个发展路径：要走向大众，就必须经过娱乐化的阶段。这就导致段子与心灵鸡汤泛滥。同时，灰色利益链条也成为挥之不去的问题，代购、刷粉、僵尸号、软广告等充斥在各个社交网络中。

## 第二节　社交媒体营销的发展趋势

在 2015 年，众多品牌已经逐渐学会了如何使用社交媒体来帮助他们完成商业目标，然而这种学习的过程却充满着辛酸泪，他们不断地用试错法去挑战社交媒体新趋势影响下的新世界，偶尔一蹴而就，经常头撞南墙。而残酷的现实是，随着时间的推移，社交媒体新趋势又产生了新的变化，这就导致了品牌需要再次适应这些趋势，否则他们之前的努力全部都白费了。未来社交媒体的新走势包括：

（一）进化迅速

在过去的几年里，消费者使用互联网的方式发生了天翻地覆的变化，而相对的，品牌商如何参与其中，并与消费者互动的手法也有着巨大的改变。所以说，品牌商几年前还奏效的策略在现在以及未来是注定行不通的，品牌商必须重新审视自己和消费者之间的关系，制定新的策略，并且记住，未来的时代掌握数据非常重要。

（二）可消费化

许多社交媒体公司为了完成在线可消费化，已经摈弃了传统的，冗余的内部金融审查。而其中的佼佼者就是像 Burberry 和 Ralph Lauren 这样的时尚品牌，在他们家买东西的确只要点几下鼠标就可以了，边看视频边购物已经成为现实，下一个又会是什么呢？

（三）易消化

现在的消费者对于自己的时间都更加重视，所以他们在社交媒体上很少会花很多时间去消化一份长长的品牌资讯。消费者的这种习惯让他们更加青睐那些一读就懂、简短有力的讯息。而这也正是品牌商应该要追求的，如何让自己的

品牌内容变得更加易消化，让消费者容易接受，就能在未来占得先机。

（四）自动化

现在大部分社交媒体网站的广告位和推送都是人工上传的，这一点在未来有望改变。利用数据和计算机完成的自动化运营已经在不少广告商那里火起来了，而这一趋势攻占社交媒体也只是时间问题。自动化的好处显而易见，因为每个用户对网页上恼人的广告都痛恨不已，而自动化运营能让广告的设置和展示变得更有内容、效率，更加“安静”。

（五）连接性

移动终端让人和人之间的连接性更加密切。这一点自不用多说，大家打开手机就知道每天自己会和多少人多少团体打交道了。

（六）过滤性

社交媒体时代的来临让我们每天接收到的信息都呈几何倍数式增长。据统计，世界上 90%的数据都是过去两年创造出来的。在信息量过剩的时代，消费者自然而然会想办法去过滤一些自己讨厌的信息，打造自己独一无二的媒体渠道，对于品牌商来说，了解消费者的过滤性，从而改进自己策略就显得合情合理。

（七）整合能力

现在的社交媒体已经变成了众多品牌商的坟墓，过去几年，成千上万个“死亡”的营销战役在这里静静地躺着，而存活下来的营销战役寥寥无几。对于品牌商来说，社交媒体平台不应该仅仅成为一个发动营销战役的场所。电视广告、广告牌、品牌社交媒体账号等等诸多因素都能在社交媒体上得到发展空间，学会整合这些因素，把社交媒体平台充分利用起来才是可持续发展的品牌策略。

（八）中国世界化

中国是世界第二大经济体，人口最多的国家，而中国的大部分社交媒体网站都还在关注本土市场，当这些中国本土的社交媒体网站走向世界，全球化的过程中将面临诸多互联网巨头的竞争。

（九）可穿戴化/可植入化

这是一个值得玩味的话题，现在所有人都在为新的可穿戴设备科技而兴奋不已，但是可穿戴设备的意义在于消费者如何利用这些设备接受信息。如果有朝一日这些可穿戴设备变成可植入设备，那么对于用户而言是不是更加方便呢？

（十）价值传递

Dove 和 Nike 在过去几年宣扬性别平等，鼓励更加善待自己的生活，用诸如此类的手法来提高整个用户群体对于品牌的认知程度，同时传递品牌的价值观，从长远来看这的确是行之有效的营销策略。未来是善变的，而现在流行的趋势过几年可能就落伍，甚至有的观点认为，与欧美相比，亚太地区的流行趋势反而更加尖端，更加值得追逐。所以对于品牌商来说，未雨绸缪永远是正确的，在追时下热潮的同时，也要花点功夫研究未来的趋势，掌握未来，才能领先。

**【视角】**

微信中的“僵尸关系”

当我们越来越疲惫于应对微信上与自己无关但又“被迫要看”的信息时，大部分人脑海里始终闪现的画面是：一个看不清面容的人站在舞台中央独自表演，周围漆黑一片，只有聚焦灯的光孤独做伴，这人时而沉醉、时而失落、时而焦虑、时而期待、时而平静，黑漆漆的周围偶尔响起掌声，但他不知道观众是谁，他重新哼着自己的节奏再次翩翩起舞……

在使用微信时，或许许多人都对这种心境和状态有所体会。如今，基于微信的社交关系的确发生了较大变化。最初，微信上的圈子多是小圈子，由亲朋好友组成，这种关系是强关系，且大多是现实生活中的关系，这种关系的稳定性很高，即便不使用微信，这种强关系依然可以靠其他方式维系。随着微信越来越成为职业社交、工作范畴、营销的工具，一个人的圈子的确由当初单纯的强关系圈子，扩大到了更大范围的圈子，甚至更多的交叉圈子，而这种圈子是基于弱关系的，不依托情感来维系，只为了满足工作、职业社交需求、营销目的等。

于是，基于微信平台的社交圈子最终形成了两种关系：一种是真实的强关系社交圈子；另一种是基于某种利益需求临时搭建的弱关系。

微信用于工作交流、职业圈子社交、营销推广等方面的需求越多，弱关系圈子占据的比例就会越大，那上面描述的这种画面就会让人愈发感到真切。其实，人们感到疲惫、失落、焦虑等情绪的真正原因并非如许多文章所说的“增多、泛滥的朋友圈信息”（这只是一方面），本质在于，这种临时搭建的弱关系给不到我们足够的满足感、安全感、维系感。

问题恰恰在于，这种弱关系圈子在微信上比重越来越大，如何影响到我们？以及对微信产品本身有什么反作用？

一、以利益需求为基础的“临时社交关系”：最易成为“僵尸关系”

如上所说，这种关系如今在微信上占据的比例较大，这种关系虽然是因工作原因、职业社交、混迹某个阶层而起，但本质上就是以利益需求为基础的。当然，这里的利益并非贬义词，也并非指金钱，而是带有某种特定目的或需求。比如一个并不熟悉或陌生的人加你为微信好友，因为TA想咨询某些事情，或者只是初步建立微信联系以便日后有所求，或者为了储备人脉，或者为了营销推广，等等。

总之，这种关系不是由真实朋友引发的，而多半带有一定需求。这种关系在利益需求发生时就会激活，并搭建起来“临时社交关系”，一旦需求达成，社交关系便会逐渐淡化，甚至重新归于陌生人行列。所以这种关系就像一种临时默许的“交流契约”。

如果僵尸用户是代表微博上大量不活跃、沉默的用户的话，那么把“僵尸关系”形容微信上这种临时搭建的关系似乎也很贴切，这种关系的活跃性在大部分时间是不激活的，静悄悄地躺在那里。看似有众多“好友”或“关系”，但它们很多时候都形同虚设，互动性较差。正是因为我们微信上的“僵尸关系”越来越多，由此产生的信息冗余鸡肋越来越严重的时候，我们的承受力便要报警了。因此，诸多文章讨论微信的这一现象，就是说明我们已经切身感受到了这种问题的存在。

二、临时社交关系向紧密关系转化需要什么条件？

说到这个问题，那就要先聊聊人与人之间关系的维系了。

人与人之间的关系如果希望更有黏性，并向紧密的情感关系转化，是需要条件的。第一个条件便是：真实情景下的交流和维护。有研究表明，人与人面对面的交流会才会促进社交关系的增强。所以，对于微信上多数临时搭建的弱关系，只有不断地有机会或创造机会进行真正的交流，那这种关系才有可能更加紧密，共鸣越多，才会产生情感因素，而情感才是维系关系持久的重要纽带。原则上讲，更加紧密的社交关系才会有更多互动、交流，活跃度也较大。

那这种真实情景放在微信上看可以是：不断融入微信上某个圈子，并在其中不断曝光自己获得交流机会；不断与他人讨论；也可以从线上转到线下进行更多面对面的交流。所以，在微信上与他人高频的交流，或者能把这种临时关系转化到线下，才有可能让临时关系升华，变紧密，才会有更多互动。但是，一般情况下，大多数人做不到这一点。如果不能，那么这种临时关系便会在建立联系后很快淡化，后续的互动也会缺乏动力。比如像一些不爱参与圈子讨论也无心刻意营造交流机会的人，是极易成为“僵尸关系”一员的。

第二个条件是，当临时社交关系在利益需求重新启动的时候，交流和活跃度会再次启动，如果这种利益需求不间断持续地发生，比如彼此加对方好友后，因为工作需要定期会有沟通和交流，那这种关系长期来说也会变得紧密。但这种情况在大部分人的圈子里发生只是少数，因为对大部分人来说确实有长期交流需要的人毕竟占据少数，剩下的临时社交关系大部分时间仍处于沉默状态。

第三个条件是，当临时社交关系找到了“共鸣区”，比如关系双方兴趣爱好相投、生活环境相差不大、关注的信息类似、工作内容非常交叉，等等。只有发生共鸣时，两个互不熟悉的人，或两个因某种利益需求而搭建的交流关系，才会有进一步维系的欲望,这种关系才有可能从临时关系转化成有情感的紧密关系,交流互动会增多,甚至成为真实朋友。不过,人生知己难求,这种“共鸣”也可遇而不可求。

因此,这些转化条件虽然是可以有机会达到的,但对于多数人来说并不会频繁的发生,所以我们的朋友圈仍以交流不多、互动不多、活跃不高的临时社交关系为主。

三、为什么这种临时社交关系会逐渐淡化、活跃度下降,甚至越来越沉默?

正如前面说的,临时社交关系都是半路上建立的,多数是基于某种利益需求,所以搭建临时社交关系的双方是不了解彼此的。我们不知道对方真实的生活怎样,我们在朋友圈看到对方的信息是经过特别标签的,这些信息是经过自我筛选和过滤之后的。也就是说,我们看到的对方,无论是生活、性格、性情、爱好、习惯、工作等等都是对方希望我们看到的,且都是碎片的。

所以,我们无法真实地了解对方,如果又不存在接触机会,那么我们无法感知到彼此的全貌,于是更不愿意流露本我,因此,这种临时社交关系的维系也只能是断续的,利益需求发生时才会最大程度激活,互动关系的长期维系变得困难。所以偶尔在圈子里发信息便成了一种创造互动机会的办法,不过,信息曝光量不宜太少(太少不利于临时社交关系的维系),又不宜太多(过多又会造成信息压力)。

对于大多数人来说,这种临时社交关系似乎成了一种鸡肋。比如,别人因为某种原因加你微信,而交流后你们没有更多信息往来,或者成了永远的陌生人,但是对方的信息又时常出现在你的朋友圈,而这些信息你并不太关心,所以这样只能徒增信息处理的压力。此时便会出现三种情况:

第一,屏蔽,彼此成为永远的沉默者,再无互动和交流,化成真正的“僵尸关系”,如果对方发现“被屏蔽”,有可能还会恶化关系。

第二,出于某种考虑,时常给那些跟你建立临时社交关系的人点赞,偶尔评论,但这会让你变成点赞机,并会累心。

第三,不屏蔽,但永远不点赞,也不会评论互动,因为“实在不了解你,对你没有真实印象,有时我想评论互动,但实在不知用什么合适的字眼说起。我担心不当的评论会破坏彼此假设的印象。别怪我不说话,因为我们实在不熟。”

所以,维护这种临时社交关系的精神成本是很高的,甚至会让人感到无所适从。当然有人说可以删除对方,解除关系,但是很多人会认为删除是对别人的不尊重,于是会选择上述三种情况中的一种进行处理。人际关系这件事很微妙,你怎么对人家,人家就怎么对你,都不需要公开挑明了说。所以大家一边默许这种社交关系的存在,一边又忍受信息刷屏,甚至还要考虑维系,这的确会令人烦躁、焦虑不安。

那么这种状态造成的直接生理反应就是，对无关信息量增大的焦虑甚至是反感，最终这种状态会大大减少我们打开微信刷朋友圈的频率，因为避开是缓解信息压力和焦虑感的直接办法。所以，我们就可以理解，为何如此多人都在呼吁逃离微信朋友圈，丢开手机回归真实生活。临时社交关系的活跃度低，甚至会变成僵尸关系就是这个道理。

四、微信朋友圈黏性将减弱，多数人成为孤独的表演者

我们还会发现，微信朋友圈加的不熟悉的人越多，我们越沉默，因为人们不太有意愿将自己真实的生活状态暴露于并不熟悉的人面前。于是，当微信平台越来越多地成为人们职业生存、发展、营销等的工具时，这种圈子里的沉默是必然要发生的。

而对于微信上原本真实的紧密社交关系（亲朋好友，强关系），微信实际上起到的是通信平台的作用，这部分强关系的活跃度有限。即便不使用微信，这种强关系仍然可以依靠其他通信方式维系。而就是那些基于微信而生的弱关系是被绑定在微信平台上的，如果不能找到转化成紧密关系的方式，只能靠微信来维系，但正如上面所讲，这种长期维系的成本太高，难度也大。但这种弱关系如今在微信上占据的比例较大，势必会造成朋友圈的黏性减弱。

另外，我们不容忽视的一个事实是，每个人关注和照顾到的范围是有限的，比如关心的多是自己的生活圈、工作圈、阶层圈、职业圈，你给自己定位的角色也限于一两个。比如，混媒体的人会经常关注并发布媒体圈的动态和信息，但这些信息并不能引起你其他圈子朋友的兴趣，那这些圈子的互动一定是很少。而对于那些并不熟悉的临时社交关系，因为并不熟络，生活或工作无交叉，所以互动频率也会较少，这种关系越多，互动性越低。

于是，舞台中央那个孤独的表演者又浮现在大家的脑海中。每个人都站在舞台中央，却不知观众是谁，面目如何。每个人的朋友圈都有如此多“好友”出现，但却不知道这些“好友”怎样，该如何互动了解。当你的热情散去，朋友圈又会怎样呢？谁又和你是“僵尸关系”？

（来源：钛媒体 2015，作者：常宁）

## 第三节 社交媒体下企业的沟通管理问题

### 一、社交媒体环境分析

任何一枚硬币都有正反面，本节将主要梳理社交媒体资源面临的主要问题。

（一）信息保密性差

保密性是指网络信息不被泄露给未授权的有网络用户、组织、实体或团体，即为信息的保密性。简而言之就是只有授权用户才能使用该信息，未授权用户不能使用。保密性原则能够有效保护用户的任何信息，而不被别人盗取。然而通过微博，用户可以看到任何其他用户的具体信息和他所有的言论。保密性差的后果是，蝴蝶效应明显，牵动大众利益的言论被广泛传播，影响大，后果不确定。

（二）沟通者识别难

因为沟通者隐藏幕后，沟通对象间除非是非常熟悉对方真实身份，否则很难识别双方间的真实身份，新浪微博从 2012 年 3 月 16 日开始强制推行实名制认证，所有未采取实名制认证的账号将被强制拦截，不能再发言、转发。然而截止到 2012 年 11 月 17 日为止，通过对新浪微博"月榜"(新浪微博月度排行榜)的统计发现，实名制的用户不足 10％，从用户账号的表面来看，很难分清这个用户的属性和特点，给微博社交媒体的沟通管理带来很大的困难和挑战。这样的用户完全是隐居幕后，对于被沟通者来讲，很难识别。

尼尔森在 2012 年 2 月 3 日的报告显示，新浪微博使用真实姓名的比例仅为 19％，新浪微博用户更多地使用与真实身份相关的昵称作为账号。

（三）定向沟通困难

因为人人可以参与，根据中国互联网络信息中心的调查数据统计显示，网民的属性可以根据性别结构、年龄结构、学历结构、职业结构、收入结构、城乡结构等六大属性。但是以上的数据是根据统计调查得来的数据，具体到每一个沟通的用户时，用户本身很难根据每一个属性进行一一对应显示。由于无法跟属性相对应联系分析，不能准确定位沟通对象，给微博的沟通管理带来了很大的挑战和困难。

（四）群体事件频发

微群，就是微博群的简称，微群把志趣相投的人聚集在了一起，并且把他们都感兴趣的信息放在了微群里面，供他们浏览交流。让志趣相投的微博用户以微博的形式更加方便地进行参与和交流。微博社交媒体中，不同的用户群体之间有不同的社交网络，由于微群存在，具有相同属性、特点的用户聚合在一起，在某些事件的刺激下很容易引起群体性事件。社交媒体在群体事件的加速爆发和扩展影响面中起到了催化和快速助燃的作用。2011 年 8 月 4 日，伦敦警方枪杀了一名黑人青年马克・杜干，引发了大规模的抗议，而抗议随后演变为暴乱。短短几天时间，暴乱事件蔓延和传播到伦敦的十多个地区，《卫报》在对比 1981 年和 2011 年两场暴乱的差异中指出，社交媒体和手机在 2011 年的伦敦暴乱中扮演重要的角色。再如，以手机、社交网站为代表的新媒体在美国“占领华尔街”运动中发挥了重要作用。新媒体作为这项全球范围运动的发起者、组织者，为这项运动明确了目标，制定了运动形式，并使其影响范围逐渐扩大。

微博作为一种新型社交媒体，其沟通管理意义重大，正是因为群体性事件的破坏性和影响力如此强大，微博社交媒体的管理变得尤为重要，企业或者政府面对这种社交媒体的沟通管理更应该有一套系统化的网络和方案。

（五）信噪比低

根据信息网络词典的解释，信噪比指的是信号电平与噪声电平之比。归一化信噪比为每比特信号能量和噪声的功率谱密度的比值，用 dB 表示。信噪比越低表示信息的有效性越低，噪音比例越大；同时信息的真实性就难以区分开。

因为微博社交媒体是一个人人都可以参加，人人都可以作为信息的源头、转发点、评论点，每一个人都可以对现有的信息进行再加工。作为企业和研究者来讲，信息的有效性很难保证和考量。根据《微博用户的使用动机与行为》的研究结论指出：研究结果指出微博使用动机排在前三位的分别是：第一是“随时记录并保存日常生活轨迹、灵感和想法”，第二是“写微博只需三言两语，既省时又省力”，第三是“能转发、分享一些有意思、有价值的帖子，或者提供有价值的信息供别人分享”。其他的动机排名依次是社会交往、娱乐消遣、便捷性以及宣泄情绪、缓解压力、消解孤独，等等。虽然用户的动机可以进行概率性的排序，但是作为企业的微博沟通管理来讲，信息的有效性、真实性还是很难去把握，尤其是要在满足一定的置信区间的前提之下，更是难以考量。

（六）信息量泛滥

根据新浪发布的 2017 年第四季度财报，目前新浪微博月活跃用户数已经突破 3 亿人，达到 3.92 亿，其中 93% 为移动端用户，每天有近 1 亿条微博内容产生，每秒钟平均有 1157 条微博内容产生。以 2012 年 1 月数据为例，微博的人均单日访问次数为 1.6 次，人均单日页面浏览量 6.2 页，人均单次页面浏览量 2.7 页，人均单日访问时长达 7 分 18 秒。

新浪微博每秒信息量峰值较 Twitter 高出 7000 条，根据新浪科技讯北京时间 2012 年 1 月 30 日下午消息，据《时代周刊》报道，在龙年新春零点微博抢发活动中，新浪微博发博量峰值再创新高，龙年正月初一 0 点 0 分 0 秒，共有 32312 条微博同时发布，超过 Twitter 此前创下的每秒 25088 条的最高纪录。

**【企业案例】**

## 玲珑沙龙的诞生

初次跟人提起“玲珑”时，困困总是说，“我占了历史的便宜。”在1930年的上海，恰恰有这么一本也叫作“玲珑”的杂志，这个《玲珑》是个目标用户明确的垂直媒介——城市高受教育阶层女性；一问一答也显出PGC与UGC的结合；谈论的问题既具有实用性，也反映了一种社会风潮。而这一切和80年后出现的“玲珑沙龙”，所传递的精神几乎一模一样。

于困困曾是著名的媒体人，曾经供职于《三联生活周刊》《GQ智族》以及《纽约时报》中文网。2015年伊始，她宣布“也要创业了”。最终诞生的是一个名字叫作“玲珑沙龙”的女性兴趣移动社区。

在困困的构想中，这是一个垂直于一二线城市的22至32岁之间独立女性的社区产品，这群人可能刚刚毕业，正在享受着生活的乐趣，没有触碰到职场天花板，也没有被家庭束缚……总之“秀外慧中＋社交”是她们的特点，而这些用户在困困眼里，还可以用另外一个词来形容——“雅痞”。

受过不错的教育，又有着自己的个性，这群中产女青年，在一定的兴趣之下围绕着沙龙主题进行沟通、交流，产生摩擦，产生价值。这是困困心中，玲珑沙龙的最佳状态。

一、从微信到APP，从0到1的冷启动

社区在很大程度上就是UGC，由用户来产生内容。当然，这样的方式，有优势有劣势。

优势是随着用户量的增大，你会拥有很大的生产力，类似有很大的撰稿人团队。而运营所需要扮演的角色即大编辑这样一个角色，策划这些人群，引导他们，让他们进入一个一个的主题团队。

最大的挑战是，未知的人群是一个非常难控制的、噪音非常大、可能会出现很多垃圾信息的地方，所以需要从产品和运营两个角度进行引导，这是内容社区最大的挑战。

2015年1月初，玲珑沙龙(以下简称“玲珑”)的微信公众号开通了，困困说，从微信号运营的第一天，她其实就并没有把这个当作媒体性质的产品来运营。而是在微信这样一个非常封闭的环境中来实验互动性，把用微信号来尝试做社区，并尝试在微信中一点一点探索出运营的经验来。

如何从0到1，这是所有内容社区面临的问题。可能你会刻意注入一些种子用户，可能运营的同学会换马甲进行内容生产和互动，这些在困困看来都是合理的行为。

困困告诉钛媒体，在早期，刚刚和用户见面的时候，尤其是用户对你的认知还非常弱的时候，内部运营的强干预就变得非常重要。“你就像一个大编辑一样，对于话题和人需要有非常强的敏感性。所以我们会根据当下的热点，按照对标用户的兴趣范围和对标用户喜欢的语气来策划一些沙龙。”

玲珑沙龙运营的早期，内容通常是按照PGC＋UGC的方式来进行。通过平台方去策划一些带有名人、营销性质的沙龙，来引导用户在微信上进行回复。不过，相比APP的直接互动而言，微信公众号的社区实验确实更加烦琐一些。

玲珑的运营人员告诉我们，早期在微信上采用的方式是，将这个沙龙的预告发出来，来征集用户感兴趣的一些问题，用户在后台进行回复之后，平台来进行收集和整理问题。信息经过了沙龙主人、平台、用户三个介质的传递，而其实平台是完全可以不用出现的。

6月24日，酝酿了半年的玲珑APP终于上线了，PGC＋UGC的方式让他们发现，运营其实不仅带有编辑的策划感，一部分是用户真实需求的体现，另一部分又是对用户需求的一个补给和满足。

“APP的互动比微信好太多，可以让用户更加直接的玩起来。”困困感叹道，“在APP中只要拥有邀请码的用户都可以发起沙龙，提问问题，也可以在沙龙里直接回复，这个互动是非常直接的，但是在微信上互动你是向未知的后台发出问题，并且问题双方人和人之间是不可见的。”

除了产品上的互动性设计之外，为了信息传递效率的提高，玲珑还采用了类似用户投票的方式，用“赞”和“呵呵”，来影响沙龙回答抵达沙龙主人的效率。当某一个沙龙问题非常多，但是沙龙主人没有精力解决所有问题，用户之间相互帮助他做了一次筛选，赞的比较多的沙龙回复，就可以比较靠前的被看到。

当然，这样的互动方式的设置在微信微信号平台或媒体化的产品中没有办法达成的。困困用颇具媒体化的语言表达到：“用户和用户之间打破了媒介，是C2C的概念，是信息的生产者和信息的消费者直接进行沟通，然后，是他们之间会有一些相互的制约和影响，会形成社交关系，或者对对方有一些了解，或者激起你的好奇心或厌恶感。”

玲珑沙龙就是用这样的方式，先让社区启动起来。

二、如何做好一个内容社区

社区是一群人凑在一起，把这群人捆绑在一起不可见的空气，就是调性。不管是什么样的组织形态，不管你的创业项目有多么新颖，但是形式都是很容易被覆盖的，而不可复制的东西恰恰是人群和调性。

相对于女性社区来说，可能会更加注重调性，她们特殊的情感导致对于事物更加感性，对于气氛和人与人之间感情等比较软性的东西会更加在乎。

对于内容社区最大的挑战，在于当用户有了更多的沟通和发帖的权限之后，他们如何能够相对的在一个范围内，守规矩的尊重社区规则和调性来完成众包的协作的事情，也就是说社区如何来维护自己的调性和秩序？

说起调性，我们可能会觉得是一个逼格略高的词语，但在困困看来，每个社区都有自己的调性，如豆瓣，如知乎。女性内衣电商氧气的创始人曾接受钛媒体采访时也表示，为了维护自己社区的调性，她们一直都没有大量的去做宣传引进更多的用户。

而玲珑在这点上，也不例外。

很明显，玲珑沙龙到现在仍然采取的是邀请码制，困困坦然的告诉我们，邀请码制是帮助整个社区来切中一部分有内容生产能力的人的小小手段，通过设置一定的门槛，来定标和切取自己的目标用户：拥有邀请码的人可以分享给自己的朋友，而这些人也通常是具有生产内容能力的目标用户。

但同时，困困向我们解释到这个功能并不阻碍没有内容生产能力的用户来进行浏览，没有邀请码的用户仍然可以进行浏览和转发分享。

值得一提的是，知乎正也是用这样的方法来建立自己的调性的，但这个过程曾经长达两年。困困说，我们并不会那么久，但是这个机制在短期内仍然会存在，当社区上面的那层气氛形成时，邀请码自然会去掉。

除了设立严格的准入门槛之外，产品的设计和运营的引导，对于社区调性的形成也尤其重要。

玲珑的沙龙形式基本上可以划分为三种："尽情问我""一起聊聊"和"不服来辩"，这三种形式正是针对不同能力的人群来进行的场景设置。比如，"尽情问我"就是意见领袖的沙龙形式，具有非常强针对性和暗示性，可以来引导用户怎样进行玩，当越来越多的用户有了模仿效应，那么就会有助于形成社区调性。

这也是早期运营担负的PGC的部分，在困困看来，一个内容社区的塑造者，不是运营团队，也不是创始人，而是最早期的内容创造者，也就是我们所说的种子用户。

玲珑沙龙的运营人员告诉我们，她们早期会找来一些拥有影响力和生产能力的种子用户，进行专栏化的操作，固定的发布某一类型的话题，从而可以进行一定的话题引导和形象树立。用这种方式来把意见领袖激活，帮助树立个人品牌和获得更多粉丝。

此外，对于外部用户自主发起的沙龙，会进行检测和评级，优质的沙龙会进行推荐和热门展示；对于初次尝试的用户，内部的运营人员会在评论或沙龙里进行一定的引导和帮助他们修订，使他们变成更加优质的内容和沙龙。

“早期运营的任务还是比较重的。”困困说道。

三、内容社区从来都是慢生意

内容社区各不相同，但却也都有着相似的地方。玲珑沙龙一出生，就被冠上了“女版”知乎的称呼。

困困有些气又有些想笑，她有些无奈地说道，所有的内容社区都在做着一件相似的事情，即信息的组织方式，但是大家采用的具有方式不同。首先知乎是问答，但是玲珑是问答，不仅限于问答，还有讨论，是一种信息的众包。其次，二者讨论的话题边界，差距非常大，知乎更加偏向于科技、互联网，男性气质更重，玲珑更注重兴趣和生活方式，是一个女性气质的社区。

更有趣的是，玲珑上不仅有人发起沙龙“玲珑是女版的知乎么?”，还有知乎的创始人周源来提问“玲珑好玩吗? 为什么?”。困困在沙龙底下回复，知乎是玲珑的老师，也是玲珑创立的信心来源——有趣、认真的人在中国互联网上可以聚集，并改变大家的沟通交流方式。

是的，内容社区似乎总是相似的，知乎可能会教给玲珑一些运营经验，但也意味着它可能会面临和知乎一样的问题。

前媒体人的光环给困困的创业带来了不少的注意力，她承认至少在人脉资源上，她邀请过来的用户大多都是具有内容生产能力的意见领袖，但对于社区来说，这并不够。

“用户像一个金字塔一样，我的人脉并没有多少，但是每个人无形中会辐射到他的人群，然后再继续辐射下去。此外，我们并未放弃去别的地方去发现有内容生产力的人。大中小都会有一定的辐射力量，像滚雪球一样。”困困对钛媒体表示，社区从来都不是一个急功近利的产品，所以用户的扩张也不是那么着急。

当然，慢公司也有可能意味着慢生意，慢变现，豆瓣和知乎的故事我们已经耳熟能详。但女性社区的好处永远在于，她们有着很强的消费能力。困困说，电商化并不是之后变现的主要方式，但是会为了用户体验去做一些看上去很像电商的功能。比如在沙龙中出现一些产品，用户就会产生购买需求，因此，后面可能会采用这样的方式，来让社区用户的体验更加完整。

媒体采访困困，询问她心目中玲珑沙龙最理想状态是什么样子的? 带着媒体人惯有的思维，她回答道：“刚才描述的那些理想用户(22～32 岁的中产阶级雅痞女性)，在文娱、时尚一定的边界内聚集在这里，小小的摩擦并进行信息的交流，让信息的生产者和消费者进行自由的沟通。”

(来源：钛媒体 2015)

## 二、社交媒体用户分析

### （一）整体覆盖率

从社交类应用看，整体网民覆盖率最高为即时通信，其次为社交网站，最后为微博。传统的QQ、MSN、飞信是网民交流沟通的重要工具，近年伴随着移动互联网的快速发展，针对移动设备而推出的移动即时通信工具（Mobile Instant Messaging，简称MIM）也迅速普及，其中微信整体网民覆盖率已经达到61.9%，其后又出现了易信、来往等工具，目前该市场较为活跃。微博用户经过3年的爆炸性增长后，目前进入低速增长时期，面临用户流失、活跃度下降等问题。

### （二）用户流失

整体网民中，有2.54%的网民半年前使用社交媒体而现在不用了，这部分流失用户中，微博流失率达6.32%，微信流失率达2.62%。微博普及率高但是流失率也高，社交网站因为有QQ空间存在，整体流失率比较低。就2015年从社交媒体流失的网民来看，社交媒体网民的学历和收入结构有走低的趋势，收入和学历越高，减少使用社交网站的网民比例越高；反之，收入和学历越低，过去一年增加使用社交网站的比例也就越高。

用户从社交媒体流失的原因有：

(1) 认为社交应用浪费时间。这个原因的排序为：微信—微博—社交网站。

(2) 其他替代应用的出现，降低了网民现有应用的使用时间或者使用频率。减少使用社交网站的网民中，32.6%转而使用微信，20.3%转而上微博。减少使用微博的人中，37.4%转移到了微信。

(3) 网民使用久了丧失新鲜感。开始会兴奋，久而久之会减少对某应用的使用，排序为：社交网站—微博—微信。

(4) 与朋友互动少了也是重要原因。朋友更新较少或者发信息无人回应，也会降低网民使用社交网站和微博的积极性。

### （三）社交媒体用户结构

相对来说，使用社交网站的网民年龄偏大，收入偏低，学历偏低；使用微博的网民年龄偏小，收入偏高，学历偏高；使用微信的网民年龄偏大，收入偏高，学历偏高。

#### 1. 年龄结构

年龄结构上，微信用户年龄层次相对较高，社交网站居中，微博则相对比较低。年龄结构的差异导致网民在使用行为上也有差异，使得针对不同媒体的营销策略和广告策略都有不同。

2. 收入结构

整体来说,微信用户的收入水平相对较高,微博次之,社交网站收入水平相对较低。近年来,社交网站用户群体从白领阶层向年龄偏大的中低收入群体转移,收入层次有下降的趋势。

3. 学历结构

微博高学历用户比重相对较大,微信次之,社交网站最后。

4. 社交媒体使用的地域分布

四线城市受访者互联网平台使用显著低于其他城市,特别是在搜索引擎、视频分享以及即时信息上。不管在任何城市层级,新浪微博都有着最高的渗透率,腾讯在低级别城市渗透率较高。

(四) 社交媒体用户重合度

对于社交网站、微博、微信来说,超过 70% 的用户同时使用两个以上的产品,使用的重合度较高。其中同时使用三个产品的人占 37.0%,同时使用社交网站和微信的人占 53.1%,用户重合度较高。重合度越高,二者面临的潜在竞争就越大,一旦某一类产品的功能延伸到对方,用户就很容易被分流过去,对于另一方来说就会导致用户流失。在三类产品中,只使用微博的人仅占 3.3%,微博独立用户比重非常小,说明与其他社交产品的竞争非常激烈。

(五) 社交媒体用户使用行为

1. 品牌综述

社交网站:社交网站整体网民覆盖率超过微博,得益于 QQ 空间覆盖率较高。过去半年使用过 QQ 空间的网民比例超过 50%,领先于其他社交网站;其次为人人网,接近 20%;朋友网、豆瓣网、开心网覆盖率分别列于第三、四、五位。

微博:目前使用过新浪微博的网民比例最高,其次为腾讯微博,覆盖率与新浪微博差距不大,搜狐微博、网易微博分别列于第三、四位。

即时通信工具:目前使用过 QQ 的网民比例超过 80%,领先于其他工具;其次为微信,过去半年使用过的网民比例超过 60%;阿里旺旺、YY/YY 语音、飞信分别列于第三、四、五位。最新发布的易信、来往也覆盖了 2%左右的网民。

2. 用户使用行为

根据《2017 年中国社交媒体影响报告》的数据显示,用户访问新浪微博的频率最高,有 3/4 的被访者表示他们每周至少访问新浪微博 4 次。大多社交媒体用户每次访问一个社交媒体网站的时间在 30 分钟以内。访问社交媒体的时间主要是在家中或者上班闲暇时,接着是临睡前和上下班途中。而关注朋友动态、了解社会新闻以及分享自己的状态是人们上社交媒体网站的主要目的。可见社交媒体既是人们获取新闻、闲聊话题的途径，也是联系朋友之间的纽带。

以下按照分类分别分析用户习惯：

(1) 社交网站：用户在上床入睡前、饭后休息时大多访问社交网站。在上课、上班等学习工作时使用的比例也接近一半。碎片化时间里使用的比例也在增加。社交和娱乐是网民上社交网站最主要的目的。

(2) 微博：网民在饭后休息和上床入睡前使用微博的比例比较高。上微博成为网民在碎片化时间里上网的重要内容。社交和阅读信息是网民上微博最主要的目的。70%的微博网民通过微博搜索新闻或热点话题，微博已经成为一个大众舆论平台，是人们了解时下热点信息的主要渠道之一。但主动发微博(原创，不包括转发)的比例为64.6%，低于搜索和分享，由于普通网民发微博后被反馈较少，导致主动发微博的积极性下降。

(3) 微信：由于微信使用载体为移动设备，用户不仅在饭后休息和上床入睡时间段使用较多，而且在坐车途中、学习工作中、排队等候时的比例也超过一半。与他人交流沟通是微信用户最主要的目的，网民在微信上使用文字和语音聊天功能达90%以上，同时，使用朋友圈、群聊、玩游戏的比例也超过40%，社交因素在这些应用内容里较强，手机社交游戏也因此得以活跃。

## 第四节　中国社交网络未来的发展趋势

### 一、向移动端迁移

2014年，腾讯公司发布的《2014互联网跨界趋势报告》中称发展中国家互联网化在爆炸性增长，而且网络设备连接继续高速增长，智能手机的普及仍然在加速，人手一机的时代马上就将到来，这些都导致移动流量快速上升，互联网用户向移动端迁徙已成定局。未来的社交网络一定是移动为先，它的核心受众都在移动端。而那些PC上的社交网络产品将会被边缘化。人人网的衰败就证明了这一点。2014年人人公司一季度财报显示，其总净营收为2490万美元，比上年同期下滑39%，毛利润为870万美元，比上年同期下滑65.2%；运营亏损为2920万美元。除了人人公司自身的运作失误之外，移动网络和即时通信工具的出现是人人网用户迅速流失的重要原因。新的互联网社交产品兴起，分流了用户的网络使用时间，人人网上有价值和有效的内容越来越少。虽然人人网醒悟过来后也转向了移动端的开发，但是由于抄袭和运营失败，最终失去了最佳时机。

移动互联网更加注重用户参与和场景化表达。随着手机软硬件水平和网络的飞速发展,手机能产出的内容变得更加多样化。在4G时代来临之际,腾讯放弃了腾讯微博,将资源投入到微视中,就是看好手机和网络的发展必将使得短视频成为更容易被生产和被消费的内容。视频传递的信息远远比图片、声音、文字要丰富得多,它带给我们的是沉浸式的场景化表达。

随着手机硬件水平的提升,手机既能生产内容,也能处理内容,可以在手机上剪辑视频、在图片上涂鸦,这也进一步使得内容能够承载更加丰富的信息。所以,下一代社交网络的内容形式将更加多样。

## 二、从大平台逃离到垂直社交

在现在没有区分的大平台社交媒体上,用户被各种各样的无效信息轰炸。随着好友数的增多,处理信息变得疲劳而低效,成本剧增。这些都导致了人们对于社交大平台的恐惧,而从大平台逃离的用户其实变成了垂直社交产品的增量,是推动垂直社交趋势的重要动力之一。

近年来,一大批垂直社交产品涌现出来,渐成燎原之势,大量的垂直社交产品达到百万用户量级,甚至是千万用户量级。社交产品的不断壮大,说明了人们希望通过垂直社交产品解决垂直社交的需求,而不是通过关系冗杂的社交大平台。移动互联网时代的去中心化和去边际化意味着垂直社交还将迎来更大的发展,有论者称,以垂直社交为主的“小社交时代”来临。

## 三、匿名社交和阅后即焚兴起

在Twitter、微博等公开社交网络盛行的环境下,隐私问题给人们造成困扰。自私密交友软件鼻祖Path流行起来后,国内互联网创业者和互联网巨头相继在私密社交领域布局。社交网管理软件公司HootSuite执行长Ryan Holme认为,Snapchat使用“阅后即焚”(即内容被接收数秒后自动消失)的数据保存策略,在某种程度上重新恢复了社交媒体本应具备的趣味性和自发性。他认为,Snapchat拥有广阔的市场应用空间。Facebook公司首席财务官去年底承认,青少年使用Facebook的次数正在下降。而使用Snapchat的青少年数量正在呈爆炸式增长。在中国,友秘的成功正说明了匿名社交的巨大市场潜力。

## 四、社群化的社交媒体

从最近腾讯科技针对“95后”的研究报告中可以看到,兴趣化社交在互联网新生代“95后”的社交网络中占据了极大的比重,兴趣化社群将会是下一代社交网络的一个趋势。社群除了能通过兴趣建立连接外,也能通过内容建立连接。

从本质上来看，社交其实就是寻找话题、建立连接的过程。通过垂直化内容连接起来的社群具有蓬勃的社交活力。

中国社交媒体兴起不过十数年光景，如今已渐成燎原之势。社交媒体改变了中国人的沟通方式和思维方式，越来越多的中国人开始使用社交媒体，花费在社交媒体的时间越来越多。越来越多的社交媒体产品不断出现，从山寨走向创新，为中国人提供了新的“议事厅”和“圈子”。社交媒体的中国道路是基于中国的特殊国情，具有中国特色的发展道路，只有不断创新和尝试，中国的社交媒体才能走向更加广阔的天地。

社交媒体改变了营销组织和消费者之间的关系。在过去的几年中，涌现了许多令人难忘的微博营销成功的事件和活动。比如，雀巢咖啡中国、中粮美滋滋糖果品牌、星巴克咖啡屋、戴尔等。

尽管这些成功运作的微博营销事件与活动，套路、拳法五花八门，但究其本质，仍能找到其核心的“DNA”。根据艾瑞咨询公司发布的2012～2013年微博活动营销用户调研报告，用户首要关注的信息分别是：优惠促销信息和活动(30.5%)、有价值的生活和行业信息(30.4%)、有趣好玩的娱乐信息(15.1%)、能让大家参与的互动活动(12.0%)、介绍品牌和产品信息(11.9%)。这说明，要想有效地发挥社交媒体的优势，不仅要在短期内获得消费者的注意力，达到产品和品牌推广的目标，更要通过有意识地与消费者共创价值的活动(比如提供优惠促销信息、其他有价值的信息等)，与消费者共享品牌价值(产生情感共鸣，并愿意转发、评论)，最终达到长期共赢(相互认同，价值内化，成为利益共同体)。

## 第五节　社交媒体未来运用策略

从知名企业微博营销的实践可以看到，只有从消费者的需求出发，站在消费者的立场，深入挖掘消费者内心对品牌价值的需求，提供给消费者真正需要的价值，才有可能获得消费者的认可，也才有可能产生与消费者认知上和情感上的共鸣，并最终使企业品牌的价值主张成为消费者认同的，且可以内化为自己行为的意念与原动力。

对目前正在运用社交媒体开展营销活动的企业来说，仍需要注意的问题是：

首先，要能维持高质量的客户群，企业必须持续进行消费者洞察和营销策略创新，只有这样才能保持高的用户黏性。那些目前拥有高质量客群的品牌，主要源于他们对消费者准确的洞察和对消费者喜好的精准把握，并能以该人群最感兴趣的内容和话题作为微博营销的重点，从而保持了高真粉率和高活跃度。在今后的社交媒体营销中，持续进行消费者研究仍是重中之重的任务。因为随着现有的目标消费群体年龄的增长，新一代目标消费群的兴趣和价值观都会发生变化，只有根据其特点不断创新，才有可能持续保持高用户黏性。

第二，要充分识别和利用高质量客群的优势，将影响力大的粉丝作为VIP用户进行维护，发挥其在传播图谱中的核心作用。在对相关品牌的热门微博研究中发现，一些品牌微博虽然拥有大批高质量的粉丝，但他们在传播中起到的作用并不足够充分，也就是说微博的二次转发主要还是由营销账号推动，这对优质的粉丝资源无疑是一种浪费。在今后的营销实践中，建议将粉丝按一定的数量进行分层，比如，将拥有10000以上粉丝的粉丝纳入VIP粉丝体系，制定与其维护发展关系和互动的整套策略，挖掘其可能作为传播核心节点的价值。

第三，企业在做微博活动时除了应关注引流的变化，更要制定相应的策略将这批临时流量变为粉丝，甚至忠诚粉丝，从而提高活动效率。比如，美滋滋在腾讯微博活动中曾成功地吸引了一部分消费者的关注，但这些短期引流成功而来的粉丝波动比较大，增减非常频繁。因此，如何留住引流过来的用户，将其价值最大化是企业微博营销活动持续成功需要考虑的问题之一。

因此，企业在今后的微博运营时，不仅要考虑提供经济奖励，还应考虑多种价值的提供与分享；或许可以考虑将微博活动的期限适当加长，并在此期间对这部分用户进行重点关注，比如通过提供象征价值或情感价值，有意识地延缓粉丝获得经济价值的时间，使得那些由经济利益吸引来的临时用户转变为因微博内容或价值主张而关注的粉丝。

第四，企业在利用社交媒体开展营销活动中，应有意识地建立品牌自身清晰、明确的社交形象与身份，并通过各种活动与内容将这种社交形象与身份持续有效地传递给目标消费者，使品牌的这一社交身份与消费者渴望获得的社交身份相一致，并形成良好的对接与融合，最终使企业共创价值的各种努力成为消费者内化的价值。

雀巢咖啡中国的粉丝量十分可观，目前已经接近100万人。根据消费群体的特征，雀巢咖啡定位自己的产品为中高端产品，高端产品主要面向收入较高的群体，中端产品主要面对校园里的大学生以及白领等上班族。

早在2011年，雀巢咖啡就预料到社交媒体和社交网络营销的前景，开始了社交媒体营销。雀巢咖啡塑造了全新的品牌主张“活出敢性”，激发了以年轻人为目标受众的勇敢活出自我的情感共鸣。雀巢咖啡微博账号每天至少发送一条微博，每条微博前都会标出该条微博的主题。最主要的主题有：① 非常美妙时刻；② 75年香醇；③ 咖啡间风云；④ 咖啡音乐赫兹；⑤ 醒者如是说；⑥ 敢创意；⑦ 世界咖啡之旅；⑧ 其他。微博的内容基本都是围绕当天的主题，配图写上一段话。每条微博都会鼓励顾客进行互动，并且大部分的互动都有经济方面的奖励。最常见的就是赠送免费咖啡。

总之，从消费者需求洞察入手，通过共创与分享消费者需要的价值，激发消费者对品牌的认可与情感共鸣，最终实现品牌价值共享与价值内化，是社交媒体持续有效运作的坚实基础和重要保障。

## 案例思考

### 社会化媒体营销为何失效？

在过去几年间，我们一直在观察营销在各类社会化媒体平台上的演变和发展，并参与其中。从论坛到微博，再到微信，我们已经至少经历了三代的社会化媒体的变迁和更迭。而最近一段时间，我的观察和反思给我们的最真切的感受却是，社会化营销的威力正在下降，甚至面临着失效这些的危险。

一、社会化媒体已全部沦陷

在2005年、2006年的时候，在论坛里写一篇软文做一次植入营销是一件很容易的事情。因为，那时候，论坛里氛围还是比较单纯的，很多企业远还未意识到论坛里的口碑营销的价值。而到了2007、2008年之后，越来越多的水军侵入到论坛，网站管理员和版主艰苦的跟"水军"做着斗争，不过在企业做社会化营销的强烈需求的推动下，大量的马甲在论坛里成批地出现，一些自动发帖软件被开发出来。于是，论坛里垃圾的广告帖越来越多，论坛生态被破坏，人们开始逃离，论坛开始走向衰落。

然后，在2009年8月，新浪成为国内第一家开放微博服务的门户网站，由此开启了微博为主导的社会化营销的时代。而微博几乎是重复了论坛的衰落老路，大量的企业和政府微博入驻，大量的营销账号在利益的驱动下被成批的制造，在淘宝上更是出现了大量的微博增粉和转发评论的商家，成千上万的僵尸账户被营销软件公司制造出来。就在很多用户发愁一个月长不了10个粉丝的时候，在淘宝上花10块钱就能直接涨1万个僵尸粉。而在新浪微博的大力推动和支持下，更多的企业账号涌入微博，并将其作为社会化营销的主流阵地，大量的早安晚安心灵鸡汤和企业的产品消息，通过专门的微博运营人员每天持续的被制造，并定时推送给他们的粉丝们。微博开始被企业、媒体、政府、营销等账号彻底占领，微博生态被破坏，人们开始陆续逃离。

而在今天，正如日中天的微信似乎也正走在老路上。或许在普通用户的眼里，微信不过是一个社交工具，但在很多企业和营销公司眼里，微信现在俨然就是一个社会化营销的平台。微信公众号、朋友圈、微信头像、签名甚至朋友圈的相册封面等，都已经开始被彻底开发成了一个个可供营销的资源。在很多人关注到微商的泛滥对微信朋友圈生态的破坏时，事实上目前对微信朋友圈这个社会化媒体平台的生态破坏最为严重的却是越来越多的企业将微信作为营销的阵地，并将精力逐步从微博转移到了微信上。

而且，相对微博这样的由松散和广泛的好友关系组成的社会化媒体不同的是，微信是一个强社交关系的平台，一旦大量的企业将微信作为重要的社会化营销平台，微信朋友圈的生态被破坏的更快。特别是在企业营销诉求的引导下，经常会有大量的好友在瞬间分享同一个信息之时，用户的朋友圈瞬间就会造成刷屏。而就在很多企业还在为刷屏的效果沾沾自喜时，很多用户却并不会因为刷屏而去关注企业真正想去传达的消息，反而会将那些刷屏好友的朋友圈悄悄地屏蔽，或者将本来就不熟的好友默默删除。而当大量的好友之间开始试图解除好友关系，并被越来越多的不熟的好友刷屏骚扰，微信已经开始走在论坛、微博们的老路上。

二、社会化营销是否正在失效？

在今天，论坛已经渐渐无人问津，微博的衰落已是事实，而微信的疲态已经开始显现，但是新的平台级的社会化媒体平台还没有开始出现，目前的社会化营销时代看起来正在遭遇断层。这有几个明显的特征：

1. 没有人再大红大紫

在论坛时代的高峰时，制造了一大批的网络红人，他们有的已经消失匿迹，比如犀利哥，有的仍然活跃在这个时代，比如芙蓉姐姐、凤姐等；而在微博时代造就了天才小熊猫、留几手等红人；而在微信时代，截止到现在，并没有诞生真正红遍全网的网络红人或意见领袖，而更多的是以机构运作的商业账号，比如“罗辑思维”。甚至在2014年以来，包括论坛、微博和微信等所有社会化媒体上都没有现象级的网络红人再出现。当然，也有在小范围内走红的，比如前段时间在微博小红一把的雷克。而在微信上，除了很多没有性格的自媒体文摘号或垂直圈子里的知名自媒体人外，并没有真正的红遍全网的红人出现。

2. 没有品牌赖以成名

作为社会化营销的案例，小米在微博时代曾被频频提及。小米也通过自己的微博矩阵，成功地让每一名员工参与到品牌传播的过程中，而在小米品牌的塑造过程，小米社区和微博曾是两个非常重要的阵地，小米也被塑造成为一个手机发烧友的时尚手机品牌，被广大的热血粉丝所追捧。而在微信时代，尽管不少企业通过微信公众号的运营和推广，吸引了众多的品牌粉丝，但目力所及，还没有看到有一个品牌能够像小米那样在微博风行的时代受益如此之多。

3. 没有产品因此畅销

也许提到帮助产品进行销售这一点，很多人会否认。因为，在2014年，微商借助微信迅猛发展，很多做微商的朋友动辄晒出几十万甚至上百万的销售收入。

然而，很多看似畅销的面膜微商真相被一一拆破，聊天记录和转账记录造假，传销的本质暴露，大量的面膜产品被压在下级代理手里，并没有真正到达消费者手中。不可否认的是，在微信这个社会化营销平台上，成功的面膜微商案例大多只是包裹着传销性质的销售神话。而一些做其他如农产品、土特产、手工艺品等产品的微商，面临的困境却是在消费完有效的微信好友资源之后，无法进一步扩大自己到社交范围从而打开更大的市场。你或许还可以说，脸萌、足记不就是在微信上走红的吗？可是他们走红的生命周期如此短暂，以至于在很多人刚下载下来准备体验的时候，产品流行的风潮已然过去。

4. 当营销无处不在，就已开始失效

显而易见的是，当越来越多的企业投入到社会化营销的大潮中，社会化营销的各项手段就已经开始慢慢失效。一个个的热点被制造出来，又迅速消失。当热点越来越多，目不暇接，然后人们就开始对于营销热点越来越麻木，也越来难以被打动直至兴奋尖叫。而如果你一直在关注社会化营销的发展的话，你会发现，已经很久没有听到或看到一个真正成功的营销案例了。

这并不是危言耸听。当营销成为生活的常态，当我们的世界随时随地被营销事件所包围，到处都是包装过的故事或报道，你越来越看不清楚这个世界本真的模样，就意味着人们越来越难以被营销故事所打动。

与此同时，一些从事运营、营销、公关和品牌的企业员工们，还在延续着自论坛时代就有的方法论，进行着品牌和产品的传播之路。制造、跟随、炒作热点，期望借助每一个社会公共事件或极端天气甚至人类灾难来进行借势营销。

于是，我们看到，雾霾来了，企业的公关和文案忙碌起来，开始借势刷屏；沙尘暴来了，企业的公关和文案又忙碌起来，开始借势刷屏；坠机事件发生，各类新闻平台和 APP 准备文案，忙着借势；春节、元宵节、情人节、五一劳动节、端午节、中秋节、母亲节、儿童节等等中外大小节日，无论是传统佳节还是舶来的洋节，统统都是营销的节点，刷屏！刷屏！刷屏！没有创意和新意，不管品牌与节日搭还是不搭，全部一哄而上。这些传统的把戏，甚至连普通的用户都熟知一二。而被营销刷屏惯了的用户，早已审美疲劳，只是默默地掠过。

有时候，难道我们不应该好好想想吗？盲目借势、频繁刷屏、过度营销在社会化媒体的平台上真的是一个好手段吗？像脑白金那样的简单粗暴的洗脑式传播方法，在微博或微信上可能根本无效，甚至还会引起反作用。因为，现在的用户比以往有更多的选择，也有更多的自由，当他厌烦了你在他的世界里像蚊子一样“嗡嗡作响”，他可以随时取消关注，屏蔽消息或者解除好友关系，而最可怕的则是他对你的营销信息选择性的忽略，那你将再也别想真正走入到他的内心。

（资料来源：虎嗅网 https://www.huxiu.com/article/112985.html）

# 参考文献

[1] 陈明亮.在线口碑传播原理[M].杭州:浙江大学出版社,2009.
[2] 陈思羽,姜东波.新媒体广告:盛装入宴时的冷思考[J].视听课,2009(5):72-73.
[3] 韩永丽.国内社交媒体营销现状及发展趋势研究[D].郑州:河南大学,2014.
[4] 黑马程序员.新媒体营销教程[M].北京:人民邮电出版社,2017.
[5] 胡月.新媒体环境下中国广告业的发展现状及发展前景研究[J].科技资讯,2013(11):248.
[6] 黄妍.新媒体广告形式的优劣势——以网络广告来例[J].今传媒,2012(4):102-103.
[7] 蒋宏,徐剑.新媒体导论[M].上海:上海交通大学出版社,2006.
[8] 孔岩.新媒体冲击下的广告传播策略[J].视听界,2010(3):66-68.
[9] 刘翔宇.试论新媒体在当代广告发展中的作用[J].新课程(下),2014(2).
[10] 吕珂.新媒体环境下市场营销的有效策略探析[J].中国传媒科技,2017(12):124-125.
[11] 孟秀燕.论新媒体时代下企业营销方式的转变[J].市场周刊(理论研究),2014(1):61-63.
[12] 舒咏平.新媒体广告[M].北京:高等教育出版社.2010.
[13] 宋鑫.新媒体环境下的广告创意研究[D].郑州:郑州大学,2011.
[14] 孙熠.新媒体时代品牌营销的传播策略[J].新媒体研究,2017(3):63-64.
[15] 王俊文.新媒体时代企业市场营销策略研究[J].现代营销(下旬刊),2016(2):50-51.
[16] 肖凭,文艳霞,等.新媒体营销[M].北京:北京大学出版社,2014.
[17] 肖维.社会化媒体口碑营销传播模式研究[D].武汉:武汉理工大学,2012.
[18] 徐迪,夏伍.新媒体营销的特点及营销策略研究[J].中国经贸,2015(13):79-79.
[19] 徐剑,商晓娟.社交媒体国际学术研究综述——基于SSCI高被引论文的观察[J].上海交通大学学报(哲学社会科学版),2015,23(1):102-108.
[20] 闫琼.新媒体环境下的互动广告策略研究[D].北京:北京印刷学院,2012.

[21] 张文锋，董露. 新媒体营销实务[M]. 北京：清华大学出版社，2018.
[22] 周丽玲，刘明秀. 新媒体营销[M]. 重庆：西南师范大学出版社，2018.
[23] E W Anderson. Customer satisfaction and word of mouth[J]. Journal of Service Research，1998(1).
[24] P Kotler. Marketing management：the millennium edition[M]. New Jersey：Prentice Hall，2000.